"不翻车"的发布会

新闻发言人修炼手册

郎劲松 胡洪江 编著

人民日报出版社
北京

图书在版编目（CIP）数据

"不翻车"的发布会：新闻发言人修炼手册/郎劲松，胡洪江编著. -- 北京：人民日报出版社，2021.2（2022.12重印）

ISBN 978-7-5115-6842-7

Ⅰ.①不… Ⅱ.①郎… ②胡… Ⅲ.①新闻公报－手册 Ⅳ.① G210-62

中国版本图书馆 CIP 数据核字（2020）第 257535 号

书　　名："不翻车"的发布会：新闻发言人修炼手册
"BUFANCHE" DE FABUHUI:
XINWENFAYANREN XIULIANSHOUCE

编　　著：郎劲松　胡洪江

出 版 人：刘华新
责任编辑：张炜煜　霍佳仪
装帧设计：观止堂 - 未氓

出版发行：人民日报出版社
社　　址：北京金台西路 2 号
邮政编码：100733
发行热线：（010）65369509　65369512　65363531　65363528
邮购热线：（010）65369530　65363527
编辑热线：（010）65369514
网　　址：www.peopledailypress.com
经　　销：新华书店
印　　刷：大厂回族自治县彩虹印刷有限公司
法律顾问：北京科宇律师事务所 010-83622312

开　　本：710mm×1000mm　1/16
字　　数：300 千字
印　　张：19.5
版　　次：2021 年 12 月第 1 版
印　　次：2022 年 12 月第 2 次印刷

书　　号：ISBN 978-7-5115-6842-7
定　　价：48.00 元

自 序

2020年10月，中共十九届五中全会结束后，以中共中央名义召开的首场新闻发布会受到国内外高度关注。在百年未有之大变局的国际环境下，在我国进入新时代构建发展新格局的背景下，统筹对内对外的大宣传和全媒体的大传播，需要建立更及时、更权威、更具公信力的新闻发布和社会沟通机制。特别是在推进媒体深度融合进程中，党委政府、企业部门和社会组织，都成为意识形态工作的主体，也是管理和应对各种舆情的主力军。

进入21世纪以来，在提高国家治理能力建设和加强突发公共事件社会沟通的过程中，我国新闻发言人制度和新闻发布制度不断完善：2003年"非典"之后，逐步建立了较为完备的政府新闻发言人制度；2008年5月实施《政府信息公开条例》（修订版2019年5月实施）；2010年建立党委的新闻发言人制度，在党代会和其他重要会议均安排有记者会。5G技术赋能和全媒体传播时代，新闻发言人的认知更新和修炼升级已势在必行，这也是本书的写作初衷。

这是一本恰逢其时的书。2020年10月30日上午，中共中央举行新闻发布会，介绍和解读中共十九届五中全会精神，中宣部副部长、国务院新闻办公室主任徐麟说，建立中共中央新闻发布制度，是在中国特色社会主义进入新时代的历史条件下，提高党的治国理政能力的重要制度安排和制度创新。由此可见，一大波新手要上路，这本书可以为新晋的发言人提供些许借鉴。

这是一本"难产"的册子。从立项到成稿共用时 5 年，先后有四届学生参与此书编写，而这 5 年正值媒体融合快速发展的 5 年，传播方式和传播渠道的更新迭代目不暇接，"两微一端"之后又有短视频、网络直播来袭，若试图穷尽当下新闻发布、舆情管理的所有变化和创新，实属难上加难，我们数次易稿，努力使其最大化反映最新成果。

这也是一本历时 18 年和百余场新闻发言人培训的"实战宝典"。自 2003 年至今，我参与中国传媒大学校内外、各行业、各级别的领导干部媒介素养和新闻发言人培训百余场，汇集大量案例和实操技巧，是一本凝聚多年积累的诚意之作，也是 2005 年所著《新闻发言人实务》一书的"升级版"。

说这本书是升级版，首先，体现在内容的扩展和升级。原铁道部新闻发言人王勇平在 2015 年退休前夕接受媒体采访时，进行自我反思表示，最大的问题在于对新媒体、自媒体的情况了解不充分，对当年"动车事故"新闻发布过程中可能出现的状况预料不足。王勇平老师是一位特别谦和的长者，写一手刚毅洒脱的毛笔字，我们常在一些培训场合搭档，亲见他每次诚恳地为现场学员带来经验之谈和善意提示。勇平老师的遗憾一直提醒我，这本书一定要对新媒介环境的舆情应对进行专门阐述，为此人民日报新媒体中心微信运营室主编胡洪江成为本书的编著者之一，并执笔撰写了相关章节。

其次，这本书在实战技巧方面包含以新闻发布会为场景，以记者提问为情境的两个重要"秘籍"，为发言人及组织参与发布会、回答记者提问的人员提供应对"清单"，为发布会不"翻车"提供解决方案。用专门篇幅拆解了怎样与记者过招儿，该部分由广州日报的前调查记者李颖撰写，她将大量案例梳理为策略与技巧，非常有针对性和实用性。考虑到视频化传播的需要，本书在语言符号和肢体语言使用等方面进行了详细解读。

再次，本书在布局谋篇和语言风格上力图有所创新。以"'刀尖上行走'的发言人"为开篇，通过对发言人这个群体的问卷调查反映其工作状态和困感,用"画像"感受发言人制度中"自然人"的所思所想,在此基础上破解他们可能遇到的难题;全书结尾以2020年新冠疫情新闻发布和信息公开为蓝本,对新媒体环境下重大突发公共卫生事件的社会沟通进行总结和反思;在对"人"与"事"的首尾呼应中体现发言人修炼的进阶之路。全文的语言表达力求口语化、通俗化,形式上以"小贴士""知识窗"和"问与答"等碎片化编排,提纲挈领地触达读者。

最后,感谢我的硕博学生们,任轶楠、樊攀、李莎莎完成了重要章节的撰写;葛娜、王爽、陈康琦、张悦、吴鹏娟等做了大量协助工作;还有胡洪江、李颖两位业界翘楚撰写了重要章节;中国传媒大学新闻发布训练和模拟记者采访的相关培训,为我们提供了启发和借鉴。可以说,是大家的集体智慧成就了此书,通过不断更新内容、增补案例、精进语句,在媒介演进中完善,在提炼规律中成熟。在"人人皆媒"的时代,期待这本手册能成为很多人的"伴手书"。

感谢人民日报出版社的认可与付出,感谢大稻文化的支持,感恩所有为本书撰写出版提供支持的师长和朋友。

谨将此书献给艰难的2020年和珍爱生命、努力前行的人们!

郎劲松
2021年6月16日于北京

目 录
CONTENTS

Part 1　"刀尖上行走"的发言人

第一章　发言人的"画像" / 003
　　一、发言人的那些事儿 / 003
　　二、新闻发言人是什么样子的？
　　　　——一项来自新闻发言人的调查 / 008

第二章　发言人必须了解的几个重要常识 / 014
　　一、走向公开：中国新闻发言人的崛起历程 / 014
　　二、信息与新闻 / 019
　　三、传播与宣传 / 022
　　四、议程设置 / 025
　　五、媒体与"伪事件" / 026

第三章　发言人的"逆境" / 031
　　一、危机新闻发布中的处置原则 / 031
　　二、特殊要求 / 033

Part 2　有话好好说

第一章　语言的力量 / 037

　　一、语音 & 音量 / 037

　　二、语气 & 语调 / 038

　　三、语速 & 停顿 / 041

第二章　语言的技巧 / 042

　　一、语言要准确 / 042

　　二、语言要规范 / 046

　　三、语言要鲜活 / 047

　　四、语言要有立场 / 050

　　五、语言要真诚 / 051

　　六、语言要幽默 / 053

　　七、语言要有度 / 056

　　八、语言要简单 / 057

　　九、语言要亲民 / 062

　　十、语言要礼貌 / 063

Part 3　学会用身体说话

第一章　教你穿出魅力 / 072

　　一、男性 / 074

　　二、女性 / 084

第二章　修饰你的妆容 / 091

　　一、面部妆容 / 092

　　二、光线及机位对妆容的塑造 / 094

第三章　改善你的发型 / 095

第四章　举止有礼有节 / 101

第五章　注意你的手势 / 107

第六章　用眼神传递信息 / 112

第七章　管理面部表情 / 114

Part 4　与记者过招儿

第一章　记者发问之前你需要搞清楚的 / 119
一、第一时间：提供核心又精练的内容 / 121
二、黄金句：让人记忆深刻的语句 / 121
三、哪些是必须说出来的 / 122
四、能说并不等于会说 / 123

第二章　第一面情景还原 / 125
一、常规采访 / 125
二、非常规采访 / 127
三、媒体沟通简明十问 / 129

第三章　场景训练 / 133
一、仿真场景一：新建化工项目爆炸引发争议 / 133
二、仿真场景二：子公司仓库发生爆炸 / 137
三、仿真场景三：市区内某项公共服务商品涨价 / 140
四、仿真场景四：下岗职工上访多年未决 / 144
五、仿真场景五：某地方工厂发生爆燃事故 / 147
六、仿真场景六：危险化学品丢失 / 151
七、仿真场景七：新型化工项目研发成功 / 154

Part 5　迎战新闻发布会

第一章　信息公开的主要形式 / 161

一、新闻发布会 / 161

二、记者招待会 / 163

三、媒体座谈会 / 164

四、吹风会 / 164

五、单独或联合采访 / 164

六、以官方名义发布新闻公报和声明 / 165

七、答复记者问询 / 165

八、通过官方网站或微博、
微信公众平台等新媒体发布新闻信息 / 166

第二章　全程攻略：新闻发布会的流程管理 / 167

一、导向：舆情研判 / 168

二、重磅：议题和议程 / 169

三、焦点：答记者问 / 170

四、协同：会务筹备 / 173

第三章　新闻发布会的"骨骼"——人员组织 / 177

一、新闻发布会主持人 / 177

二、新闻发言人："人设"担当 / 178

三、认识记者，把握新闻传播规律 / 187

四、其他会场工作人员 / 189

第四章　新闻发布会现场 / 191

一、现场预热期 / 191

二、现场进行时 / 192

第五章　新闻发布会的评估与反馈 / 194

　　一、媒体报道汇编与反馈 / 194

　　二、新闻发布会综合评估 / 195

　　三、公众舆论跟踪和反馈 / 195

Part 6　新媒体：引爆传播的发力点

第一章　如何传播优良的新媒体信息 / 199

　　一、内容加工：一条优良的新媒体信息要有看点、
　　　　泪点和槽点 / 199

　　二、形式突破：不是只有纯文字才叫信息传播 / 202

　　三、设定节奏：变一次传播为多次连续传播 / 205

第二章　新媒体舆情应对 / 209

　　一、新媒体舆情的特征及影响 / 209

　　二、新媒体舆论引导的七原则 / 216

第三章　新媒体时代的品牌传播 / 222

　　一、清晰定位：你想要传达什么？
　　　　想让受众接受什么？ / 222

　　二、优势整合：调动资源，形象传播 / 224

　　三、双管齐下：用创意加持内容，增强社会效益 / 227

Part 7　你必须了解的全媒体攻略

攻略一：切记新闻 ≠ 宣传 / 231

攻略二：纸媒面前，有话好好说 / 234

攻略三：打开广播说"亮"话 / 236

攻略四：电视镜头，最考验你的"表情包" / 238

攻略五：社交媒体是"大规模杀伤性武器" / 241

个案解剖：短视频来了——西安奔驰女维权事件 / 242

Part 8　特别关注：新冠肺炎疫情发布

全民监督时代，如何做好突发公共卫生事件信息发布工作 / 263

一、湖北疫情防控新闻发布会：新态势、新问题、新路径 / 264

二、以专业、权威、真情的力量发布信息，沟通公众 / 283

三、突发公共卫生事件新闻发布中的"道"与"术" / 291

Part 1

"刀尖上行走"的发言人

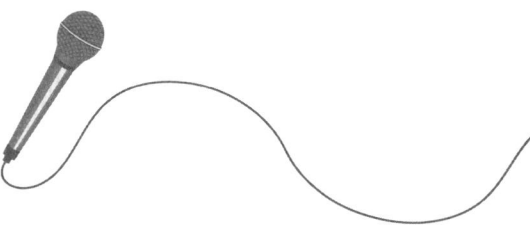

第一章　发言人的「画像」

第二章　发言人必须了解的几个重要常识

第三章　发言人的「逆境」

新闻发言人 /修/炼/手/册

2015年11月末,曾经的铁道部新闻发言人王勇平正式退休。在退休前接受媒体采访时,他对2011年"甬温线"事故"我反正信了"新闻发布会进行自我反思并表示,他最大的问题在于"对新媒体、自媒体的发展情况缺乏了解,对发布过程中可能出现的状况预料不足,主观上太过自信"[1]。新闻发言人也可被称作一个"刀尖上行走"的职业。1983年4月23日,中国记协首次向中外记者介绍国务院各部委和人民团体的新闻发言人,标志着我国建立了新闻发言人制度。中国的新闻发言人制度已经建立38年,近些年来,全国两会的新闻发言人从人选、着装、谈吐到言论等各方面都成为媒体和百姓关注的话题,在发生地震、滑坡、火灾、空难等危急事件时,新闻发言人也往往冲在最前线与媒体进行沟通。2011年王勇平的"我反正信了"舆论事故就是在与媒体沟通时发生的。正如王勇平在反思中所说的,作为一个需要长年累月和媒体记者打交道的职业,且不论能否在这一岗位上做到出彩,要想保证不出错,达到合格新闻发言人的标准,就必须认识和理解传统媒体、新媒体等一系列传播基本知识以及新闻发言人自身的相关概况,毕竟"知己知彼,百战不殆"!

---

[1] 新京报. 原铁道部发言人王勇平首披露"反正我信了"发布会内幕[EB/OL]. http://www.xinhuanet.com/politics/2015-11-28/c_1117288840.htm.

第一章 发言人的"画像"

根据国务院新闻办公室网站发布的《中央国家机关和地方2021年新闻发言人名录》，截至2021年2月9日，中央国家机关和有关部委、各省（区、市）党委和政府等新闻发言人共262位。相比于国务院新闻办公室在2004年首次公布的75位发言人，如今的发言人数量在不断上升，官方新闻发布能力也在不断提高。新闻发布作为实操性极强的一项工作，在真正上手之前，我们希望每一名从事发言人工作，以及想从事、做好这一工作的朋友，能对这项事业有更为立体和全面的认识。

一、发言人的那些事儿

要想对一个事物达到最为全面的认识，我们需要从它的历史开始了解。因为，我们只有解决好了"从哪儿来"的问题，才能做出"到哪儿去"的设想。了解新闻发言人的过去，才能更好地思考我们应该怎么做。

（一）古代的起源

"新闻发言人"早在几千年前就有雏形。罗马共和国时期，盖乌斯·尤利乌斯·恺撒当选为执政官，他发布的一条重要命令就是："嗣后元老院工作的报告，务须每日写出公布之。"因此，一块涂了石膏的白木板便出现在了元老院门外的广场大街上，由专人每日把元老院的议事写在木板上。其内容除元老院活动摘要外，还有首都及各行省婴儿出生和死亡的人数、各项税收入库情况、法庭审判及政要活动等方面的信息。这块木板被称为"阿尔布"（Album），意为公告板，而定期负责写信息的那个"定人"则可被视为西方最早的新闻发言人。

我国古代也有类似的新闻发布形式，比西方还要早一个世纪左右。西汉实行郡县制，各郡在京城长安都设有办事处，叫作"邸"，有常驻人员，负责上通下达，定期把皇帝的谕旨、诏书、大臣奏议等跟朝廷有关的情报，写在竹简或者绢帛上，然后由信使通过官方建立起来的驿道，传递给各自的主公。这些发布的新闻资料被称为邸报，而那些定期从事收集和发布信息的定人实质上就是中国最早的新闻发言人。

（二）近现代的发展

世界新闻发言人轨迹

1790年	最早的新闻发布会形式
19世纪下半叶	企业新闻发言人出现
1904年8月	国际性新闻发布会出现
1909年	美国罗斯福政府时期新闻发布会定期召开
1915年	新闻发言人制度建立

新闻发言人跟新闻发布会是分不开的，新闻发布会也是最常用的一种形式。一般来说，历史上记载最早的完整意义上的新闻发布会可追溯到100多年前，起源于美国。这次新闻发布会与美国第六届总统约翰·昆西·亚当斯还有一段故事。据说，《华盛顿邮报》女记者安妮·罗亚尔希望能近距离采访他，但每次都遭到婉言拒绝。安妮·罗亚尔得知这位总统有在河流中裸泳以放松身心的癖好，有一次她好不容易拿到总统要去波多马克河游泳的消息，便一路跟随。待到他只身跳进河里时，安妮便出现在了总统面前，提出采访

的要求。总统自然不乐意回答，但是安妮不依不饶，索性坐在总统的衣服上不走。总统无奈，只好暂时同意上岸穿好衣服再接受采访。安妮走后，总统总觉得仓促之间回答的问题难免会有些许不妥，于是决定当天把记者请到白宫详细阐述自己的观点和立场，澄清可能产生的误解。

他做了简单的准备，一番简短说明之后郑重地回答了四面八方赶来的记者们的问题。这被公认为近现代史上政府举行的第一次新闻发布会，亚当斯也被视为第一位新闻发言人。这次新闻发布会让美国公众了解了政府在某些关键问题上的态度，拉近了政党和选民的距离，提升了总统的亲和力，取得了意想不到的效果。鉴于这次成功的案例，新闻发言人和新闻发布会逐渐成为人们热议的话题，政府和企业也开始增加对其的研究和运用。

企业新闻发言人大概出现在19世纪下半叶。这一时期，控制了美国经济命脉的经济巨头为了巩固他们的垄断地位，对内根本无视员工的利益，对外以迫害公众利益作为赚钱的重要手段，奉行所谓"只要我能发财，让公众利益见鬼去吧"的经营哲学，引起了社会公众舆论的强烈不满和抨击，出现了2000多篇揭露实业界丑闻的文章，形成了近代美国史上著名的"扒粪运动"（也叫揭丑运动），公众对工商业的信任度一度降到了冰点。在媒体强大的舆论态势面前，为了维护自身利益、挽回公众的信任，他们开始主动向媒体提供企业内部曾经被看作高度机密的信息，期望借助媒体重新塑造自身的形象。这期间很大一部分企业就采用了当时还不太流行的新闻发布会形式，邀请记者进行报道。虽然是不定期，发言人也经常不确定，但可以说，"扒粪运动"帮助新闻发言人走向了民间，一定程度上为其形成制度积累了不少经验。

有文字记载的国际性新闻发布会则发生在20世纪初，据美国的约翰·霍恩伯格所著《西方新闻界的竞争》一书记载，1904年日俄战争在中国境内爆发，双方在我国辽阳进行了6天的激战，但日本不允许记者到前线跟踪战况，所以，媒体对战争做了不少不利于日本的报道。为了改变这种舆论上的被动

新闻发言人 修/炼/手/册

状态，8月27日，日方召集多名记者到中国长春发布新闻来介绍战况，宣布俄国人已被打败，正向沈阳溃逃，日本人轻而易举地就占领了辽阳。记者们深知这次由日本召开的发布会有很多不实之处，美国记者理查德·哈丁·戴维斯当场对新闻发布者的谎言提出抗议，全部在场记者也都响应而愤然离开。虽然这次发布会比较失败，但依然被学术界认为是世界上最早的国际性的新闻发布会。

时间推移到19世纪20年代，随着民主政治和新闻界的发展，公开辩论式的竞选最早在英国出现并得到了选民的尊崇。执政党为了应对在野党接下来可能发起的攻讦，在发表正式的演讲或者宣言之前通常会召开一个有媒体记者出席的小型会议，向与会各方阐明自己的立场和观点，简单回答一些质疑。开始是不定期举行，但到后来几乎成了一种定例。

众所周知，美国与英国的渊源最为深厚，英国人横跨浩瀚的大西洋，不仅为美国带去了先进的技术，还为其带去了成熟的政治体制，新闻发言人就是其中一项。19世纪30年代，当时美国第7任总统安德鲁·杰克逊在他总统任期之内聘用了新闻发言人，新闻发言人作为他的私人助理，不拿政府工资，不算政府正式的雇员。

而政府比较正式地雇用专人作为代言人则是在1897年，麦金利总统以纳税人的钱雇用的6位助理中就包含1位专门负责新闻事务的助理柳科特，他的职责是代表总统向新闻界发表声明。

1909年，曾为西奥多·罗斯福所倚重的"网球内阁"成员之一的威廉·霍华德·塔夫脱当选为美国第27任总统，为了改善罗斯福在任时与新闻界比较尴尬的关系，遂安排了每周两次定期的记者招待会。其本人也成为举办正式记者招待会的总统，但可惜的是未能善始善终。

1913年，沃德鲁·威尔逊当选为美国总统，他承前启后，继续采用这一惯例。为了显示对新闻界的重视，他一度亲自担任发布会的主持者，但是由于其相对缺乏人格和语言魅力，使得发布会的气氛很冷淡。但后来的一次突发性灾难事件改变了这一平静的局面。1915年5月7日，英国客轮"卢西塔里亚"号在爱尔兰海岸附近遭到德国舰艇攻击而沉入海底。遇难者很多，其中就包括100多名美国公民。一石激起千层浪，社会舆论哗然。为了临时应对这一重大事件，威尔逊正式任命其秘书图尔马蒂担任政府新闻发言人，全权负责与媒体的沟通和交流，并每天在固定的时间举行新闻发布会，公布事件的最新进展。到那时，新闻发言人作为一种制度才最终被正式确立下来，并被后来接任的各届政府所沿用，成为政府和媒体沟通的重要渠道。所以一般来说，完整意义上的新闻发言人制度最早是从美国开始的。

在西方国家，新闻发言人设立和形成制度的进程是相对较快的。可以说，政府发言人肩负着新闻人和政府人的双重责任。总统需要的是忠诚、自律，既能保守秘密，又善于应付难题的人。面对新闻界时，政府的信誉是最重要的问题。对于一个新闻发言人来说，最重要的就是在代表政府说话时要有信心，有洞察力。只有这样才能赢得尊敬，值得信赖。而且，新闻发言人应该是一个有影响力的人，他能坦率、冷静、专业而又客观地处理备受争议的事情，创造宽松的气氛，在危急关头具备化干戈为玉帛的能力。此外，了解新闻、知道记者需要什么，对新闻发言人来说很重要。

在当今以私有制为基础的西方资本主义国家，不仅仅是政府，社会的各种部门和机构都设有专门的新闻发言人，或者聘请专业的新闻发布机构。它的运作是商业化、企业化的。但是，政治领域的新闻发布在整个社会生活中仍是占最大比重的。这是因为，政治领域牵动着社会生活的方方面面，政治信息通常是广大民众普遍关注的。政府对信息发布的主渠道之一——大众传媒进行着有效控制，一般情况下，即使传播媒介并不隶属于政府机构，也同样会受到政府机构牵制。因此，政府通过掌握是否提供消息、提供给谁、何时提供等问题的决定权，来达到按政府的意志发布新闻信息的目的。

二、新闻发言人是什么样子的？——一项来自新闻发言人的调查

在当前中国政治改革、经济改革和社会改革不断推进，社会各界对信息公开的要求越来越高的情况下，新闻发言人越来越不好当、不易当。那么，一线的新闻发言人对于自己的职业究竟是如何认识的呢？

我们对北京、山东等地的部分新闻发言人展开问卷调查，共获得问卷185份，其中包括来自国家级、省部级和厅局级的干部。值得关注的是，在填写了年龄的157份问卷中，年龄在35~50岁的数量达到113，占比约为71.97%，其余的受访者年龄在24~34岁，这说明当前新闻发言人主要还是由中青年担任，而且集中在中年年龄群。

在调查中，我们主要针对和新闻发言人关系最密切的两个方面进行考察，一方面是新闻发言人的职业认知，另一方面是新闻发言人的媒介认知。问卷经过SPSS统计学上的检验，保证了信度和效度。虽然我们的调查并非针对全国所有的新闻发言人以概率抽样的方式展开，但是针对这些新闻发言人的调查，也能初步描绘出新闻发言人的认知现状。

（一）新闻发言人的职业认知

在社会学家们看来，职业和一项经由社会分工形成的工作之间的区别在于职业存在一个职业化的过程，具有职业伦理。在本章第一部分，我们梳理了新闻发言人的历史，实际上就是新闻发言人职业化的一个过程。本部分针对新闻发言人职业认知中的职业伦理进行考察，主要来看新闻发言人的定义、功能、职业声望、社会价值和值得注意的问题。在这一部分，我们要求新闻发言人根据其对问卷中项目表述的认同程度予以1~5分的赋值，分数越高，则说明认同度越高。

首先，为了考察新闻发言人对职业的本质认知，我们向受访者提出"新闻发言人究竟是什么"的问题，均值得分最高的表述是"代表政府机关向公众发布信息"，其次是"讲真话、塑造良好形象的科学与艺术"，这说明新闻发言人牢牢记住了自己的职业任务就是发布信息，并且也肯定了这项职业需要科学和艺术的帮扶。但与此同时，新闻发言人的职业认知过程中，却对职业和媒体之间的关系，以及维护政府形象的认同偏低，并且发言人在让社会理解并接受政府诉求的过程中的认可度略低，这说明当前新闻发言人在职业认同中仍然存在一定的官本位思想，缺乏与民众沟通联系的意识，缺乏受众观念。

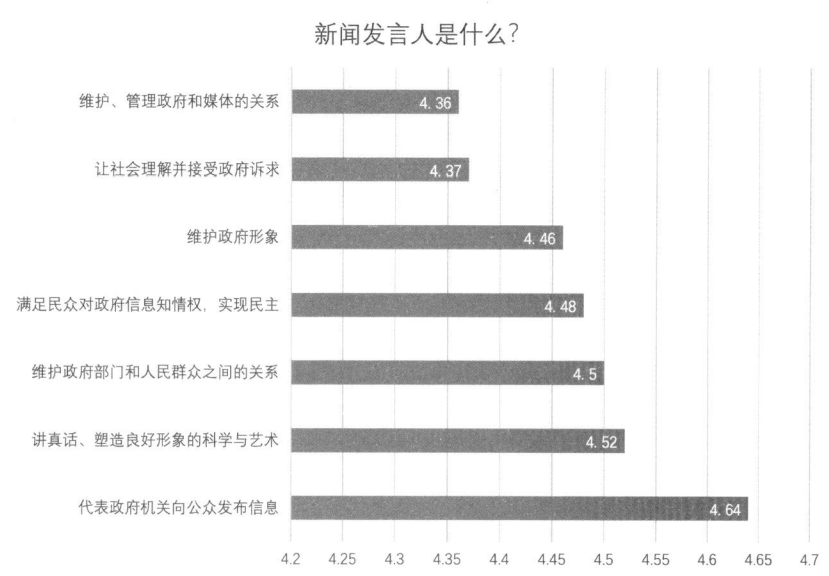

在关于新闻发言人功能的认知中，被调查的新闻发言人关于新闻发言人的功能认同分为两个方面，即正面和负面。总体来看，在担任发言人的官员们的眼中，新闻发言人的功能更多是提供信息，其社会功能和推进政府改革的功能稍弱。被调查者们认为新闻发言人最大的功能就是阐明政府的观点立场，并提供有价值的政府信息，促进信息公开，他们不认为新闻发言人的主要功能是遮蔽和掩盖负面信息，甚至为减小损害进行社会控制也并未得到较多认同。

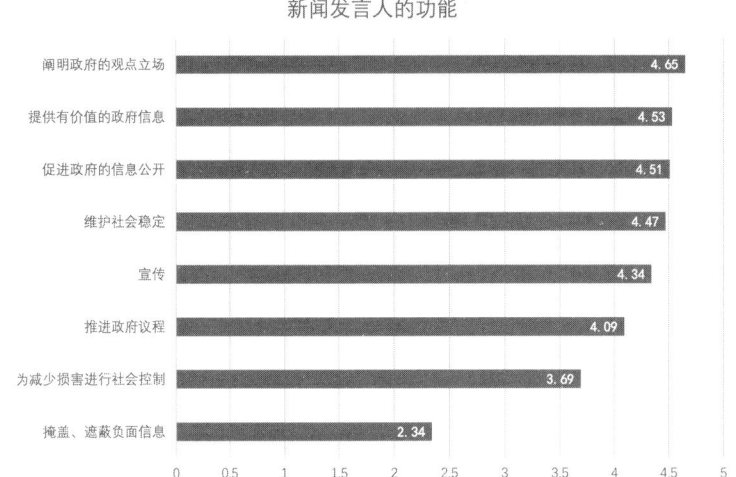

在表述新闻发言人的社会价值的论述中，经过统计学的检验，最终剩下下述三条，而且这三条的认同度相比前两组表述都偏低。但是这三个表述分别说明新闻发言人在与媒体沟通上、国家发展和文化传播上都具有一定的意义和价值，只是这些认同程度均不高，这在一定程度上也说明从事新闻发言人的政府官员对其职业的社会价值认同程度偏低。

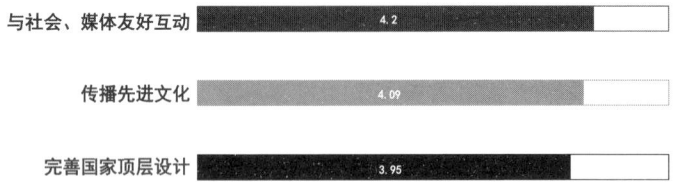

在关于新闻发言人的职业声望认知中，被访者们更多地认为新闻发言人是一项受人尊敬的职业，而且具有较高的认可度，这说明从事新闻发言人的

官员们对于自己的职业存在较高的认可程度,同时也说明新闻发言人具有较高的职业要求。

新闻发言人的职业声望

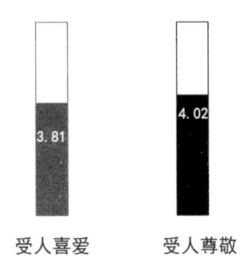

事实上,我们询问被访者应注意的问题,就是为了了解新闻发言人对其职业伦理的认知。对于新闻发言人而言,他们注重的首先是信息的真实性和准确性,其次是满足法律和道德层面的要求,而符合政府传播的需要在认同程度中却远远低于前三者,这也说明新闻发言人关注的是新闻的传播过程和信息本身,对于符合新闻发言人所服务的政府机构的要求,其认同度稍微偏低。

新闻发言人工作中应注意的问题

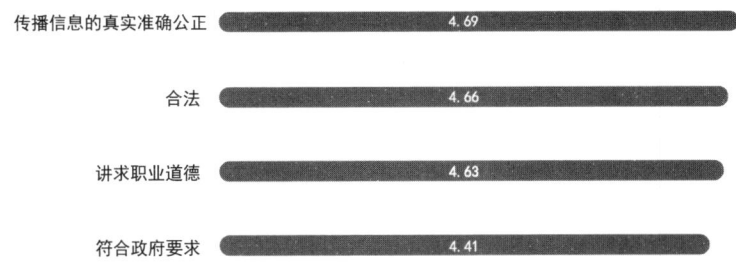

(二)新闻发言人的媒介认知

新闻发言人是"新闻"+"发言人"的复合体,在分析了新闻发言人的职业认知之后，我们还需要看看新闻发言人对媒介的认知。首先，我们需要对新闻发言人们获取新闻信息的媒介进行了解。

从下图中可以发现，新闻发言人当前获取信息的渠道主要是网站、手机新闻客户端和电视，其中网络的数量遥遥领先。综合新闻发言人在手机APP和网站获取信息的比例，通过网络获取信息的新闻发言人高达145人，足可见新闻发言人对网络信息的依赖性比较明显。而这也和广大受众接收信息的渠道较为类似。

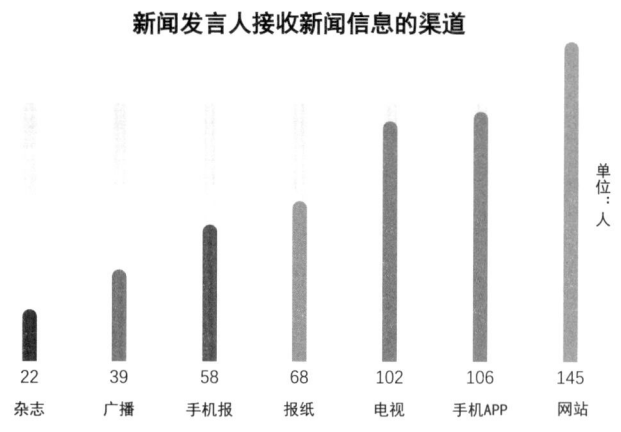

新闻发言人接收新闻信息的渠道

杂志	广播	手机报	报纸	电视	手机APP	网站
22	39	58	68	102	106	145

单位：人

其次，在对新闻发言人的媒介认知考察过程中，我们结合1997年香港中文大学陈韬文教授等曾设计的关于媒介认知的问卷，对新闻发言人展开测量。测量分数针对媒介角色的表示认同度从1~9进行打分，分数越高，则认同度越高。

新闻发言人在媒介角色认知中，认为媒介最主要的作用是传播信息、释疑并进行舆论引导，这也从侧面反映出新闻发言人利用媒介的最主要任务在于引导舆论，传递政府的政策信息。相较媒介对于社会改革、社会民主的作用，发言人对媒介对于政府信息传播和舆论引导的作用的认同程度更高，而认同度最低的是对政府官员、社会团体和企业言行的批评。这也能够看出新闻发言人还是站在官员的角度完成对媒介的认识，而这样的媒介角色认知也和发言人的职业认知之间存在相对应的关系。

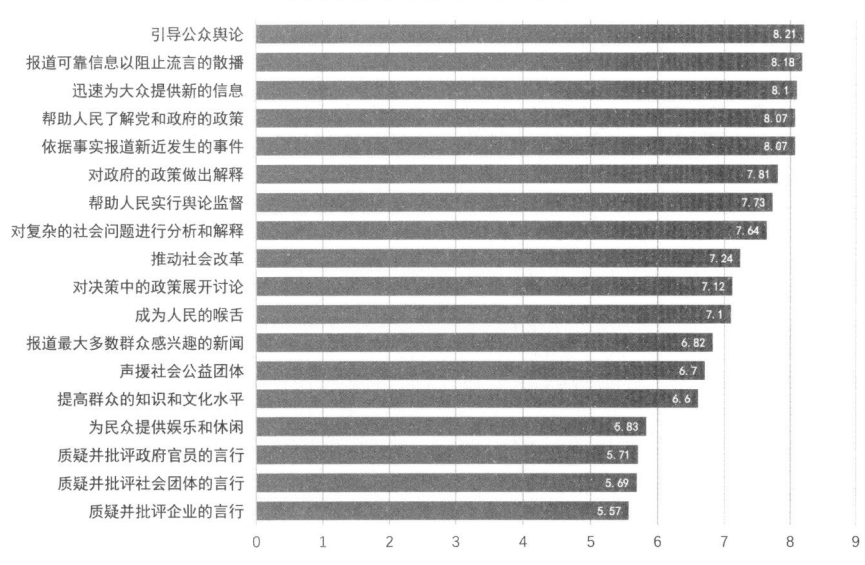

新闻发言人的媒介角色认知

综上，新闻发言人的角色认知主要是传递政府信息，对于媒介角色的认知也主要是从政府行政传播的视角出发，缺乏对媒体更深层次的了解。但是总体来看，新闻发言人自身对职业有着较高的认同程度，也对自己的角色有着较为清晰的定位。

第二章　发言人必须了解的几个重要常识

一般来说，和新闻发言人打交道最多的就是新闻记者。我们经常能从电视中看到新闻发言人发布的新闻资讯，如全国人大和政协新闻发言人在记者会上回应各种问题，表明立场和态度。在一些涉案题材的美剧中，也经常可以看到专门和媒体沟通的警官……所以，从客观情况和实际需求来看，负责与媒体打交道的人员越来越职业化，而成为具备职业素养的新闻发言人，首要前提就是懂媒体。了解和掌握新闻传播的相关知识，应该说是"懂媒体"的一个准入性门槛。

一、走向公开：中国新闻发言人的崛起历程

在介绍新闻传播专业知识前，我们首先要介绍一下中国新闻发言人的发展历史，这样有助于当下的我们更好地把握自己的位置，寻求突破。

我国新闻事业起源很早，但由于长期处于封建社会，新闻事业一度作为封建统治者的"传声筒"，发展甚为缓慢。新闻界很多体制和机制都是舶来品，新闻发言人制度也是如此，其正式在国内建立是在20世纪80年代。《中华人民共和国国史词典》指出，中国政府新闻发言人制度是"中国国家机关和人民团体为加强同新闻界的联系而实行的一项制度，自1983年4月，中国一些国家机关和人民团体开始实行新闻发言人制度，其目的是加强同外国驻京

记者或临时来访记者的联系，向他们提供中国的有关情况，阐明中国的立场、方针和政策，并解答他们提出的问题"①。

我国的新闻发言人制度建立虽晚，但采取新闻发布这一形式却可追溯到新中国成立之前。抗战胜利后，蒋介石邀请毛泽东等人去重庆谈判，其实是想为发动内战做充足的准备。中共代表敏锐地察觉到了国民党反动派的阴谋，于是周恩来便多次在国统区举行记者招待会，揭露国民党虚伪的嘴脸，向中国人民告知国民党假和谈、真内战的野心并宣传中国共产党对于时局的正确主张。毛泽东也于1946年9月20日和27日两次亲自接受记者采访，就当时形势回答了记者的提问。1948年1月1日，中国国民党革命委员会不忍继续为虎作伥，宣布同国民党反动派决裂，中共发言人在报纸上发表时评，给予其高度评价和赞赏。整个解放战争期间，中国共产党在报纸、广播电台上以发言人身份发表的声明和公告等不下百次，对于中国人民了解国内外真实的局势和维护大众的利益立下了不可磨灭的功绩。

中华人民共和国成立后，由于帝国主义的敌视，我国在国际上一时孤立无援，帝国主义不给中国任何在世界上发声的机会，再加上我国稳固新生政权需要对新闻界实行高管体制，所以新闻发布制度一直没有提上议事日程。但由于这一形式的不可替代性，其间也被采用过，比如，1965年9月29日，时任外交部长的陈毅元帅在人民大会堂就举行过一次记者招待会，来自海内外的数百名记者参加了此次会议。陈毅在会上强烈谴责了美苏两个超级大国为各自的利益置中国于不顾，对中国强行进行封锁和包围，并义愤填膺地说："如果他们决心要把侵略战争强加于我们，那就欢迎他们早点来，我们一切都准备好了！"但是在"文革"时期，我国一切工作基本都处于停滞状态，就再也没有举行过正式的新闻发布活动。

党的十一届三中全会之后，中共开始拨乱反正，百废待兴，新闻发布工

---

① 《中华人民共和国国史词典》编写组.中华人民共和国国史词典[M].北京：中国国际广播出版社，1989.

作也得到了党中央的高度重视。1979年11月25日，隶属于石油部的钻井船"渤海二号"发生重大事故，造成72人死亡，直接经济损失达3700万元。经调查，这是一起由于指挥不当人为造成的事故。中国政府勇于承担责任，立刻举行新闻发布会，向国内外公布了此次事件的调查和处理结果，这是中国政府第一次召开关于突发事件的新闻发布会。

1982年3月24日，苏联领导人勃列日涅夫在塔什干发表讲话，虽一如既往地对中国进行攻击，但也透露出意欲与中国改善关系的信息。当时我国外交部还没有专门的新闻发言人，于是时任新闻司司长钱其琛便亲自向在外交部主楼前等待已久的七八十位记者发表了一个简短的声明："我们注意到了3月24日苏联勃列日涅夫主席在塔什干发表的关于中苏关系的讲话。我们坚决拒绝讲话中对中国的攻击。在中苏两国关系和国际事务中，我们重视的是苏联的实际行动。"① 这也是我国外交部建立新闻发言人制度的开始。1983年2月，中宣部、中央对外宣传领导小组联合下发《关于实施〈设立新闻发言人制度〉和加强对外记者工作的意见》，要求外交部和对外交往较多的国务院各部门建立制度，定期或不定期地发布新闻。时任国务院副总理的李鹏同志指示："由于西方多年来利用他们掌握的宣传机器攻击、丑化中国，歪曲中国的形象，因此，许多人对中国仍有不同程度的误解，不了解中国的政策，对中国的社会环境和投资环境有疑虑。我们要扩大对外开放，首先要充分发挥对外宣传的特殊作用。"② 1983年3月1日，外交部首位发言人齐怀远正式出现在媒体前。同年4月23日，中国记协正式向国内外宣布我国已经建立了新闻发言人制度，但仅限于在国务院各部门中。

1983年11月，中央对外宣传领导小组专门制定了《新闻发言人工作暂行条例》，外交部、国家统计局等部门根据中央的要求先后实施了新闻发布工作。

1988年，中共中央办公厅转发了《新闻改革座谈会纪要》，进一步明确

---

① 钱其琛. 外交十记[M]. 北京：世界知识出版社，2003：4.
② 宋双峰. 新闻发言人制度在我国20年[J]. 中国记者，2003(09):23-25.

了要逐步完善和改进新闻发言人制度,建议中共中央政治局和国务院的会议精神发布要形成制度,中共中央和国家机关各部委都要设立专门的新闻发言人并定期举行新闻发布会和记者招待会。

1989年4月4日,七届全国人大二次会议通过《全国人民代表大会议事规则》,明确规定:"全国人民代表大会会议举行新闻发布会、记者招待会。"以法律的形式确立了人大的新闻发布会制度。

虽然改革开放后我国新闻发言人制度有了长足的发展,但矫枉过正,也出现了一些问题。当时,借助新闻发布迅猛发展的大潮,各类企事业单位也设立了自己的发言人,大量举行新闻发布会,邀请相关领导和媒体参加,想借以宣传自己的产品和服务,新闻发言人制度成为他们打广告为自己牟利的手段,这类新闻发布会还曾多次在人民大会堂召开过,严重损害了新闻发言人制度的权威性。面对此类滥用新闻发言人的做法,1993年国务院办公厅制定了《关于在京举办新闻发布会登记暂行办法问题的补充通知》,当时的新闻出版总署根据该《通知》的精神制定了《关于在京举办新闻发布会登记暂行办法》,对各级企事业单位、群众团体和个人在京举办新闻发布会进行了规范,保证了我国新闻发言人制度的健康发展。此后,我国新闻发言人制度进入了一个良性发展阶段。据统计,1991年到1995年的5年间,中国记协组织各部门的新闻发布会共计256次,平均每年约51次。1993年至2003年的10年间,仅国务院新闻办就举行过220多次新闻发布会,内容涵盖政治、经济、科教、文卫等各方面。

2001年我国加入世贸组织,中国成为世界瞩目的焦点,客观上要求信息更加公开和透明,新闻发言人的重要性日渐提高。2003年7月22日,最高人民检察院正式启动新闻发言人制度,新闻发言人张仲其主持了司法系统首次新闻发布会,正式与媒体记者见面。

2003年是全国地方政府实施新闻发言人制度的高峰年。面对突如其来的"非典"疫情,民众迫切地想知晓实时的情况,酝酿已久的地方政府新闻发言人制度终于出炉。上海市政府率先建立了新闻发言人制度，其他省市紧随其后。2004年年底，我国政府正式建立起由国务院新闻办公室、中央各部委、省级人民政府组成的三级新闻发言人制度，对于维护民众的知情权和加强政府工作的公开化、透明化起到了巨大的推动作用。

■ 小贴士

"非典"——中国新闻发布制度与信息公开的起点

2003年"非典"疫情开始的时候，我国的媒体是处于"失语"状态的，但后来的情况应该说是完全透明。比如，那段时期原卫生部每天下午4点都会举行新闻发布会，新闻发言人通过中央电视台的镜头，对社会公众公布疫情，包括一些做法、措施和存在的问题都如实地向社会公布。应该说信息公布不仅仅让老百姓了解了"非典"疫情发展变化的情况，而且确实也成为防治"非典"的一个重要组成部分。

新闻发言人制度对推进社会民主政治的进程发挥着重要作用，这一点在中西方都是被普遍认同的。由于社会制度、经济发展水平等方面存在差异，中美两国的新闻发言人制度在概念、依托背景、发布形式和体系构建等方面都存在许多差异。西方关于新闻发言人制度的界定更侧重于以法律为基础：新闻发言人是面对新闻记者、从事新闻发布的"制度人"（"非自然人"）；新闻发布以公共关系为目标；新闻发布是实现法律认可的公民知情权之重要途径；新闻发布过程必须具备以信息公开、信息自由为立法旨趣的法律保障。这对于我国新闻发言人制度走向法律化，具有启示意义。

总之，新闻发言人制度植根于一个国家的经济政治体制，它的建立和发展具有国家政治民主化的必然性。我国新闻发言人制度虽然取得了巨大的成就，但与西方发达国家相比，毕竟发展时间不长，仍处于起步阶段，发展过程中也有很多问题亟待解决。我们要汲取西方新闻发言人制度中的精华，根据国情为我所用，建立健全有中国特色的新闻发言人机制，用好并逐步完善这一制度。

二、信息与新闻

（一）信息

我们常说当前已经进入信息化社会，爆炸般的信息充斥着我们的生活。很多人从早上起床到晚上躺下，甚至在洗手间的马桶上都拿着手机，而拿着手机不论是看微信、刷微博还是浏览新闻，其实都是一个信息传收的过程。那么，究竟什么是信息呢？

信息这一概念源自美国数学家香农（Claude Elwood Shannon），他提出了著名的信息论。他给信息作出了最为经典的定义——"信息是用来消除随机不确定性的东西"，并且引入了"熵"的概念，指出熵是体系混乱的程度，即熵值越高，不确定因素越多。正是因为有了信息的存在，我们才能够去了解周遭的环境，去了解和感悟这个世界。也正因如此，人接收信息的方式普遍而多样，日常交谈、使用各种媒体，甚至通过我们的感官了解周围的环境，这些都是信息接收的过程。所以，新闻发言人在新闻发布的过程中，不仅说出的话是信息，发言人的动作、穿着、眼神等都是信息，都会被记者和观看发布会的观众接收到。

■ 案例

信息时代，信息真真假假

信息爆炸时代，一些口头的、非正式的、非官方的信息在网络上散播。根据郭庆光的定义，流言是一种信源不明、无法得到确认的消息或言论，通常发生在社会环境具有较高的不确定性，而正规的传播渠道（如大众传媒等）不畅通或功能减弱的时期。某些流言具有消极的作用，甚至会引起社会混乱，但动机上流言一般不是故意去伤害某人。故意散布的则属谣言的范畴。

自2018年8月我国首次发现非洲猪瘟以来，特别是2018年10月，非洲猪瘟疫情集中暴发，引发了网友的高度关注，一些似是而非的谣言也趁机兴风作浪。网上流传着"非洲猪瘟会传染人""非洲猪瘟、牛羊炭疽、猪链球菌同时出现，其中必有联系"等说法。上海辟谣平台已监控到网上流传过多条关于此次非洲猪瘟疫情的谣言，它们大多出自流传已久的谣言模板，被人改了地名和其他关键信息后在网上流传。如网传信息称："13名男女感染猪病毒死亡，参与抢救的医生被隔离，河北1台电视新闻已播出，暂时别吃猪肉，河北有167个已感染……"还有一则谣言是"牌照为豫E79W32的厢式货车装载病死猪"的照片和视频，在微信群、朋友圈里传播，照片中的货车里装满了死猪。不少网友认为有人在贩卖病死猪肉，并表示"不敢吃猪肉了"。这些谣言有图、有视频，仿佛掌握了"真相"，但都是各种信息的恶意拼凑，不可信。

猪肉是许多人的日常食品，猪瘟关系到食品安全问题。自非洲猪瘟暴发以来，农业农村部及时向社会公布真实信息，破解谣言，将非洲猪瘟纳入强制扑杀补助范围，确定扑杀补助标准为1200元/头，并严格疫情报告制度，即发生一起公开一起，坚决保护人民生活安全。然而谣言仍无处不在，因此在关键时刻应以官方发布的信息为准，对网上未证实的信息不要轻信，也不要乱传，以免造成不必要的恐慌。

（二）新闻

在辨析概念时，我们常常会把信息和新闻放置在一起。从两者的关系来看，新闻传递的内容是信息。当前的社会高速运转，日新月异，麦克卢汉提出的"地球村"的概念极为形象地说明了我们究竟处于怎样的时代。我们需要更多的信息帮助我们完成经济交易、政治管理和文化交流，而新闻传递着更精准的信息。

关于新闻，诸多学者和知名记者都结合自己的认识、经验、研究等给出了自己的定义。当前最常用的，就是陆定一在1945年整风运动和《解放日报》改版中提出的"新闻是新近发生的事实的报道"。后来，随着传播技术的不断改进和发展，新闻直播变得常态化，所以，新闻的定义就变成了"新闻是新近发生或正在发生的事实的报道"。此外，范长江也下了一个关于新闻的定义："新闻就是广大群众欲知应知而未知的重要事实"，他重点强调了新闻应当满足受众的知情欲。这些定义都揭示出了新闻的特征。

首先，新闻是事实性的，也就是说新闻反映的是客观的事实，不能无中生有，不能捏造新闻。当然，由于新闻的采访和写作涉及人对事实的判断，所以在此强调新闻的真实性和事实性，是一个相对概念。其次，新闻是具有时效性的，只有最近发生或者正在发生的事实才能被称作新闻。中央电视台《焦点访谈》的口号——正在发生的历史，就说明了当新闻成为过去，那么它就成了历史。

一般来讲，新闻具有时效性、重要性、显著性、接近性以及趣味性，这几个特性被称为新闻价值。我们所强调的新闻时效性,还包括新闻的时宜性,也就是强调新闻发布的时机。有的新闻不一定适合立即发布,有的事件一旦被广泛传播会引起极大的社会恐慌,在这样的情况下,就需要对新闻发布的时机做出限制和调整。重要性强调新闻内容对国计民生的影响效果。显著性主要是指新闻记者更加愿意选择知名度更高的新闻报道对象(包括人物、团体、地点等)。接近性强调的是新闻在地理上的接近、利害上的接近、思想上的接近、感情上的接近。而趣味性,顾名思义,就是更为强调新闻的趣味程度。

新闻发言人发布的信息经过新闻媒体的加工最终会成为新闻,在新闻发布的过程中,同样需要讲事实、讲时效、讲时宜,尊重新闻价值,提供记者们真正关心的、更符合新闻特征的内容,这样才能获得事半功倍之效。

三、传播与宣传

(一)传播

在日常使用中,我们往往将新闻和传播联系在一起进行表述,但事实上,传播是一个相对来讲更为宽泛的概念。传播是指社会信息的传递或社会信息系统的运行。信息是传播的内容。传播是人与人之间、人与社会之间,通过有意义的符号进行信息传递、信息接收或信息反馈活动的总称,传播的根本目的是传递信息。简单来讲,只要涉及信息传递的过程,就可以称作传播。

从涉及的对象来看,传播可以分为人内传播、人际传播、群体传播、组织传播和大众传播。人在思考的时候会完成一个自我对话的过程,所以人的思考其实也属于传播的范畴,所以叫人内传播。人际传播强调的是人与人之间的传播。群体传播强调的是群体内部、群体之间的传播。组织传播是更为强调组织特性的群体传播。而大众传播指的是通过大众媒体完成的传播。

在新闻发布的过程当中,新闻发言人需要思考,这就是人内传播;需要依次回答记者的提问,这属于人际传播;需要向广大记者发布信息,这是群体传播;当新闻发布会被大众媒体直播和报道时,又成为大众传播。所以,新闻发布涉及了多层次的传播过程,这对新闻发言人的传播素养要求极高。

(二)宣传

在我国,我们经常在媒体上见到的新闻发言人往往来自政府部门,尤其是中央各部委的新闻发言人,他们起到的作用就是沟通政府部门和新闻媒体。事实上,媒体和政府的关系一直都处于若即若离的状态。在西方国家,被称为"第四权力"的新闻媒体能够质疑政府,动员和影响政党统治。沃尔特·李普曼和政府的关系可以说是这一现象的典型。在中国,虽然媒体都处于党和政府的管理之下,但是媒体同样有舆论监督的功能,而且媒体需要传递政府在行政上的某些信息,这些都要求政府部门处理好与媒体间的关系。长期以来,中国媒体坚持的是"宣传"的策略和方针。

■ 小贴士

李普曼:记者与政治家的座上客

沃尔特·李普曼(Walter Lippmann,1889—1974)是美国新闻评论家和作家。除了撰写时评,并在传播领域发表其独特见解,他还为政治家们制定战略,向参议员们提出咨询,帮助友人谋求公职,发起支持总统竞选人的运动。1914年春,年轻的李普曼得以和老罗斯福共进早餐,这是他和总统们打交道的开端。20世纪60年代,李普曼频频成为肯尼迪总统的座上客。因政见不同,尼克松长期无缘接近李普曼,

> 一旦在1968年总统竞选中受到李普曼专栏文章的支持，他便欢欣鼓舞，立即邀请李普曼到其竞选总部共进午餐，并虚心问计。在李普曼的人生中，他与12位美国总统有私人交往。
>
> 　　1942年8月，李普曼抵达伦敦，见到了法国流亡政府的首脑戴高乐将军。李普曼原本就对戴高乐领导的抵抗运动抱有好感，这次畅谈更使李普曼确信，法国找到了一位不负其高尚品质的代言人。两人的友谊保持终生，后来李普曼是戴高乐定期予以会见的少数记者之一。

　　英文的"propaganda"源于拉丁文，原指播种、繁殖，随着宗教的推广和传播，直到近代才进入政治领域，19世纪末20世纪初才进入中国。在两次世界大战中，战争中的主要国家都将大量的时间和精力投入到宣传战争当中。20世纪初崛起的广告、公关行业也以宣传自居，由此宣传进入政治和商业领域中。然而，在苏俄成立了宣传部，纳粹德国成立了大众教育和宣传部之后，"宣传"在欧美国家逐渐成为一个负面词汇，商业领域的"宣传"逐渐被"公关"、"营销"和"广告"等词汇所代替，西方民众对宣传的印象成为单向灌输弥天大谎。但在中国，由于从晚清时期，到民国时期，再到中国共产党在抗日战争、解放战争中对"宣传"的使用，使得"宣传"常常与进步思想相关联，"宣传"由此成为一个中性词汇，甚至还会具有正面意义，这就使中西方在思想意识形态上造成不解，甚至误解。

　　那么，究竟什么才是宣传呢？在学术上，对宣传有不同视角的定义，在此，我们援引一个相对规范且系统的定义："宣传是宣传者有意图地操纵象征符号，塑造群体的认知方式和对现实的认知，进而影响其态度和行为的信息传播体制。"[①] 这是一个相对学术的定义，简言之，宣传首先是有意图的；而宣

---

① 刘海龙. 宣传：观念、话语及其正当化[M]. 北京：中国大百科全书出版社，2013：44.

传者操纵的象征符号，在新闻发言活动和新闻报道中，就包括了所有向受众传递的语言、文字、图像等；宣传的对象是一个较大的群体；宣传的效果是态度的改变，甚至导致行为的变化。如果宣传是无意识的，而且是在整个宏观社会体制中，众多宣传者长期合作进行的宣传活动，那么宣传就成为一个体制层面的问题。从这一角度来看，新闻发布也是一个具有宣传性质的活动。

由此也可以看出，传播和宣传是两个范畴的概念。传播更加强调信息的传播和流动，而宣传是一个涉及了政治、认知和体制等方面的概念。这也说明在发言人的思想意识中，不应该将传播和宣传对立起来，不应该偏颇地认为新闻发布仅仅是传播，或者仅是一种宣传活动。只有更加全面地理解传播和宣传的概念，才能更好地理解新闻发布的实质。

四、议程设置

"议程设置"假说起源于美国。1968年，美国北卡罗来纳州的两位研究人员马尔科姆·麦肯姆斯（Maxwell McCombs）和唐纳德·肖（Donald Shaw）在美国传播学者沃尔特·李普曼（Walter Lippmann）提出的"拟态环境"理论的基础上，又对这一思想进行了实证性研究，进而提出了"议程设置"假说。"拟态环境"指由大众传播活动形成的信息环境并不是客观环境的镜子式再现，而是大众传播媒介通过对新闻和信息的选择、加工和报道，重新加以结构化以后向人们所提示的环境。这个理论一方面说明大众媒体报道的内容是依据客观环境，另一方面也强调由于记者本身的立场、倾向等因素的影响，最终在大众媒体所呈现的内容是具有主观色彩的。

美国的政治制度主要是以政治选举为基础。1968年，马尔科姆·麦肯姆斯和唐纳德·肖对1968年美国总统选举期间传播媒介的选举报道对选民的影响进行了调查分析。他们在北卡罗来纳州教堂山对100名尚未确定投票意向的选民和9家大众媒体进行了研究，最终他们验证了最初的假设：大众媒体为政治运动设置议程,影响政治事件的显著度。这一假说的成立,吸引了全球各地的研究者们选择其他地方再次对这一假说展开验证,并且进行了更为细致的研究和分析。研究者们不仅研究媒体议程如何对公众议程进行影响,更从事物属性、关联网络、心理导向和新闻来源等层面展开了分析。特别是近些年来,随着社交媒体的不断兴起,社交网络和传统媒体对选民政治倾向的影响成为美国研究者们研究的重点。

20世纪70年代末"议程设置"概念进入中国,此后也引发了众多研究。在中国语境下,议程设置理论更加强调媒介的效果,最直接的表现就是舆论引导的能力,尤其是随着新媒体的不断发展,新媒体议程与传统媒体议程之间、新媒体议程和公众议程之间的关系成为大家研究的重点。

但是不论研究者们关注的内容是什么,发生了怎样的变化,我们都不能否认的是媒体议程确实会对公众议程造成影响。正因如此,新闻发言人应当具有设置议程的意识。发言人对记者提供什么、不提供什么,事实上就是一个设置议程的过程。而随着新媒体的不断兴起,我们不仅仅要通过传统新闻发布的形式来设置议程,如何通过互联网,特别是社交媒体来发起话题、引导舆论也都成为发言人们需要去思考的问题。

五、媒体与"伪事件"

(一)媒体

媒体有两层含义:第一层指的是承载信息的物品,第二层指的是储存、呈现、处理和传递信息的实体。第一层意思换句话来讲,就是人用来传播和获取信息的工具。在古代,传递战争动态的烽火狼烟、传书的飞鸽等都是媒体,而从近现代开始,技术不断发展进步,新闻业从无到有,报纸、广播、电视、互联网、移动互联网等相继成为人们沟通交流、互通有无的工具,就是媒体。从第二层面来看,当前我们指的媒体主要是新闻单位,包括通讯社、报社、杂志社、电台、电视台、网络公司等机构。在此，我们主要介绍第一层意思。

早在汉唐时期，我国就有了报纸的雏形——邸报，而真正的报纸是在1450年古登堡发明了金属活字印刷术之后诞生的。报纸在产生后很长一段时间里，都受到了资产阶级政党的资助，因此具有非常明显的倾向性。直到19世纪末20世纪初，报纸的发行量直线上升，甚至达到几百万份，逐渐从"小众媒体"转变为"大众媒体"。进入大众传播时代后的报纸成为人们获取信息的重要来源，也因此成为影响思想和舆论的重要工具。19世纪美国的两位报业大亨普利策和赫斯特收购的报纸《世界报》和《纽约新闻报》展开"黄色新闻大战"，甚至导致了1898年爆发的美西战争。在战争打响之前，普利策和赫斯特竭尽所能鼓吹战争，大量刊登西班牙在古巴暴行的报道和图片，激发群众对西班牙的不满。1898年2月15日美国战舰缅因号在哈瓦那被炸沉，《纽约新闻报》在事先未作任何调查的情况下断言是西班牙人所为，并在报纸上公开悬赏5万美元征求犯罪证据。此举引起各报效仿，美国国内人声鼎沸，要求政府宣战。4月29日，美国终于对西班牙宣战。战争一开始，赫斯特即特派数艘汽艇和拖船，率领20余名记者到战地采访，《纽约新闻报》的销量由100万份迅速增至150万份。可见，报纸的威力从一开始就不容小觑。而对于中国来讲，中国共产党一直以来都非常重视报纸的宣传，1945年中央党报《解放日报》的改版也和"整风运动"紧密关联，足可见党对报纸工作的重视。今天，尽管在新媒体的冲击之下，关于报纸未来的讨论持久不息，但是就目前来看，以报纸为载体所展开的一系列媒体活动，其权威性和影响力仍然不容小觑。

20世纪20年代广播诞生。广播的诞生标志着媒体的发展又更进了一步。在诞生之后，广播迅速普及全球，包括中国。1938年10月30日晚，由哥伦比亚广播公司著名新闻主持人奥逊·威尔斯（Orson Welles）主持的《火星人入侵地球》的广播剧，由于逼真的节目效果，让数百万美国人陷入恐慌。一组历史研究数据表明，约有 600 万美国人收听了"火星人入侵"的广播，其中 170 万人相信这是真实的，这当中有 120 万人"惊恐万分"。普林斯顿大学的调查报告说："有几个钟头真难过。全国东至缅因州，西至加利福尼亚州，都有人以为那些可怕的手持热线枪的火星怪物已经把所有进行抵抗的美国部队杀死了，大难临头，世界末日快要到了。"收听人数和广播效果反馈显示出广播在当时强大的威力。而罗斯福的"炉边谈话"也证明政治家如果使用好媒介，对于提升其政治形象，促进国家的稳定团结，具有积极作用。

■ 小贴士

"炉边谈话"

1933 年，罗斯福在经济大萧条的背景下，临危受命，宣誓就职美国总统。

为了争取全国人民的理解和支持，实施新政，1933 年 3 月 12 日即就职总统后的第 8 天，罗斯福在白宫的起居室内，利用新兴起的广播媒介，对全国 6000 万听众发表演说，在其夫人的陪同下，直接向人民解说"新政"的纲领、意义和措施，实现第一次"炉边谈话"。罗斯福在其 12 年总统任期内，共做了 30 次"炉边谈话"，每当美国面临重大事件之时，总统都用这种方式与美国人民沟通，有效地唤起了民众的凝聚力和对政府决策的支持。

1960 年 9 月 26 日，美国副总统里查德·尼克松和参议员约翰·肯尼迪在总统候选人全国电视辩论中交锋。

尼克松当时已经当了好多年的副总统，而且他在美国政治圈中已经成为一个著名的政治人物，在跟外国领袖打交道等方面经验丰富。

> 而肯尼迪只是初出茅庐的一个人，当时只有43岁。很明显，尼克松的政治实力要远远超过肯尼迪。
>
> 然而尼克松对这次辩论并没有做特别的准备，所以呈现在电视上的，是一个穿着灰色西装、面容苍老、不断出汗、不断地拿出手帕来擦头、毫无精气神的形象。相反，肯尼迪充分抓住了电视媒介的特点，准备充足，出现的时候就给人一种神采奕奕的感觉，而且语言简短有力，显示出自己在领导气质、人格魅力、个人形象等各方面的优势。
>
> 最终，在第一次总统候选人电视辩论中，马萨诸塞州参议员J.F.肯尼迪从汗流浃背的副总统尼克松手上夺走了观众。

在"二战"前，电视就已经诞生。由于战争的影响，电视的普及是在"二战"之后。相比而言，广播传递的仅仅是声音，而电视还包括图像，给予观众的感觉更加立体。随着电视的逐渐发展，电视取代了广播，美国的总统大选之后也以电视为主要平台进行辩论。1960年总统竞选电视辩论中尼克松败于肯尼迪，就是电视对政治领导人影响的最为直观的体现。

新闻发言人打交道最多的媒体也是电视媒体，发言人会接受各个媒体的采访，电视将新闻发布会以现场直播的方式向广大受众进行传递，发言人的表现会影响公众对发言人和相关事件的看法，进而影响到整个事件的发展进程。所以我们在接下来的单元中，会具体讲述新闻发言人应当如何面对媒体、面对记者完成一次出色的新闻发布。

随着20世纪末互联网的发展和普及，到21世纪，我们已经进入了一个"人人都有麦克风"的时代。每一个人都可以通过互联网平台发声，表达自己的观点，这就说明，我们已经走出了传统的"媒体来讲、受众来听"的单线程的大众传播时代，进入了一个"众声喧哗"的世界。在这个时代，社会意见更加多元化，诸多社会公共事件也往往向不可预测的方向发展。本部分最开始讲到的王勇平在新闻发布会中的表现,就发生在这样一个时代下,网络舆论对公共事件的影响,甚至左右了新闻发言人的职业生涯。这说明新闻发言人的职业环境更加严峻,也对新闻发言人提出了更高的要求,新闻发言人不仅需要表达好自己的观点,还需要学会回应网络、拥抱网络。

(二)伪事件

在介绍完媒体之后,发言人还需要理解一个更为专业的概念——伪事件。伪事件是指经过设计刻意制造出来的新闻,是如果不经过设计,则不可能发生的新闻事件。这一概念最早是由美国社会历史学家丹尼尔·布尔斯廷在其专著《形象:美国假事件指南》中提出的。它强调了人为策划、适合报道的特征,而且,它就是为了方便媒体报道和传播来安排的,它的成功是以信息传播的广泛性为标准的。美国的政治集团为了达成竞选的胜利,也经常会策划和举办各种伪事件。从新闻发言人的视角来看,我们不应该回避这一特性,因为新闻发布会从本质上来讲就是伪事件,也正因如此,新闻发言人传播信息的目的就是要清楚地实现传播效果最大化。

第三章　发言人的"逆境"

在新闻发布的主战场中,新闻发言人真可谓"行走于刀尖",而这一情形在危机新闻发布中体现得最为淋漓尽致,颇有"成也萧何,败也萧何"之境。因此,我们将重点讨论最容易导致新闻发言人陷入泥淖的危机新闻发布的处置原则,之后再介绍具体操作时的规范。

一、危机新闻发布中的处置原则

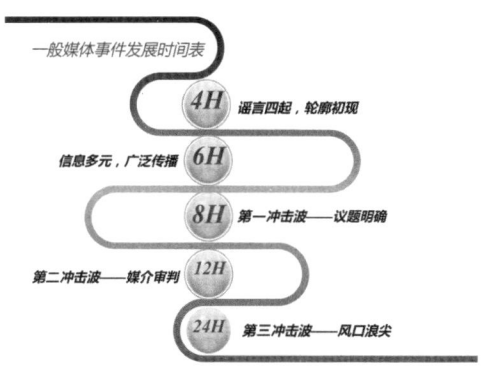

及时原则　危机事件形成新闻后,其舆论影响力会迅速提升,所以,在突发性危机事件发生的第一时间,向社会公众和媒体公布有关事件的基本事实就非常重要。即使当时由于事发突然,缺乏更多准确信息,为了不误导社

会大众,造成社会不稳定,新闻发言人也需要通过发布会或者新媒体等形式出面表态,表达官方对事件的关心和关注,以及后续事件的最新进展,从而最大限度减弱社会和媒体的猜忌与不满。而突发事件的黄金发布时间也已由"黄金24小时"转向"黄金1小时"。

■ 小贴士

黄金1小时的诞生

传统观点认为,官方处置突发事件有"黄金24小时"之说,即在事发24小时内发布权威消息主导舆论是平息事件的关键。新媒体的崛起与渗透,已深刻参与到突发事件的发展过程中来。在新媒体的冲击下,传统的"黄金24小时"法则渐显无力。

基于多年对网络舆情的分析,以及对当时媒体环境的判断,2009年,人民网舆情监测室提出了突发事件中的"黄金4小时媒体"概念。"黄金4小时媒体"主要指能产生快速舆论传播的网络媒体,以微博、QQ群、人气高的BBS论坛等为代表。"黄金4小时"的提出,一定程度上提升了党政企事业单位回应突发舆论事件的意识和能力。但随着信息化程度的不断深入,越来越多的信息在1小时内就可以成为"爆款",占据微博热搜。

因此,提高回应和发布信息的速度成为永恒的"新课题",而新兴技术的发展也为黄金1小时的发布原则奠定了物质基础。其实危机新闻发布强调的是信息发布的及时性,能在第一时间既快速又准确地发布信息,阻止谣言泛滥、社会恐慌,何乐而不为。

准确原则 新闻发言人为了不造成更大的社会动荡，应该本着对社会和公众负责的态度，介绍真实情况，不捏造、不妄言。应用尽可能严谨的态度和话语进行表达。

人本原则 突发事件往往和公众的利益高度相关，甚至很多时候会涉及重大伤亡，不论是发言人在发布会上的表情、态度，还是与当事人或当事家属的沟通，都要注重人文关怀。

滚动发布原则 突发事件从发生到解决，是一个信息从无到有、不确定性逐渐消除的过程。随着时间的发展和调查的深入，"碎片"事实的积累逐渐让整个事件清晰起来，在这个过程中要持续进行信息发布，报告事件的最新进展和调查到的最新事实。

口径统一原则 整个事件中，各个处理部门应该都是由统一的出口发布消息，一方面可以保证消息的权威性和有效性；另一方面也能够减小出错的概率，避免对官方和企业造成更为负面的影响。

二、特殊要求

突发事件新闻发布会与一般新闻发布会有很多重合之处，对于新闻发布会的流程将在后面的章节进行详细叙述。在此需要提醒新闻发言人在发布会上应该注意的是：

第一，现场发布信息的方式更加令人信服。虽然通过网络的形式更为快速便捷，但是网络仍然是以片段式、碎片式的形式传播，不如与媒体进行面对面沟通。

第二，应当将危机事件作为一次契机，展示组织的正面形象，不对危机新闻发布会产生畏惧心理。

第三，要注意主动提供采访的线索和服务，这样有助于引导舆论走向。

Part 2

有话好好说

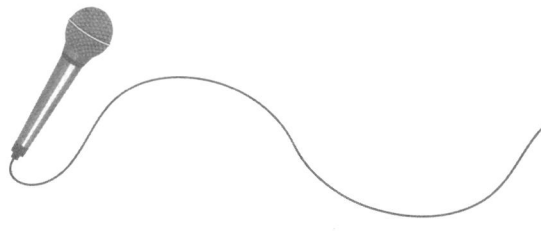

第一章 语言的力量

第二章 语言的技巧

语言是最常见、最复杂、最重要的符号系统,是构成传播内容最基本的元素。迄今为止,人类传播经历了口语、文字、印刷、广播电视、数字传播五大阶段,而以语言符号为主的口语传播被视为人类传播史的开端。人类的语言符号具有巨大的能动性和创造性,有声语言到现在依然是人们最常用、最基本、最灵活的传播手段。可以说,语言的产生大大加速了人类社会进化的步伐。电视传播中的语言符号系统更侧重传递实质性的信息,它的表述往往清晰而抽象,具备一定的逻辑性。

第一章 语言的力量

一、语音 & 音量

语言作为人类交流思想、传递信息的交际工具，必须借助语音这种可以被感知的物质形态，才能使无形的意义被传递、接收、辨别和理解。语音是语言的物质载体或者叫作物质外壳，与语言的意义紧密结合在一起。语言作为新闻发言人最重要的交际工具，由用口腔发出的语音作为传递信息的载体，交际中语音的表现程度对于语言最终所表达出的效果起着很大的作用。索绪尔将符号分为语言符号和非语言符号。语言符号和非语言符号都是信息的重要载体，共同完成人类信息的传播活动。

语音更强调声音的音量和音调。加拿大蒙特利尔大学心理学教授斯文·朱伯特（Sven Joubert）在发表一项关于阿尔茨海默病的研究时表示："一个人的名字、声音或脸部特征都会引起'语言记忆'。"也就是说，在交流时，声音语言已被纳入人与人互相认识与判断的记忆系统里。这与中国俗话说的"言为心声"意思相近，每个人的心理活动和思想状况都会通过声音和言谈流露出来。

声音表情是指用声音来表达思想、感情和情意，声音表情分喜怒哀乐等多种。实际上，声音是最不容易伪装的表情。曾有人对"什么声音最让人反感"进行调查，结果显示：第一是官腔官调；第二是说话声音模糊不清，好像喃喃自语；并列第三的是讲话不带感情与男生声音太细、太尖；第四是说话有气无力，反映出的是无精打采、身体虚弱、情绪低落……

新闻发言人是面对记者、面向公众，代表一个组织或群体发声的，因而，作为发言人就应该尽量克服不足，提升口语表达能力，有意识地运用高低起伏的音调，准确合理地表现出自己的立场和感情。虽然嗓音是天生的，但是音调的高低、发音的技巧、语音的轻重等都是我们自身可以控制的。通常来说，语体越正式，发音就要求越清晰，语调也要更加平稳，这样会给人一种庄重严肃的感觉。反过来而言，在实际日常生活中，我们使用的口语是比较随便的，没必要每个音都要慢条斯理地发出，也没必要每个语音语调都很重很稳，否则会给人带来一种距离感，也就是我们常说的"到什么山唱什么歌，见什么人说什么话"。

语音的高低取决于声带的长短、松紧和厚薄，妇女和儿童声带相对短而薄，话音较高；男性的声带相对长而厚，话音较低。说话时声音的高低是可以控制的，放松声带，声音就低；收紧声带，声音就高。发言人的音高通常根据语速进行调节，快的时候要注意稳重，慢的时候要适当生动。

二、语气 & 语调

在语言表达中，语调承担着很大一部分传递语言内容的作用，而语调的丰富变化使声音具有生动的表现力。最好的新闻发言人的语言是"有节奏有起伏的"，白岩松认为，语言只有有起伏、有快慢、有停顿的时候，才能抓住人心。[①]语调的抑扬顿挫、高低起伏、轻重缓急都可以增强讲话的效果。通常情况下，语调主要有升降两种，一般升调主要用来征求意见、询问看法，多用于问句。降调多用来回答问题、陈述事实或者强调观点，多用于陈述句或者感叹句。另外，中文是四声发音的音调语言，一般说来，句子当中的实词，包括动词、名词、形容词、副词等，需要重读；句子里的虚词，包括代词、助

---

① 中华人民共和国教育部新闻办公室.教育部 2005 年新闻发布会实录 [M]. 北京：高等教育出版社，2006：251.

词、冠词、介词等，不需要重读。通过语调变化强调重音，加强节奏感，可以使发言人的表达目的更突出，逻辑关系更严密，感情色彩更鲜明。

> ■ 案例
>
> ### 能不能你问之前咱先沟通沟通？
>
> 2014年爆出的热点事件：河南漯河高级中学74人获国家二级运动员高考体育加分，而在前一年，河南全省有超过300人获得比赛加分资格。央视记者在采访河南省体育局宣传处处长时，问"资格审查具体由谁来做"，这位处长犹豫了一会儿后，带着无奈的语气回应："能不能你问之前咱先沟通沟通？"说完，还叹了口气。

其实，记者的提问并不尖锐，但这位官员却顾左右而言他。既没有直面问题的勇气，更在回答时表现出受人威胁、委屈、无奈的语气。这种语气使记者和公众感觉到事情肯定有问题，反而将一个简单问题上升为危机事件。

本书在开篇提到的"我反正信了"的案例，也是语言、语气使用不当的表现。2011年7月24日，原铁道部就"7·23温州动车追尾事故"召开新闻发布会。时任铁道部新闻发言人的王勇平在被问到"为何救援宣告结束后仍发现一名生还儿童小伊伊"时回答："这只能说是一个奇迹。"之后，被记者质疑为何要掩埋车体时，他转述了现场铁路部门的解释，并声称"至于你信不信，我反正信了"。教育部原新闻发言人王旭明在其博客上发表了题为《写给勇平兄的一封信》的文章，批评王勇平在新闻发布会上的表现欠妥，指出他语气太强势，语调过于高亢。铁道部在这个时候召开新闻发布会，目的是向大家解释事件的真相，安抚公众的情绪。而发言人王勇平不仅没有对事故的原因和救援进展解释清楚,还严重伤害了公众的感情。后来人民日报发文《中国新闻发言人遭遇"七年之痒"》,评论他"犯了一个资深发言人不该犯的错误,没有体现发言人在媒体和公众之间的桥梁作用"。

新闻发言人思维敏捷、言辞善辩固然重要,但表态时语气所表现出的感情色彩更不容忽视。语言若是平淡得没有任何起伏,就缺少了冲击力和感染力;若是高亢,有时会显得有些蛮横。因此,在发言时,也应把握语气的"时度效",适时、适度、有效地衡量此时此刻此地应使用的语气。

■ **案例**

2018年4月17日例行记者会
外交部发言人华春莹就台湾问题的回应

问: 中方对台湾"总统"明天访问斯威士兰有何回应?中方军事演习是否在对此回应?

答: 我必须要纠正你,你这个说法是错误的。世界上只有一个中国,台湾是中国领土不可分割的一部分。你说的应是台湾地区领导人。我只想再强调一点,世界上只有一个中国,这是客观事实,也是基本常识,更是国际社会的普遍共识。

在这段回答里,华春莹连续使用了几次重音,分别落在"必须""只有""不可""只想""一个"等字句上,坚定、有力、严肃地表明了中国的立场和态度,丝毫没有退让。这种坚定有力的语气在当时的环境下是必然、必需、适宜的。

当友好的词语使用敌对的语气,表态必然产生截然相反的意思;有信心的言辞伴随着发抖的语调，感染力也会随之削弱；亲切的话语伴以冷漠的语调，必然失去温暖，难以达到情感上的共鸣。可见，词汇、语法构成的静态语言并不是语言信息的全部，还需要通过语气、语调传达出隐藏着的情感色彩，这样才能达到最终的交际目的。因此，在语言符号发出的瞬间，新闻发言人必须迅速把握语言符号系统所表达的全部意义和感情色彩的细微差别，达到静态语言与动态声音的统一。

三、语速 & 停顿

汉语是一种韵律节奏很强的语言，因此停顿在话语运用中非常重要，在政府新闻发言人的语言中更是有助于表达政府立场和表现发言人的感情色彩。停顿是指句子当中、句子之间、段落之间的间歇。停顿可以是为了休息换气，也可以是为了思考，更重要的是停顿所表达出的效果可能比说话具有更重要的意义，是在表达思想情感。因为听众在听时不是阅读书面语，不知道哪里有标点符号，而只能通过发言者的停顿来帮助理解。但要清楚，停顿并不等同于结结巴巴、颠三倒四，而流畅也不等同于一句话一口气说到底，适当的停顿能让整个发言行云流水。常用的停顿方法有：换气停顿、语法停顿、逻辑停顿和心理停顿等。

另外，发言人的语速不能太快，尤其是遇到专业词汇或者统计数字较多，媒体、观众对所发布的信息不熟悉时，更要注意放慢语速。而且说得太快，会有一种紧张感。但所谓的放慢，并不是强调一个字一个字或者一个词一个词地往外说，而是要有自己说话的节奏，过于平直的语调和语速会让听者觉得烦闷无聊。一般来说，在新闻发布会的场合，每分钟讲 120 个字左右比较适宜。

第二章 语言的技巧

一、语言要准确

准确的首要前提就是事实,用事实说话是对发言人的基本要求。新闻发言人作为一定机构的代表者,第一个要求就是要详细了解、熟练掌握相关领域的情况、资料和社会事件的实情,这样才能为发布会的成功做好准备。

2019年1月21日的外交部例行记者会上,华春莹对CNN报道的有关"维吾尔族难民讲述中国新疆难民营内的死亡和恐惧"(原标题:*Uyghur refugee tells of death and fear inside China's Xinjiang camps*)这一不实新闻进行了"超长反杀",用充分的事实、准确的语言和清晰的逻辑说话,有力地反击了不实报道。

■ **案例**

罕见,华姐超长反杀!

问:CNN刚发表了一篇报道,援引了一个名叫米日古丽·图尔荪(Mihrigul Tursun)的维吾尔族妇女的"亲身经历"。此人也于2018年11月28日在美国国会—行政部门中国委员会听证会上作为证人讲述类似的"经历"。此外,美国参议员卢比奥等在国会重新提出"维吾尔人权政策法案"。中方对此有何评论?

答: 今天有CNN的记者来吗?(没有)

我也看到了CNN刚刚发表的报道。上周五1月18日,我们收到CNN通过邮件发来的问题单,称近期采访了一个名为米日古丽·图尔荪的维吾尔族妇女,她声称她的一个儿子2015年在新疆乌鲁木齐儿童医院死亡,并称她被关押在乌鲁木齐监狱期间曾目睹9名维族女子死亡,希望我们就此作出回应。我们收到这个问题单后,高度重视,第一时间向新疆自治区有关部门了解核实情况。但是,CNN显然不愿意等到我们核实的结果,周末就已经刊发了有关报道。

既然你提到这个问题,我很愿意利用这个机会来澄清事实。根据新疆有关部门认真核查之后向我们反馈的情况,我愿在此澄清几点:

第一,CNN报道中提到的这个名叫米日古丽·图尔荪的维吾尔族妇女原是新疆巴州且末县居民。2010年8月,她与一名伊朗人在中国登记结婚。2012年1月,她在埃及与一名埃及人登记结婚。

根据米日古丽本人提供的材料,2015年4月,米日古丽在埃及生育了三个孩子,分别是木俄子、艾林娜、木艾子,其中木俄子和艾林娜2015年10月在中国落户。2018年3月,米日古丽的埃及籍丈夫告知新疆且末县公安局,米日古丽已加入埃及国籍。

在询问米日古丽本人意愿并在她递交注销中国国籍申请后,且末县公安局于4月2日注销了米日古丽与她的两个孩子木俄子、艾林娜户籍。4月22日,米日古丽和丈夫携两个孩子木俄子、艾林娜持埃及护照离境。

第二,2017年4月21日,米日古丽因涉嫌煽动民族仇恨和民族歧视被新疆且末县公安局刑事拘留。其间发现她患有传染病，出于人道主义考虑，县公安局于2017年5月10日撤销对其的强制措施。除这20天刑事拘留外，米日古丽在中国期间是完全自由的。根据有关记录，米日古丽于2010年至2017年间，曾先后11次往返于中国和埃及、阿联酋、泰国、土耳其等国家。

简而言之，米日古丽从来没有被乌鲁木齐警方关押，从来没有收监情况，从来没有在任何职业技能教育培训中心收教。不知她在CNN和美国国会听证会上声称的"在关押期间目睹9名女子死亡""警方将其关在一间有50多名女子的牢房"从何而来？！

第三，经核实，米日古丽的一个儿子木俄子曾因患肺炎、脑积水、右侧腹股沟斜疝等疾病，分别于2016年1月14—19日、5月6—12日、11月4—8日，由米日古丽本人及其家人送至新疆乌鲁木齐市儿童医院住院治疗。2018年4月米日古丽和丈夫携木俄子持埃及护照离开中国。

至于她另一个儿子木艾子，米日古丽没有为他在中国落户。2016年1月，木艾子由米日古丽携带离开中国赴土耳其，寄养在其丈夫堂姐萨玛尔处，后来的情况我们不了解。但她本人是最清楚的。

因此，CNN报道中关于米日古丽声称其一子在乌鲁木齐儿童医院死亡和她"未被告知其子入院治疗原因"是完全不符合事实的，完全是别有用心的谎言。

这就是我从新疆自治区有关部门了解核实到的情况，这就是关于米日古丽的事实。此外，我还想强调两点：

第一，真实性是新闻报道的生命线。大家还记得，去年年底媒体曝出德国《明镜周刊》知名记者雷洛蒂乌斯的丑闻，他关于叙利亚等多篇获奖报道援引的消息源被证明都是虚构的。近期，一些西方媒体涉疆报道援引了不少貌似"有名有姓"的消息源,后来被证明查无此人或者情况并不属实,CNN最近的这篇报道不过是最新的一个例证。我们希望有关媒体恪守新闻职业道德,珍惜自己媒体的信誉,不要再援引虚假或编造的消息。

第二,米日古丽去年11月28日以证人身份在美国国会——行政部门中国委员会听证会上讲述了她的所谓经历,成为美国参议员卢比奥等人提出和推动"维吾尔人权政策法案"的重要依据。美国国会议员基于一个撒谎者编造的虚假故事对中国政府和中国民族政策进行无端指责和攻击诽谤,我们对此完全不能接受。

我们要求美方有关议员尊重最起码的事实,摒弃意识形态偏见和冷战思维,停止恶意污蔑抹黑中国的宗教政策和治疆政策。类似这样的荒唐闹剧一次足矣,否则只会让自己和美国更加信誉扫地。①

著名政治传播学者布赖恩·麦克奈尔在《政治传播学引论》中指出:"媒体当然不会以一种中立的不偏不倚的方式简单地报道政治领域中发生的一切。"因此,不仅仅是国内的媒体,在面对国外媒体关注的敏感问题,尤其是会危害国家利益时,新闻发言人要掌握充分的事实资料,用强有力的证据进行反击,还原事情真相。

巧妙地运用数字也是使语言更为准确的一种方式,会增强信息的说服力和可信度。发言人在回答具体问题时,使用一定量的数字来增强说服力是一种常见的方式,这样不仅使语言表述直观、具体、形象,还体现了发言人对业务的熟练度。

---

① 王盼盼. 罕见,华姐超长反杀 [EB/OL]. https://mp.weixin.qq.com/s/IYmZp-ev7mFS6x0gLvbVEw.

> ■ 案例
>
> 在一次颁奖会上，主持人在介绍获奖人物袁隆平的时候，引用了下面的数字：目前，全世界一半以上人口以稻米为主食，现在每公顷生产的稻米可养活 27 人。到 2050 年，每公顷必须养活 43 人，这个任务十分艰巨。袁隆平院士研制的中国杂交水稻将为完成这一任务建立奇功。据专家介绍，中国杂交水稻在世界许多国家都适合种植，如果世界上杂交稻种植面积增加 7500 万公顷，每公顷按增产两吨计算，可增产粮食 1.5 亿吨，就能多养活四五亿人口，有效保障世界粮食安全，帮助人类告别饥荒。

在这段介绍中主持人没有详细叙述让人难以记住的稻米产量，而是把产量换算成能养活多少人口，清晰而又有说服力。这组数据运用得也很生动，适当地进行了口语化，更加贴近生活。

由此可见，发布信息也并不代表一味地罗列数字，没有进一步的阐述和对数字进行细致的分析比较，数字就不能实现预期的交际目的和传播效果。提供未处理过的数据反而会让媒体混淆，不知道如何理解，找不到重点。

二、语言要规范

语言规范的基本标准，就是普通话。1956 年 2 月 6 日，国务院就发出《关于推广普通话的指示》，把普通话定义为"以北京语音为标准音，以北方话为基础方言、以典范的现代白话文著作为语法规范的现代汉民族共同语"。普通话是我国"国家通用语言"，标准普通话的基本要素是：发音正确、吐字清晰、停顿正确和节奏适当；声音流畅自然，圆浑雄厚，悦耳动听，有滋有味；声音富丽清新，要富于变化，丰富多彩；声音坚韧清越、坚实、耐久、有力、有始有终。

有一个例子，某位广东籍的新闻发言人，乡音较重。某日在新闻发布会上，通报一起高空抛物的案情，他说道："有一路人在行走时，突然，楼上有一东西砸中了头……"可记者听见的是"突然，楼下有一东西砸中了头"，意思完全相反，原因是广东某些地区"上"与"下"的普通话发音位置很接近，外省人很难分辨。作为新闻发言人，不能准确无误地传达信息是工作失误。掌握标准普通话，首先要掌握汉语拼音的声母、韵母、声调的正确发音，其次是让每个字、词、句子都发音标准，这需要一个循序渐进的练习过程。

另外，我们知道日常口语形式比较随意，其中含有很多不准确或者不规范的成分，而发言人语言是比较正式严谨的，特别是谈到政府的法令、政策或者国家大事时，句子的结构、篇章结构、连贯照应等都要规范。如果在基本的语法和用词上出错，那么出糗的可不仅是发言人自己，更是他身后的政府或者国家。

三、语言要鲜活

语言的多样性对于传播的效果有着巨大的作用，多种表达方式的运用会让记者印象深刻。最简单直接的方法是适当运用修辞手法，不仅能增强表达效果，使语言生动形象，活跃现场气氛，而且能够吸引注意力，使抽象、枯燥的政策文件变得具体、易懂，达到良好的传播效果。

（一）比喻

2016年3月8日，李克强总理在出席重庆代表团全体会议时说："现在不同地区行业经济走势出现分化，通俗讲就是'冰火两重天'。重庆属于'火'的那一端，跟重庆火锅一样。"而在说起长江经济带发展时，李克强总理则表示,"长江经济带发展,上海和重庆,一个是龙头一个是龙尾。龙头龙尾一起舞起来,整个长江经济带就'活'了,就能为全国发展增添更大动力"。虽然都是就"改革""经济发展"等严肃的话题发表言论,但总理用重庆火锅赞重庆经济之"火",用"龙头""龙尾"比喻上海与重庆,将会场的气氛点燃,代表们也更能畅所欲言。

赵启正在回答有关香港人不满内地人去香港采购以及生子等问题时,把香港和内地的关系比作"兄弟姐妹",认为香港和内地产生的问题是"兄弟姐妹间往来难免的磕磕碰碰",这种比喻不仅贴切,而且表达了内地和香港同为一家人的内涵,可以说取得了良好的传播效果。

（二）引用

引用在发布会上是一种比较常见的修辞手法。在十一届全国人大三次会议记者会上,温总理回答中外记者提问时引用古诗词和典故就达7处之多,不仅使回答内容具有很深的哲理性,而且充分体现出总理深厚的文化底蕴。在这次记者会上,温家宝说:"中国有一句古语,人或加讪,心无疵兮……今后几年,道路依然不平坦,甚至充满荆棘,但是我们应该记住这样一条古训:行百里者半九十。不可有任何松懈、麻痹和动摇……亦余心之所善兮,虽九死其犹未悔。我将以此明志,做好今后三年的工作。"

赵启正对于引用也是信手拈来。2012年在回答僧侣自焚事件时,他恰当地引用了"老吾老以及人之老,幼吾幼以及人之幼"表达对事件的惋惜,同时引用佛家语录:"不杀生,不杀一切生命为第一戒,破戒杀人罪孽重重,自杀之罪仅次于杀人……"既表现出发言人的智慧,同时也取得了事半功倍的传播效果。

（三）排比

排比具有一股强大的气势,往往能够增强表达效果。如2017年8月22

日外交部例行记者会上,外交部发言人华春莹在谈到印军非法越界时,用排比句表达了中方的愤慨:"印度最近在洞朗制造的非法越界事件,在中国人民心目中造成了什么影响?印方非法越界的事实是非常清楚的,越界理由是非常荒谬的,逻辑是完全站不住脚的。我们也注意到印方最近的一系列言论,希望印方能言行一致,把希望与邻国发展和平关系的言论落实到具体的政策中去。"连续用到"非常""完全"等带有坚决性、饱和性的词汇,展现了中国态度。

(四)俗语

俗语在发言人语言中的使用频率并不高,但发言人可根据内容的需要,适当地使用俗语,目的是使语言更加通俗易懂、形象生动。如2013年3月4日上午,傅莹在全国人大第一场新闻发布会上谈到钓鱼岛问题时,用了"一个巴掌拍不响""来而不往非礼也"等中国俗语来表明中国采取派出海监船到钓鱼岛海域巡航等举措是日本背弃共识的结果。

当前,社交网络用语也非常火爆,很多发言人在发布会上都会使用,以此来拉近与公众的距离,如"给力""你懂的""大家很任性""宝宝不高兴、问题很严重"等,这些网络用语在恰当的时刻使用,既能活跃现场气氛,又能增强传播效果。

■ **案例**

宝宝不高兴,问题很严重

2019年全国两会上,时任教育部部长陈宝生寄语学生家长:"家长要有科学的教育理念,对孩子要有合理的预期。要孩子做到的,家长首先做到；要孩子不做的，家长首先不做；家长做不到的，绝不强迫孩子做；孩子想做的，理性引导孩子做。"

同时，他提出减负是教育改革的重要环节："减负作为一个'多因一果'的综合征，一定要系统治理。"

"减负难减负难，减负再难也要减。如果今日不减负，明日负担重如山。负担重如山，孩子不能健康成长。我们的学生会不高兴的。学生不高兴就是宝宝不高兴，宝宝不高兴，问题很严重。"

四、语言要有立场

说话，是一种带有极强主观色彩的活动，归根结底是一个人立场、态度、情感的体现。但是新闻发言人作为国家、政府及相关部门的代表和喉舌，必须具有把握住某一个问题、某一个事件上的底线和原则的职业素质。对政治性的坚守就要求新闻发言人始终牢记其代表国家，一切都要以维护祖国利益为前提。所以，除"公布"外，同时还要通过发布会进行有效的政治传播。大多时候是有"说服"的意味在其中。

2018年底，人民视频发布了一个题为《盘点2018中国外交部精彩回应》的视频，盘点了2018年中国外交部针对部分时事新闻发表的精彩言论。如2018年3月23日华春莹用"我们会奉陪到底"回应了中美"贸易战"；2018年10月25日，华春莹又用"如果很担心苹果手机被窃听的话，可以改用华为手机"霸气回应了《纽约时报》关于中国情报部门窃听特朗普总统个人苹果手机的不实报道；2018年10月10日，陆慷用"世界上恐怕没有哪个国家，有这个实力和能力来重建中国"回怼了美国副总统在演讲中妄称的"在过去的25年里我们重建了中国"的言论。上述一系列的回应与发言，都立场鲜明，无一含糊应对，很多网友看完视频后评论说"提气""厉害了""内容极度舒适"。①

五、语言要真诚

对于新闻发言人来说，面对众多记者的提问可能会出现不同的反应，但无论怎样，首先态度要诚恳。坦率表现在不说谎，如实回答，并勇于承认自己的错误。记者问了一个问题，你不知道，或者不太清楚，但又害怕说错话，陷入尴尬有失颜面或者被人揪辫子的局面，于是便跟记者胡乱说一通，甚至干脆闭口不谈，实际上会起反效果。

其实，发言人也不是三头六臂、无所不知，不可能掌握所有的信息，偶尔说错话是正常现象。2014年，有着丰富经验的赵启正在接受凤凰网访问时，也坦言即使准备再充分，也还是会被问到没准备的问题，作为现场发言人根本没办法请示，但是自己觉得有把握还是会回答的。

■ 案例

2014年12月24日外交部例行记者会

有记者问道：第一，据报道，中国警方在中越边境地区抓获了准备偷越出境的21人。能否介绍具体情况？中国政府是否与越南方面进行了沟通？第二，韩国方面表示将寻求与中方合作解决针对韩国核电站的网络攻击活动，中方是否了解有关情况？是否会与韩方就此开展合作？

---

① 人民网-国际频道.盘点2018年外交部发言人十大精彩霸屏回应[EB/OL]. http://world.people.com.cn/n1/2018/1225/c1002-30485799.html.

> 答：关于第一个问题，我不了解具体情况。但是我可以原则性告诉你，非法移民活动扰乱国际间正常出入境秩序，侵害国际社会共同利益。中方一贯坚决反对非法移民活动，提倡依法进行正常的人员往来，这也是国际上绝大多数国家的共识。中方愿与邻国和其他有关国家一道，共同打击非法移民犯罪活动，维护各国和地区安全稳定。
>
> 关于第二个问题，我尚不了解你提到的情况。中方在有关问题上的原则立场是一贯的。中方坚决反对任何形式的黑客攻击活动。黑客攻击是全球性问题，我们愿与各国开展建设性对话与合作，共同应对这一挑战。

很明显，发言人对记者提问的事件都不是很了解。这个时候如果不懂装懂地去回答，很容易让记者抓住把柄。实事求是是最好的方法，不假装知道，更不模棱两可或似是而非。在说明自己不知道事件之后，就可能涉及事件的相关原则和态度进行表态，既不会让回答看起来十分空洞，也表达了如果真是有此类事情发生，我们的态度和措施是怎样的。当然，在言辞上不能太生硬或者有不耐烦的迹象，应该更真诚、诚挚，在态度上弱化"不礼貌"。这样，记者会觉得你不是在搪塞他，你是很负责的人，并诚恳地将你知道的信息交代清楚了。

一直以来，有些官员在接受媒体采访时都表现出一副"无可奉告"的样子，刻意隐瞒事实，并没有真心实意地想要接受媒体的采访，给人一种新闻发言人心里有鬼的感觉。为此，2016年3月28日，时任中宣部部长刘奇葆在全国新闻发言人培训班学员座谈中指出，新闻发言人面对媒体，不能简单地念口径、讲套话，更不能打官腔、总是"无可奉告"，而是要更多地用生动的事实、典型的案例、翔实的数据说话，把想表达的观点寓于鲜活的故事之中，娓娓道来、可亲可信。

"无可奉告",有时是出于"言多必失"的担心,往小了说,是谨小慎微;往大了说,难避"懒政""惰政"之嫌。新闻发言人要时刻警醒自己,总是沉默可能引来来势汹汹的舆论,甚至放任谣言四起。

■ 案例

王国庆:越是敏感问题,越要想办法说清楚

在2016年全国两会上,首次露面的大会新闻发言人王国庆得到了大家的一片盛赞,"越是敏感问题,越要想办法说清楚"这句话甚至已经成了新的网络流行语。能够直面敏感问题,让敏感问题温和化,王国庆靠的是坦诚与实在。当有记者说到"来这里开会的路上已经感觉到,雾霾又回来了"的问题时,王国庆跟着吐槽:"我跟大家一样,对雾霾监测的数据感到有反差;我也经常骑自行车出去,但路上停满了机动车,很不方便。"这样一来,不但拉近了与大家的距离,让人感受到"邻家大哥"的亲切与真诚,更让人看到政府与民众同呼吸、共治理、解决问题的诚意与决心。

六、语言要幽默

"幽默"是运用令人轻松愉悦的表达形式传递信息的方法。作为一种高层次的语言艺术,它是说话人思想、学识、经验、智慧和灵感的综合性应用与创造性发挥。发言人如果能将幽默的语言艺术恰当地运用到自己的讲话中,往往可以起到营造融洽气氛、化解不利因素、增进双方感情、委婉回击无理、巧妙避开话题和展现个人魅力的独特作用。

新闻发言人 /修/炼/手/册

■ 小贴士

周恩来的幽默外交

20世纪50年代中期,周恩来接受一位美国记者的采访。记者看到总理办公桌上有一支派克钢笔,就得意地发问:"请问总理阁下,你也迷信我国出产的钢笔吗?"周恩来回答说:"这是一位朝鲜朋友送给我的。他对我说,'这支钢笔是美军在板门店投降签字仪式上用过的,你留下做个纪念吧!'我觉得这支钢笔来历非凡,就留下了。"美国记者听了周恩来的话,顿时哑口无言,脸一直红到了耳根。

1959年周恩来访问苏联,在同赫鲁晓夫会晤时,周恩来批评他推行修正主义的政策。狡猾的赫鲁晓夫不正面回答,而是拿周恩来的阶级出身说事。他说:"你的批评意见很好,但你应该同意,我出身于工人阶级,而你却是出身于资产阶级。"言外之意是周恩来在替资产阶级说话。周恩来闻言平静作答:"是的,赫鲁晓夫同志,你出身于工人阶级,而我出身于资产阶级。但我们两个人有一个共同点,那就是我们都背叛了自己的出身。"此言一出,立即传为美谈。

在上面的两则事例中,周恩来没有对对方的恶意提问表现出愤怒的情绪,而是运用幽默的语言巧妙回应,令对方有"搬起石头砸自己脚"的感觉,轻松化危机于无形。

再来看看我们外交部发言人的幽默回答。2008年美国时任总统布什在访问伊拉克举行记者会时,遭到伊拉克记者"扔鞋待遇",在当时成为引人注目的"花边新闻"。对这则"花边新闻",各国媒体见仁见智,评说不一。然而,面对记者会上的追问,当时的中国外交部发言人刘建超对此事件幽默且机智的回应，赢得网上一片喝彩。

刘建超是怎么回答这一难题的呢？他说，北京一些民众怎么看这件事是个人的事，但是他认为对一个国家领导人应该有起码的尊重。这件事也提醒他在这里观察谁要举手提问题的时候，还要注意谁在解鞋带。刘建超在说完后一句时，全场会心一笑。①

我们可以分析一下他的回答。"对一个国家领导人应该有起码的尊重"，就表达了对这件事所持的公正立场。假若不讲规矩，在国际场合开会乱扔鞋、乱吵骂斗殴，那么，会开不成，事也难处理，成了一团糟。人与人之间、国与国之间可以有不同见解，可以有对立情绪，但不同见解可以通过开会发言和其他正当途径表达而不能动粗，扔鞋这一举动就有伤大雅。所以，这相当于一句善意的批评。当然，整段回答精华在"还要注意谁在解鞋带"。这句话没有批评谁，而是一个善意的幽默。中国外交官希望媒体记者尊重文明、讲究文明，也希望人们注意观察留意会场的动态，及时制止不文雅举动出现。

外交部新闻司前司长、前发言人吴建民曾说过："发言人如果有智慧，一句话就能把人家讲得笑起来，一句话就能把人家讲得跳起来，这就是讲话的艺术。发言人完全可以发挥，不能干巴巴地说教。"

在 2014 年 3 月 2 日召开的十二届全国政协新闻发布会上，《南华早报》记者提问政协对周永康传闻的看法，大会发言人吕新华是这样回答的："我和你一样，在个别媒体上得到一些信息。无论什么人，无论职位有多高，只要触犯党纪国法，就要严厉惩处。我只能回答成这样了，你懂的。"这一睿智而幽默的回答让现场爆发了两次笑声。吕新华使用的"你懂的"正是网络流行语，不仅传达了自己的态度，也避免了现场可能出现的严肃或者尴尬的气氛。一个小小的流行词，既幽默又接地气。

---

① 人民网. 刘建超出任国家防腐局副局长 曾是外交部最年轻发言人 [EB/OL]. http://bj.people.com.cn/n/201.

新闻发言人 /修/炼/手/册

七、语言要有度

俗话说，凡事要有度。所有的事情都是有限度的，说话亦是如此，而语言的这个度是需要语境对其进行制约的。语境，就是指言语的环境，主要表现在三个方面。一是广义的概念，指言语表达的时间、地点、对象、场合、心态等，最重要的就是场合，它是时空与交际情境的结合，有正式和非正式、庄重和随便、喜庆和悲痛等之分，场合不同，说话的度就不同。二是狭义的概念，指书面语中的上下文和口语中的前言后语，在这里就不做详细的阐述了。三是基于组织定位。发言人其实是"代言者"和"传声筒"的结合体，"代言者"指的是代表某一个人或某一团体传达话语信息的人，本身往往是该团体的成员或代表，对所传递的话语信息表示认可，并负一定的责任。而所谓"传声筒"，指没有得到"作者"的授权，是不能擅自决定传递某一话语信息的。所以，换句话说，对于规定发布的信息和态度，发言人必须要发声并对其负责，而不属于职责范围内的，也不能越权。

比如，2015年1月21日，上海市政府新闻办针对2014年12月31日上海外滩踩踏事故举行了新闻发布会，并在其官方微博"上海发布"同步直播。发布会的四项议程包括：一是通报调查结果；二是通报问责处理情况；三是请时任副市长周波讲话；四是回答记者提问。可以说，从事件的详细回顾到悲剧发生的原因分析、问责处理等都非常全面，但问题出在，"12·31"事件是一起不该发生、完全可以避免的事件，但却直接造成36人死亡、49人受伤的惨剧，且都是无辜的平民百姓。这种情况下，发言人应该首先对伤者、逝者表示歉意，对逝者表示哀悼，其次再陈述事件，检讨错误，最后通告惩罚，新闻发言人不应只是冷冰冰地发布新闻。但此次新闻发布会却把这部分放在了最后，轻描淡写地说了一句，显然是轻视了此次事件给大众和遇难者家属所带来的心灵创伤。无论从原则上还是伦理上，发布会都应向遇难者真诚默哀，这是应有的对人类生命的尊重。

在面对外媒时，往往由于文化差异，双方之间很难精准沟通，就像东方人说话比较含蓄，西方却很直接。在观点的表达上，如果我们模棱两可，外媒的报道就更容易出现偏差，甚至更容易被外媒利用，故意曲解我们的观点。在十二届全国人大四次会议的开场发布会上，傅莹作为新闻发言人，针对外媒的问题给出了清晰有力的回答。新加坡《海峡时报》记者提到了关于朝鲜半岛局势的问题，傅莹说："朝鲜战场硝烟散去60多年，到现在只有一纸停战协议，一直没有签订和平协议。所以理论上讲，有关国家在朝鲜半岛还处于战争状况，是不是也够奇葩的？所以，朝鲜半岛一直就是一个东亚安全的短板，经常会陷入紧张，这不是第一次，我估计也不是最后一次。这么多年来，中国一直在积极地斡旋，但是整个过程当中可以看出，美朝深度不信任。不知道《海峡时报》的记者看没看过中国的小说《三体》，里面描述了一个黑暗森林的状况，就是极度缺乏安全感和信任的环境，这个小说也是提醒我们不能让现实生活当中出现这种现象。现在的国际社会、国际关系是相互依存的关系，也是相互作用的关系。"

可以说，傅莹这段回答非常清晰地表明了中国和美朝在朝鲜半岛问题上不同的态度、不同的做法，直截了当，没有含糊，并在最后借用《三体》，暗示美朝需要加强对中国的信任。

八、语言要简单

政府部门习惯于写报告、作报告、开长会，对待新闻发布会要改一改这样的机关作风。记者们习惯于"短平快"，言简意赅。主题鲜明、事实一目了然，政府的立场明确表达，这就足够。发布会上没有必要就某一个问题进行反复论证、旁征博引，更没有必要啰里啰唆地说些尽人皆知的道理。抓住事实，表明立场，是非分明，剔除形式主义的成分，这是新闻发布会的精髓。传播学中有一个"30秒"定律,如果在开头的30秒之内信息传播者不能传播出有用的信息,随后的话语影响力就会呈递减态势,受众就会失去兴趣并转移注意力。

如果需要深入阐述,可以安排会后专访,或者记者会找上门来要相关资料。就新闻发言人来讲,在新闻发布会和在接受记者采访两种情况下,要想做到简单明了,不拖泥带水,是需要不同的方法的。

"金字塔"原则是美国著名的新闻发言人培训师哈尔·哈特(Hal Hart)提出的应对媒介采访的黄金法则。如果把新闻发言人的整个发言比作一座"金字塔"的话,那么可以看出,金字塔的"塔尖"是新闻发言人希望通过采访传达出的主要观点,"塔身"则是支撑此观点的论据,从上到下,信息越来越具体,而重要程度则是越来越小。这座"金字塔"看似简单,但暗藏的玄机却不少,下面我们来对它进行细细剖析。

(一)"金字塔"的核心

此原则的核心内容是:"你所做回答的第一句话,对于听众具有最大的影响力。随后所说内容的影响力会逐步下降。"[①] 以中国为代表的东方文化崇尚含蓄美,但这在应对采访时却是大忌。新闻发言人要开门见山,一开始就鲜明地抛出自己的观点,先入为主,掌握谈话的主动权,使得接下来的对话能按照自己的思路展开。

(二)"塔尖"原则

我们知道,"金字塔"的"塔尖"是整个谈话中新闻发言人的主要观点,而这里的"塔尖"原则就是无论记者怎么提问,新闻发言人都要保证自己的主要观点是正面的。新闻发言人的第一句回答会定下接下来对话的基调,后面无论怎么解释,都很难改变已在受众心中形成的"刻板印象"。

---

① [美]哈尔·哈特. 打造成功的新闻发言人:掌握媒介采访和成功演讲之道[M]. 卫五名,译. 北京:北京大学出版社,2007.

以正面的观点回答提问，你的回答就不可能是负面的；重复以负面方式提出的问题，你的回答就不可能是正面的。记者在提问时，为了挖掘"有价值"的新闻，经常会使用含有贬义的词汇，只要你重复，就中了记者的"圈套"，下面的对话就会围绕这些贬义词展开，在你疲于应对的时候，就可能露出破绽，失去对整个谈话方向的控制。比如记者会问："某个部门的效率为什么这么低下？"假如你在回答中重复了"效率低下"这个词，答道："不，我不认为它效率低下。"那么接下来记者就会抛出一堆他收集的效率低下的表现，而你也只能就他提出的表现一个个解释，记者也会根据你的回答不停地抛出新的问题，整个谈话你都会被记者牵着鼻子走，根本无法传达原本规划好的信息，采访后的报道也就可想而知了。

根据"塔尖"原则，正确的回答应该是"某个部门的效率是很高的"。接着，你就可以对这一观点作出合理的解释。要知道，在媒体报道中，记者的提问通常是不会出现的，大段大段的文章只会是你的回答，而编辑则会把你的回答当成素材，经过加工、组合，巧妙地传达出媒体想要传达的态度。在采访中，你重复主要观点的次数越多，它们就越可能成为报道的主题。那么，使用正面的观点还是使用负面的观点，想必此刻你应该清楚了。

（三）"金字塔"宜精不宜多

"金字塔"虽然好用，但不可滥用，一般一次新闻发布会准备的主题最好不要超过3个，几个"金字塔"之间的关系最好相互独立又相互支撑。假如主题过多，不仅给自己增加了记忆负担，也让记者摸不着头脑，不知道你到底要表达什么，最后只好从混乱的逻辑中根据个人偏好抽出几个观点应付了事，于人于己均无益处。

"金字塔"准备好后，要仔细倾听记者问题中的"干货"，迅速地找到符合要求的"金字塔"。对于简单的问题，可以直接运用"塔尖"进行回答；对于比较复杂的问题，可以运用两个以上的"金字塔"做出比较完善的回答；

新闻发言人 /修/炼/手/册

对于超出"金字塔"范围的问题，即偏离预定主题的时候，可以在简单回答之后马上过渡到最相近的"金字塔"上。

我们知道，新闻写作也常常遵循行文从上到下、信息的重要程度依次递减的原则。发言人的"金字塔"法则不仅有助于掌控谈话方向，也为记者报道提供了便利。"金字塔"法则不是教你回避提问，而是强调把最重要的信息先表达出来，试想你把核心观点埋藏在一大段回答中，又有多少人理解你要表达什么呢？更糟糕的情况是还没等你说出来，记者认为你已经表达完而打断或终止了谈话，那么你的观点将毫无影响力和存在的价值。

> ■ **小贴士**
>
> 一些人曾嘲笑刚入住白宫的里根总统，因为他的目标只有3个——结束冷战、重新唤起国人的爱国感情和重振美国经济。目标虽少但他却坚持下来并成功了。
>
> 2008年11月4日，47岁的巴拉克·奥巴马以非洲裔的身份当选为美国第44任总统，打破了白人垄断美国总统的历史。他的成功当选首先得益于他富有激情和感染力的演讲，而他演讲的主题永远只围绕一个词展开，那就是"change"（改变）。在演讲的开头他会首先强调这个词，演讲中还不时地重复这个词，在演讲即将结束时更会重新用这个词唤起美国人的希望，这深深打动了选民。于是，美国人民也决定做出一次"change"，最终选择了这位黑人作为自己的领导者。
>
> 实际上奥巴马就是针对其核心信息进行着重的阐述。所谓核心信息，就好像一枚戒指上的钻石，是围绕主题（那枚戒指）最耀眼的部分，是希望记者最终在报道里保留最多的部分。

"金字塔"原则主要针对有准备的发布会，但新闻发言人在接受采访时，可能会遇到自己并没有准备的问题，刁难的情况也很有可能出现，这时一定不能慌张，特别是随机采访时，现场更加混乱，发言人不仅是站着的状态，还有可能出现拥挤的情况，发言人往往很难静下心来去构思回答问题的思路，经常想到哪儿就可能说了出来。在这种情况下，可以运用"三简"原则，将自己回答的冗余度降到最低。

把握好冗余度非常关键，在特定的语用环境下使用冗余，其传递的信息就未必都是消极的。比如，在无准备的讲话中，表达者为了思考下文，常常借助于口头禅，或利用一些无意义的词语，或重复一下前文来赢得思考时间，并给听众留下思考余地。但如果在短短的一句话里，用上多个"然后""我以为"之类的话，如此频繁，则会令人生厌，而且还很容易被别人当作笑柄。

■ 小贴士

"三简"原则："简要""简短""简单"

"简要"即要求核心信息突出、要点明确。钱其琛说过："表态不要开天辟地。不要讲许多过去如何如何，人家关心的是你现在的立场。这种情况过去并不少见。有时有些部门的表态像论文一样，面面俱到，从历史情况谈起，说了半天才绕到主题，或根本不着边际，效果很不好。"

"简短"即能用一句话说明白的事情不要用长篇大论去论述，尽量少用形容词和副词的长句子。对于新闻发言人来说，再精巧的措辞、再华丽的辞藻，也不及准确清晰地表述好所要表达的核心信息。中国有句古话："言多必失"，在那样复杂的国际形势下，要避免境外记者对发言人的话断章取义，避免找到发言人说话的漏洞进行不必要的炒作。

"简单"即用普通人的思维方式思考问题，思考你怎么去说话，使用平民百姓的语言。因为你的讲话最终要到平民百姓中去，他们才是真正的受众，也就是说出的话要让人听得懂，不要用官话、术语。

九、语言要亲民

新闻发布或者新闻发言人接受采访，是向现场的媒体及媒体背后的受众解读信息，这属于交流的过程，涉及人与人之间的交流。发言人的目的就是让公众更好地接受和理解政府的决策、态度和相关事件的进展情况，所以需要将口语和书面语结合起来。如果完全书面化，就会使发言人与交流对象的距离一下子拉远了，影响现场的交流效果。新闻发言人代表的是政府，从他们身上要反映出政府与公众的亲近感，让人觉得真诚、可接受、可亲近，而不是一种居高临下之感。通常，新闻发言人在发布会上发布政策和新闻时，则书面语色彩浓一些，这种抽象性、概括性的词语显得更文雅庄重。

但是在回答记者提问时，语言要倾向口语化。声音具有抽象性，稍纵即逝，这要求听众时刻保持高度的注意力，一不留神，重要的信息就可能被漏掉。因此，回答尽量浅显易懂，少用术语，多用口语。如傅莹在答记者问时说道："实现全口径预算决算，简而言之，目的是要把政府所有的收入和支出都纳入预算和决算，也就是说，要把政府花的每笔钱都要纳入监督，这是我们落实依法治国方略的一个很重要的举措。"傅莹在这段回答中将官方的、专业的术语转化成易懂的口语，用"也就是说"作为转折，拉近了与听者之间的距离，使亲近感得以加强。

目前，我国的新闻发言人多数是兼职，是具有一定职位的官员。除有时会带有高高在上、唯我独尊的"官气"之外，还避免不了有些官员在新闻发布会上使用没有新鲜感的官话、空话、套话，或者照本宣科，或者满口外交辞令，使语言无味、官气十足、毫无生气、令人厌烦。这很不利于实现发布会的传播效果，并且会引起媒体和公众的不满。发言人应该在对所讲内容有自己感悟的基础上，用自己的语言说给听众，达到与听众共同交流的目的。

但有人会反驳说，之所以说"套话"是为了保证语言严谨，但实际上二者并不能画等号。不说套话是要求发言人在授权范围内，在统一口径下，把要发布的信息更好地传达给媒体和公众，这就离不开发言人将自身个性融入其语言表达之中。

十、语言要礼貌

礼貌是一种社会现象，是一项行为准则，是人们为了维系相互间和谐良好的人际关系所作的种种努力。社会中的礼貌现象及礼貌语言丰富多彩，形式各异，纷繁复杂。不同的群体、不同的交际场合、不同的交际对象对礼貌语言的要求都不同，其判断标准也不同。新闻发言人与媒体记者的交流实际上也是一种交际行为，新闻发言人在这个背景下要合理恰当地使用礼貌语言，与媒体记者实现成功的交际。

北京语言大学李宇明教授在一次访谈中谈道："新闻发言人回答记者挑衅性的问题时，或是反驳时，还要坚持礼貌原则，'有理不在声高'。即使在记者挑衅的时候，也不失风度，不能学老太太骂街。"由此可见，礼貌语言是新闻发言人话语中不可缺少的一部分，也是必须要坚持的原则。

礼貌语言中很重要的一点，便是模糊原则。"模糊语言"一词是20世纪后期才出现的，它是指语言形式所表达的意义范围界限不明确，或表达的意思不确切。但目前来看，模糊语言有时不仅不会妨碍语言交际，反而能够促进语言表达的灵活性，增强语言的表现力，提高交际的效率。比如，掌握一些模糊的词语和句法的运用：

"根据有关部门下发的文件精神，上海将按照现代生产和流通方式来进一步规范管理禽类市场，在延续前一阶段取消集市活禽供应这一做法的同时，有关部门正在加紧研究下一阶段怎样形成市场管理的机制。"

"作为他们共同的朋友，中方愿意通过自己适当的方式发挥作用。"

"据我们了解，两岸有关方面正在积极进行相关的准备工作，包括出入境手续、检验检疫、大陆专家赴台考察大熊猫的居住环境、台湾饲养员培训等相关事宜。"

"我们希望并相信，在北京奥运会期间，包括美国运动员在内的世界各国运动员能够……"

类似的词语还有"一些""大量""基本""过去""相关方面"等，对这些程度模糊、范围模糊、数量模糊、质量模糊、方式模糊的词语的恰当使用，不仅可以避免话语武断，更有客观性，而且可以把话语说得更礼貌得体一些。

另外，一般陈述句式是发言人主要的句法手段，但疑问句却可以让发言人根据对方的问话内容重新设计问题反问对方，使得发言人的表态不言而喻，其表达也更具模糊色彩。

■ **案例**

2006年3月16日，时任外交部发言人秦刚在例行记者会上，就俄罗斯总统普京访华期间可能参观少林寺的问题做了答复。

问：最近很多报道说，普京总统访华时将参观少林寺，而且可能参加一些格斗的活动。你能否确认？公安部门是否已经加强安全戒备以迎接他的来访？

> **答**：今天我在电视上看到你参加了国务院新闻办组织的关于中俄"国家年"的记者会，你为什么不当面向李辉部长助理提出这个问题呢？①

新闻发言人没有正面直接回答记者的提问，而是使用问句这一间接的模糊化处理方式，暗示记者自己对这个问题不太清楚。这样回答比较委婉，巧妙挽回了自己的面子而又显得有礼貌。所以，模糊语言其实是能够提高语言表达准确性的，这种间接婉转、留有余地的方式既能表态，又能避免自己落入记者的陷阱，化解尴尬，使交际顺利进行。

除模糊原则之外，我们大体可以把常规使用的礼貌用语进行一个简单的归类。

■ 小贴士

常规礼貌用语

表示敬意的词语：请。"请"是最常用的表示敬意的词语，语气十分委婉客气。一般用于动词或句子前，或者当动词用。如王旭明在2008年1月25日教育部第一次例行新闻发布会上的发言："为了把握，我请周济部长再看一遍。""今天特别请到了我们教育部基础教育司助理巡视员。"

表示致谢的词语：发言人常常在恰当的时机使用以下表示致谢的词

---

① 搜狐新闻.外交部就普京可能参观少林寺答问［EB/OL］.http://news.sohu.com/20060317/n242344484.shtml

语,如"谢谢""十分感谢""谢谢大家""非常感谢"等,使用情况主要分为三种:

一是新闻发言人感谢记者的提问:"你提的问题非常好,谢谢你的提问。"这种情况下,记者并不需要回应,但发言人针对记者的提问,能表示感谢,甚至鼓励记者提问,这是礼貌的一种表现。适当地使用,会赢得对方的信任和好感,拉近发言人和记者的距离,营造一种融洽、和谐的现场氛围。

二是发言人在回答完记者问题时,用"谢谢"作为结语或者作为整场发布会的结束语:"如果没有问题了,今天发布会就到此结束,谢谢大家出席,再见。"

三是发言人感谢记者或媒体朋友的某些好的行为或做法:"大家下午好,感谢大家如约来参加、关注教育部的新闻发布会。"

表示歉意的词语:如"对不起""抱歉""向……致以歉意"等。通常在超出发言人职责范围时或者现场出现什么特殊状况时使用。

"首先向大家致以歉意,今天原定的中国教育电视台现场直播,由于机器出现故障,尽管及时进行了修理维护,但是最后效果还是不太好,中国教育电视台将录播今天的新闻发布会。我再次向久等在机器旁、网站旁的观众、网民朋友们表示歉意。"

"你的问题与今天发布会主题无关。抱歉。"

"对于中共中央有关领导的工作安排,由我来回答不太合适。抱歉。"

表示问候、祝愿、道别的词语:主要包括"大家好""上午好""下午好""祝大家新年快快乐""再见""下次见"等。这种基本的开场白和结束语排除了陌生、隔阂等交际障碍,有助于交际的顺利进行。但发言人所使用的问候语与我们日常的问候形式有很大不同,不常常使用

> 疑问句或语气词，因为发言人与媒体记者的关系不是亲密无间的，应当保持一定的距离，所用的语言也相对简短正式。
>
> **礼貌的称呼或表谦称的人称代词**：如"您""女士们，先生们""各位""朋友们""大家""诸位""我们"等。如"新闻界的各位朋友，大家下午好。""实际上把您的第一个问题也回答了，如果您不清楚我可以再回答一遍。""您关心的这个问题，我想适当的时候我们会向您介绍这个情况的有关进展。"

像发言人在使用"我们"时，显然比"我"更加谦恭一些，这代表的是政府或相关部门的立场，如果用"我认为""我觉得"一类的字眼，会给人一种主观、倨傲的印象。此外，"我们"还可以拉近交际双方的距离，因为中国人原本就爱用"我们"把听者视为一家人，从而缩短了交际距离，起到了积极礼貌的作用。

Part 3

学会用身体说话

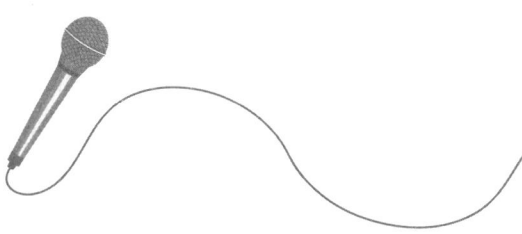

第一章 教你穿出魅力

第二章 修饰你的妆容

第三章 改善你的发型

第四章 举止有礼有节

第五章 注意你的手势

第六章 用眼神传递信息

第七章 管理面部表情

"观看先于语言。儿童先观看，后辨认，再说话。"① 这是约翰·伯格（John Berger）在其《观看之道》一书中的开篇第一句话。很多时候，我们留给他人的印象只是一个影子、一个姿态或一个眼神，但是他人却能从这之中解读出万般含义。奥地利哲学家、心理学家布朗在他的《语言理论》中建立了一个"语言模型"，认为任何一个语言的陈述都具有三重关系：1.与所说事物状态的关系；2.与说话人的关系；3.与听话人的关系。这三种关系代表了语言的三种功能，即阐述功能（阐述语言的内容）、表达功能（表达说话人的状态或特征）和信号功能（向听话人发出信号）。其中表达功能和信号功能则从侧面强调了非语言符号的重要性。非语言符号是信息的载体，传者将其作为一种交际工具，把自己要表达的东西有意或无意地指代、暗示出来；同时，非语言符号还是一种信号，受者接受了信号，对信号做出反馈，这个过程就是一个信息传播过程。

在社会的发展过程中，人类发明创造了不同的物质来传播和交流信息。如在日常生活中，到处都有这样一些现象：通过马路时，对面的红色指示灯一亮，它的语义就是"不许通过"；学校里的铃声告诉我们上课与下课；刀叉和茶杯的标志，指明这里是餐厅；骷髅头传达着死亡或危险的信息；玻璃品包装箱外印有一个酒杯的图像，提示别人物品易碎。总之，非语言符号所传递的信息比比皆是，在当今社会中，视觉形象的影响力也在不断扩大。

在信息传播过程中，非语言符号最重要的是表达功能。非语言符

---

① [英]约翰·伯格.观看之道[M].戴行钺，译.桂林：广西师范大学出版社，2005：1.

号的表达功能主要体现在语义的指代和暗示两方面。非语言符号的指代功能，是指人们运用非语言手段替代了语言手段所要传递的信息，这种指代符号往往是传者自觉地用某种声音和图像代表某个事物或某个意思，指明某个地方或提示某个意思，并且在社会中是约定俗成的，具有社会性意义的符号化的视觉词句与文本。还有一类非语言符号，以它的客观存在，不自觉地暗示着某些内容，传达着多方面的信息，如面部表情。美国体语研究权威伯德·惠斯特尔（Bird Whistell）说，只人的脸就能做出大约250000种不同的表情，再加上头部、四肢、身躯，人体语言所能传递的信息真是难以计数。在非对话的情况下，一个人的面部表情、动作就可以透露出他的平静、焦急、烦躁、恐惧、快乐、惊讶、气愤、悲痛等；服饰也显示着一些特殊的信息，从一个人的穿着中，别人可能会得到有关这个人的社会地位、年龄、经济水平、审美取向等信息。有人对发型做过研究，发现不同的发型可以传递6种信息：抢先采纳流行发型的人，表示对环境的适应力强；经常变换发型的女性，具有不稳定的性格，易受他人煽动；蓬松发型、爆炸式发型，扩大了头部的范围，意在突出自己吸引他人注意；将头发剪断、平头、光头，都表示下决心做某件事；把头发剪成适合某集团需要者，表示对团体的忠诚；在西方，女性的披肩长发则带有性开放和解放思潮的意味。

  人类对外界事物的感知大多是通过耳听、眼见、身临其境这三类接触的。这三种接触等级一级比一级真实，一级比一级可靠。在电视语境中，耳听主要靠语言符号，眼见主要靠非语言符号，但二者的结合就形成了身临其境的第三类接触，这种接触能够获得受众对传播事实的信任度。从另一个角度看，观众眼见的非语言符号的传播证实了耳听到的语言符号的传播。其实传播学一直有一个观点，认为非语言符号的传播比语言符号的传播更为真实可靠，因为人们往往能通过意识控制语言的表达，但却控制不了非语言信息的传播。所以在电视语境中，要想强化信息传播的真实性，非语言符号和语言符号的结合必不可少。

第一章　教你穿出魅力

在西方文化界有一种说法是"服饰造就人",这种说法也许有些夸张,因为人的造就不是以服饰为主。但是,当服饰与人共同构成着装形象时,常常因为服饰的不同产生不同感觉。马克·吐温所著的《王子与贫儿》一书中,有一位王子穿上破烂长衫,游荡于街头巷尾,人们就会像对待衣衫褴褛的乞丐一样对待他。反之,一个乞丐穿上貂皮大衣出入王宫,人们则会以截然不同的方式对待他,因为,他的服饰告诉人们他是王子。这虽然只是文学著作中的例子,但这种现象的确普遍存在于社会中。俗话说"人靠衣装马靠鞍",说的也是这个道理。

王子和乞丐

在大众疯狂追求时尚潮流的今天,老态龙钟的传统装扮已显得不合时宜。要想提高影响力,穿衣打扮绝对是不可轻视的一环。据德国《时代》周报报道,时尚潮流已成为政治的一部分,绝大多数政治家也加强了这方面的注意,不再单纯根据个人喜好选择服装。例如,曾担任法国总统的尼古拉·萨科齐在任期间常穿知名设计师设计的西装,而他早年经常穿着肘部打着补丁的褐色西装去上班。德国前总理格哈德·施罗德爱穿布廖尼牌西装,而现任总理默克尔不仅有自己的化妆师,所穿西装也均出自知名设计师之手。报道说,第一位在竞选时表现出良好着装意识的德国政治家是科尔,他为自己量身定做德雷斯勒牌西装。一次,在与时任俄罗斯总统叶利钦交谈时,科尔还穿上了舒适的羊毛衫。位于科隆的德国时尚研究所所长格尔德·米勒-特姆金斯说:"想成为跟上时代的政治家,必须先学会打造自己的形象。"新闻发言人作为常常出镜的公众人物,富有个性同时符合大众审美的穿衣风格会起到让人眼前一亮的效果,并且能吸引受众的注意力,让他们对你接下来的讲演感兴趣,从而提升传播效力。

那么,新闻发言人怎么能穿"衣"有魅力呢?最主要的一条,就是简约而不简单。虽然不能被潮流甩得太远,但发言人毕竟不是时装周上走秀的模特,大可不必走在时尚的前沿,再加上经常出席的是比较正式的官方场合,所以穿出大方、稳重的感觉还是必需的,即便是西装、套装也能大放光彩。但有的发言人不放在聚光灯下便形同路人。然而,随意不等于随便,简约不等于简单。像国际上比较时尚的政治家们的穿衣看起来很简约,但细细品来,实际上并不简单,每件展现给外界的衣服都是经过精心设计的,与个人的形象和出席的环境十分贴合,所以让人看起来很舒服。那么如何把握这个度,在实战中又该如何着装呢?

正如我们在上文中提到的,电视媒介因其自身的特性,会导致在电视画面中的人物形象往往与现实看见的有所不同,那么就要特别注意两点。第一,要考虑到电视信号对某些图案的分辨率比较低,比如小细格、细条纹、密集的小点等花样的服装在电视画面上会产生闪烁、晃动的效果。观众看起来会眼晕。第二，要考虑到布景的颜色，服装不能与布景颜色一样或者接近，这会让新闻发言人显得没有精神。例如，很多发言人认为穿白色衬衫会显得干净、精神，但很可能出现的状况是，因为白色明度很高，如果摄像机的光圈调节不好就会使人脸变暗，整个人就呈现出一种苍老和疲惫感。所以不要有大面积的白色，白色可以配在深色西服的里面。在此基础上，我们知道男性与女性在体态上是有区别的，如果以几何视角来看的话，男性的体态呈立方体，其服装多见棱见角、线条峻峭；女性的体态则呈现圆形，服装多突出圆润、柔和与曲线。因此，性别差异也会导致着装风格大有不同。

一、男性

西装

西装是展示男性人体美的服装，也是目前为止国际上最为通用的类型。穿着西装能使男性轻易获得可靠、儒雅、绅士的形象，更容易获得周围人的认同感。奥巴马就是会穿西装的典型人物之一。有人夸张地说，奥巴马之所以能够登上总统宝座，是因为其俊朗时尚的外表能够通杀20岁至40岁的所有女性选民。这位黑人政治家和他的妻子米歇尔曾被多种杂志评为"最佳着装人士"。他在参加脱口秀节目时，用黑色代替中规中矩的深蓝色，以黑色单排扣西服配上标准的白色衬衫，再配上一条2.5英寸宽的浅蓝色领带（3英寸宽的领带已被视为太窄）。这身穿着赢得了主持人发自内心的赞许："你穿了一套极品西服，那真是一套有候选人资格的西服啊。"而像我国前外交部长李肇星，始终如一日的黑色西服和领带也成了他的标志服装。可见，选择一身得体西服的关键是既能符合穿者本人的性格特征及外形特点，又能契合出席的场合。

怎么选：

面料要根据四季和场合来选择。春夏主要是偏薄的棉或者化纤；秋冬则为纯毛类、毛混纺、呢子或者天鹅绒面料，易于塑形又显得温暖舒适。

服装的颜色可以表现出稳重大方的特质，最基本的和必备的是拥有一套深蓝色的净色西装，深蓝色给人一种稳定、自信、认真、智慧的感觉。当然，穿衣服不可能千篇一律，灰色、黑色、褐色、杏色的净色或暗格子的西装也可供选择。颜色以不超过三色为首要原则。春夏整体偏浅色，显得飘逸大方；秋冬则偏向深色，凸显稳重成熟。

注意西服的细节：西装要贴背；要有腰线（收腰），不要直筒式，直筒不收腰的西装给人呆板和不端庄的感觉；背部长度要盖过臀部，略长2寸，切记宁长毋短；袖长要适中，一般在虎口上1英寸半左右。

西裤最好略为宽松，腹部和臀部一带留些余裕，腰身吻合，在足踝略收是最理想的状态。

长度适中，过长或吊腿都不合适，一般至"脚跟"下沿即可。

应将裤腿左右的里外缝合线并在一起，观其裤线是否取其之中。试穿时，前后褶裥应自然垂直。前裤脚不应有褶纹，后股线一般直通臀围线5厘米处。然后，再仔细查看其门襟、裤兜、裤腰等缝合线是否结实均匀，不应出现严重的剪裁错误和缝纫疵点。

怎么穿：

西装要熨得笔挺，这样衣服才会表现出人的神态，给人精力充沛、办事干练的感觉。

穿双排扣的西装一般应将纽扣都扣上。穿单排扣的西装，两粒扣的只扣上面的一粒，三粒扣的则扣中间的一粒。在一些非正式场合，可以不扣纽扣。

萨科齐在出席正式场合时非常注重细节，如在总统就职仪式上，他选择了单排三扣深蓝色西装，只扣了中间那粒纽扣。他很少选择一粒扣西装，更偏爱单排两粒扣或单排三粒扣西装，完全不会犯将扣子全扣上的土气错误，有时也潇洒地不扣扣子，步履轻松地朝人群挥手。

西装的衣袋和裤袋里，不宜放太多的东西，避免鼓鼓囊囊。

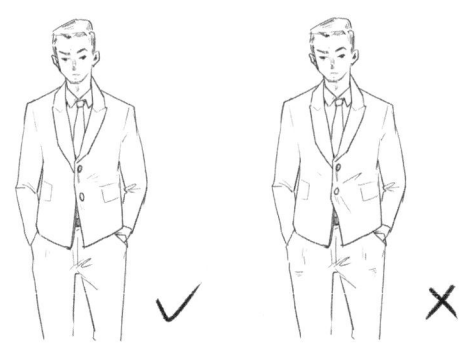

衬衫

要使西装穿在自己身上能尽显其魅力，还要讲究搭配的艺术，而衬衫一直以来都是西服的好搭档。由于衬衫属于较为贴身穿的衣服，衬衫尺寸若过大过小或有褶皱起球的情况，都会给他人留下不好的印象。因此，对衬衫的质感和板型有较强的要求，一般来说好货从来都是以一当十，质优的衬衫会给你带来意想不到的效果。

怎么选：

正规场合应穿白衬衫或浅色的净版衬衫，以显庄重。如果为了更加时尚和谐，可以根据西服的颜色进行搭配。衬衫上如果有细小的圆点、格纹、竖条等图案也是可以的，不会显得过于浮夸，反而凸显精致。

面料也要符合季节。夏天如果很热的时候，往往不会穿西服，一件高级棉质的素色衬衫足矣，但要避免因衬衫过薄而导致透视的尴尬。

衬衫袖子应比西装袖子长出1厘米左右，这既体现出着装的层次，又能保持西装袖口的清洁。

衬衫领子的大小，一般以扣上领扣，可塞进一个手指为宜。脖子细长者尤忌领口太大，否则会给人羸弱之感。衬衫穿着前一定要熨好，不要轻信"免熨"的说法，因为有失礼仪付出代价的是你自己。

应尽量选穿曲下摆式样的衬衫，既便于下摆掖进裤腰内，又使穿着舒适，腰臀部位平服美观。

怎么穿：

新买来的衬衫，须洗涤之后再穿，以除去生产过程中可能存在的脏污，确保贴身穿着时清洁卫生。尤其要注意领子的洁净，穿脏领子衬衫者，会给人不负责任之感。

当衬衫搭配领带穿着时（不论配穿西装与否），必须将领口扣、袖口扣和袖叉扣全部扣上，以显男士的刚性和力度。

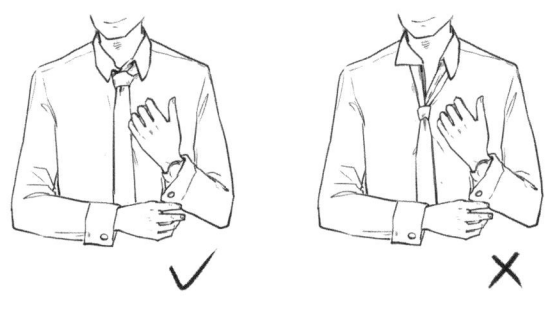

不系领带配穿西装时，衬衫领口处的一粒纽扣绝对不能扣上，而门襟上的纽扣则必须全部扣上，否则就会显得过于随便和缺乏修养。

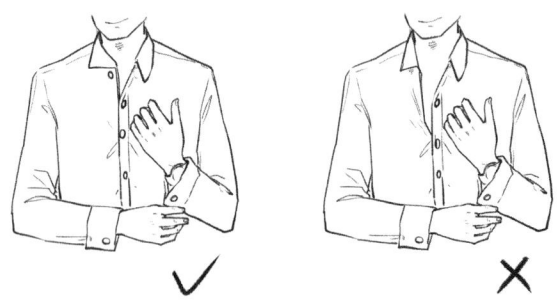

配穿西装时，衬衫的下摆忌穿在裤腰之外，这样会给人不伦不类、不够品位的感觉；反之，则会使人更显得精神抖擞、充满自信。

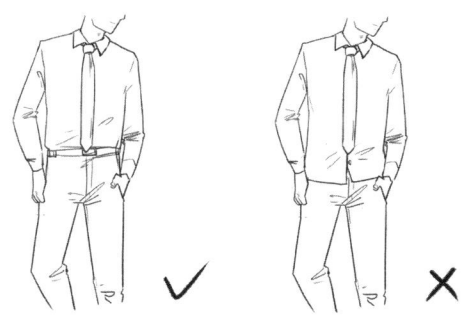

领带

领带所处的装饰部位决定了其重要性,它处在人们视线的中点,因而最能吸引人的目光,给人留下深刻的印象。

怎么选:

领带既要与西装搭配,又要符合人的性格和气质,即稳重、大方、可靠,切忌使用太花、图案太夸张的领带。通常情况下,西装的颜色一般都比较保守。相对而言,领带因为面积小,可以稍微出挑一点,也正是这个原因,领带的颜色往往会被赋予某些特别的意义。

■ **小贴士**

布朗担任财政大臣10年,一直对红色领带情有独钟。在成为英国首相当天,他系一条红色领带离开财政部,却在晚些时候换上了一条浅蓝色领带站在唐宁街十号门口挥手致意。英国格拉斯哥机场遭遇"汽车爆炸"恐怖袭击,布朗随后换下紫色领带,转而戴上了一条深蓝色领带发表讲话。因此媒体猜测,布朗凡是遇上历史性转变的时刻,总要换上一条蓝色领带,其中,浅蓝是布朗的最爱,深蓝居其次。而前

> 英国首相卡梅伦经常系着自己招牌式的绿色领带，脚穿系着绿色鞋带的运动鞋，以彰显自己的环保观念。
>
> 2015年11月7日下午，两岸领导人习近平、马英九在新加坡香格里拉大酒店正式会面。习近平系红色领带，从右侧步入会场，马英九系蓝色领带，从左侧步入。红色显然代表大陆，而台湾国民党属于"蓝营"，则用蓝色表示。
>
> 可见，连小小领带的颜色都能传达出政治信息。当然，对于一般的新闻发言人来说，政治意义没有那么强，领带作为配饰只要与整体协调即可。

领带一定要整齐、清洁，不要让人一眼看上去就感觉用了几年都没有清洗整熨过一样。

怎么用：

领带是每次用，每次结，用完要完全解开。

领带夹。使用领带夹是一种高贵、典雅的着装形象，领带夹和领带相配更能显示领带的生命力。领带夹应放在领带上部分的1/3处。领带夹除了使领带固定在衬衫上，还可使上部领带有蓬松的生动感。但是在一些欧洲国家，使用领带夹被当成一种坏习惯。

Part 3 学会用身体说话

系领带不能过长或过短，站立时以其下端触及腰带为宜。

如内穿马甲，领带要放在马甲内，领带夹也不要露出马甲。

小脸型高身材的人不要打太窄的领带，同时，胖者不要打太宽的领带。

鞋

皮鞋是男士着装中极其重要的一部分，甚至可以代表一个男士的品位和身份，只有精于细节才能成就风格。不要以为鞋在下面，会被大家忽视而随便穿穿。相反，鞋子的好坏完全可以看出一个人的档次。

怎么选：

以舒适为第一原则。宽窄以脚面受力时能够完全展开为好；长短以脚尖不夹不顶，行走时脚不在鞋内滑动为好。购买时一定要试穿，最好选择下午试穿。

一般选择黑色或棕色两种颜色，千万不要像休闲皮鞋那样什么颜色都有，这样显得很不严肃，也不正式。

从款式上来说，与西装配套的皮鞋，理应庄重而正统。其中，系带皮鞋为首选，各类无带皮鞋，如船形皮鞋、盖式皮鞋等次之。

皮鞋的后跟高度要合适。鞋跟至少要3厘米才能使足弓趋于合理，使人的臀部前收、腹部拉紧、胸部挺起，穿这样鞋子的男士看上去更年轻有活力。

软硬程度适中。太硬，穿着容易起泡，走路姿势也会别扭；太软，则容易变形走样。

袜子

男士穿袜子最重要的原则是讲求整体搭配，多数的时候，长长的裤身会直盖鞋面，只有在不经意间才能见到袜子的存在。此时，它的色彩、质地、清洁度就会为你的品位提供打分依据。

袜子也是比较有讲究的，一般情况下，深色的袜子代表庄重和正规，这是对对方的尊重和礼貌，同时也显示出你的内涵和修养。在正式场合，深色正装是不能配浅色袜子的，否则会被认为肤浅、无知和庸俗。袜子的长度应该在你坐下后，跷起二郎腿也不会走光你的小腿肉为最佳。

手表

在西方国家,手表与钢笔、打火机一起,一度被称为成年男子的"三件宝"。对于新闻发言人来说,手表既有实用性也是最好的配饰。一般来说,领夹、袖口手链一类的配饰会显得过于隆重或肤浅,而手表则恰到好处。

怎么选:

在正式场合所戴的手表,造型上应当庄重、保守,避免怪异、新潮。一般而言,正圆形、椭圆形、长方形、正方形的适用范围比较广。像方形就很适合手腕不那么粗的人佩戴,而且更能凸显东方人的内敛之美。

颜色上,一般宜单色、双色,不宜选择三色及以上款式。色彩要清晰、典雅。

除数字、商标、厂名、品牌外,手表上没有必要出现其他任何无作用图案。切记,不要有华丽或者闪亮的装饰,易给人浮夸之感。

新闻发言人 /修/炼/手/册

二、女性

相对于西装革履、领带笔挺的男性发言人来说,女性发言人的穿衣相对来说选择余地较大,色彩也不那么单一,可以多样化。在保持庄重的基础上,可以考虑尝试为自己的穿衣风格添加一些个性化的元素,注入活力。

当然,对于女性发言人来说,合身的职业套装是更为常见的选择,相较有民族特点的服饰来说,套装更不容易出错,但也中规中矩,要想穿出好品位来,同样需要精心的设计。正规女式职业套装是与男式的西装相对应的,由四个部分组成:西服、西裤、衬衫和套裙。这四件套可以有选择地穿着。比如,是选择裤子还是套裙,很大程度上是看个人的腿形的,另外,如果想展示比较强势硬朗的一面,可以选择裤装;如果想凸显自己温柔、女性化的一面,裙装就比裤装更加合适。

西服及套裙

怎么选:

颜色上,黑色兼具权威感和时尚感,其"无彩色"的特性,易于和各色丝巾、衬衫、首饰互相搭配;深灰色,则能表现女性严谨、细致、优雅的一面。除此之外,藏蓝色、深褐色、米白色、枣红色等都是可以考虑的,根据季节、穿者的年龄、性格特色进行挑选。上下装不一定非要同色,可以同色系搭配。切忌颜色过分耀眼、鲜艳、色彩过渡不和谐。

面料要选挺括、舒适、柔软的纯毛,也可选用丝绸、亚麻、毛涤等面料,但要注意面料的匀称、平整、滑润、光洁、丰厚,其弹性一定要好,且不起皱。

款式上,小巧的体型应穿掐腰的短西装,最好是竖直的单排扣,这道垂直的线条可以帮助拉长身形;丰满的曲线形应穿比较合体的西装,且最适宜的是在一边系单扣的式样,这种微微下坠的款式既显示了颇具女性特质的曲线，同时又能掩藏体形。但不适合穿长方形西装，那样会让丰满的身材显得像个大盒子一样。瘦高细长型应配双排扣长方形的西装。这种盒状、刚好长过臀部的外衣能给人增添一些宽度和厚度，从而使身材不至于瘦长得难看；短西服会使人的下半身显得过长，给人不平衡的感觉，有点儿像踩高跷。

套裙通常以至膝下小腿肚最为丰满处为标准，一般认为太短了显得不雅观，太长了则没了重点，给人厚重感。

套裙的款式，除选用正统的西装裙外，还可选用围裹裙、一步裙、筒裙、百褶裙、人字裙等，但不宜有过多的花边或者装饰。

内搭

在穿西服时，内搭至关重要，最为正式也是最常用的就是搭配衬衫。白衬衫是万能款式，不需要有太多繁复的设计，如一些花边褶皱等，上好的棉质或者丝质的简单款式是最佳选择。如果觉得白色过于普通，可考虑米色、鹅黄、淡蓝、浅粉等相对柔和、饱和度不高的颜色，并尽量与西服外套搭配和谐，一定不能出现有夸张或者密集图案的衬衫。衬衫一定要平整洁净，并且塞进套裙或者裤子里，注意塞进去的地方要捋顺，不能一块块凸起。

除衬衫之外，无领的上衣也是绝佳的内搭选择。其上衣的领型，可以根据自己的身材高矮、胖瘦、脸型和脖长等情况选用，比如一字领、V字领、U字领、圆领等。材质最好避免棉质的T恤，其不仅看上去不正式，而且与年龄气质不符，往往有装嫩的感觉。最好是有垂坠感的丝绸、高级雪纺或者薄款的针织。通常，无领上衣也最好是没有图案的，但如果整体很素，又没有配饰加以点缀，那么内搭上衣的领口处可以有一些珍珠、花纹、宝石等小装饰，既是一件内搭，也有装饰作用。

皮鞋

细高跟的黑色不露指皮鞋为必备款式,短粗跟次之。高度不要超过 7 厘米。除黑色之外,裸色也是比较百搭的颜色,如果是其他颜色,则需要和服装保持同一色系的和谐。要时刻注意鞋面的整洁。

配饰

相较于男性来说,女性配饰种类繁多,但是太复杂的会显得累赘,浮夸的饰品更是不能要。无论是哪种配饰,材质一定要好,颜色特别扎眼或者闪闪发光的都要避免。通常珍珠、玉石、宝石这种材质会比金、银、钻石、铂金一类的要大气一些。

耳环

圆脸形：适合较长而下垂的方形或三角形耳环。方脸形：可以配坠式的中型耳环，会令脸庞显出曲线之美。长脸形：可佩戴圆形耳环或较大的耳环来调节脸部形象，使脸部丰满动人。脸形较大者：可戴较大一点的耳环，紧贴耳朵，也可佩戴三角形耳环，以减少脸形的宽阔感。脸型较小者：宜用中等大小的耳环，长度不超过2厘米。耳环的样式可以新颖大胆，但不能喧宾夺主地掩盖脸部的光彩。

■ 小贴士

精心搭配的套装，一丝不苟的发型，有"铁娘子"之称的英国前首相撒切尔夫人，数十年如一日保持着自己的标志性风格，而珠宝首饰更是其中的重要部分。珍珠耳环、项链与根据场合而佩戴的胸针，历经时光变迁都始终陪伴着她一同亮相，成为她优雅干练的"女强人"风格中独特的闪光点。

不论是20世纪七八十年代的黑白老照片，还是晚年时的留影，在撒切尔夫人的照片中，你总能看到她佩戴着一副圆形的珠宝耳环，虽然款式偶有变化，却大多是珍珠制成。虽然撒切尔夫人生前并没有留下太多关于着装的言论，但她的确曾有过一句关于珍珠的语句"I may be persuaded to surrender the hat. The pearls, however, are non-negotiable"（你可以说服我摘下帽子，但是珍珠绝对没得商量）。珍珠的温润光彩，也为她的"铁娘子"形象注入了一抹温柔。

项链

精致的项链有时远比花哨的衣领更能衬托颈部的动人，但关键是按自己的脖颈长度、丰满程度和骨架大小来选择合适的颈饰。颈部偏长的女性戴粗粗短短的项链很好看，配上无领上装更佳。但这不适合颈短的女性，她们应改用长一些的，单根或多根的金质、珍珠项链，这样可以产生一种视觉效果，把颈部"拉长"。个高的女士宜戴长细项链，选单股还是多股则根据自己的气质而定。骨架与身材都较小的女士最好戴项链长度正好位于领下10厘米处，也可戴单串珠链或单根长链下有坠的那种。

丝巾

伊丽莎白·泰勒说："不系丝巾的女人是最没有前途的女人。"奥黛丽·赫本说："当我戴上丝巾的时候，我从没有那样明确地感受到我是一个女人，美丽的女人。"这两句话很好地说明了丝巾的重要性。不同年龄阶段、不同身份的女性借助不同丝巾、不同结法能营造出迥异的艺术情调。经过百年的发展，丝巾的功能性已经超乎想象，从服装、领巾、围巾、披肩，到腰带、头巾、发带，甚至被运用为表带，绑在手提袋上作为饰物，或是纯艺术品装饰。

丝巾的种类有很多，但通常情况下，适合发言人的一般是小方巾或者较小尺寸的长方形丝巾。通过不同的打结方式，使其装饰在颈间，小巧别致，也可以将丝巾简单地披在肩上，凸显温柔典雅的气质。选择丝巾颜色时，不能单看丝巾，需要考虑搭配的服装和自己的肤色，比如皮肤白的人就更适合冷色调的颜色，而黄调肤色的脸则适合暖色的丝巾，像橘色、枣红、鹅黄等，反而蓝色、绿色会衬托脸色发青，整个人更没有气色。

小方巾的打结方法有很多，例如：水手结、单耳结、多瓣结、双层三角结、蔷薇结、链形结、小蝴蝶结、小环形结、单扣褶结，等等。注意，打结的小方巾最好搭配较大的衣领：V字领、圆领、一字领，会让颈部显得不那么空荡；

否侧过高或过窄的衣领再配上丝巾，就有画蛇添足之嫌。

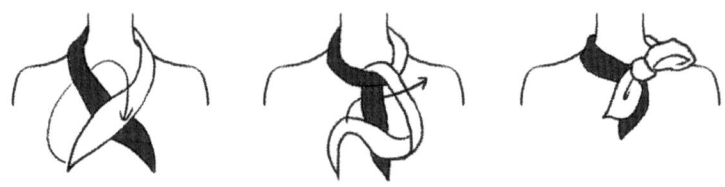

胸针

胸针与别针特别能突出人的个性与地位，使佩戴者与众不同。这两种小饰物的质量要配得上整套衣服，不要太花哨也不要太平淡。如果在一大堆胸针里拿不准选哪一件好，那就选择款式简洁的。也就是说，图形抽象些的，如细长的别针，金色或珍珠的胸针。

国务院台湾事务办公室首位女发言人范丽青每次亮相的时候都会在简单纯色的套装领间点缀一枚小小的胸针，以增加女性的优雅气息。而我们外交部的新闻发言人华春莹，也非常会利用胸针。她的西服大多以深色为主，偶尔有亮色或者浅色，但款式非常简洁、大方。外交部例行记者会的发布次数非常频繁，可服装的基本样式就那么几种，想穿出新意就需要花点小心思在配饰上。华春莹选择的胸针要么含有整体配色里的一种，要么就是采用对比色，形成反差效果；图案多为花朵、植物或者优雅简洁的几何线条，让短发干练的她，增添了些许温柔。

手表

手表的表带一般是黑色、白色、棕色，彩色的表带最好选择浅色系、饱和度较低的颜色。表带细一点比较好，表盘方形、圆形都可以，方形的更干练一些。

第二章　修饰你的妆容

　　长相虽然是与生俱来的，但是却可以通过化妆改善视觉形象。化妆就是一门提升形象、修补缺陷的艺术，是发言人塑造良好视觉形象的主要手段之一，也是必要手段。因为，通常在电视的屏幕中，人的头部体积可能会扩大或者缩小，很少出现与现实生活中头部体积等大的情况，再加上可能会有"推、拉、摇、移"等镜头需要，所以，化妆是必不可少的。发言人的妆容既有别于舞台表演的妆容，也不同于日常的生活妆，有其自身的技巧和特点。

　　首先，就是要根据个人气质和外在容貌的基本特征去定位。明确自己应该展现怎样的一种风格和视觉形象，然后扬长避短。其次，发言人的妆容应当尽可能偏向端庄、严谨和朴实。对于女性发言人而言，切忌浓妆艳抹；而男性发言人则可以突出自身阳刚气息的展现，并且男性化妆不论在任何光源下都不应该有丝毫被化妆的痕迹表现在电视画面中，过于夸张的修饰会使男性的形象带有脂粉气。

　　像我们熟知的凯特王妃，其妆容是非常值得女性发言人借鉴的。深褐色的长卷发女人味十足，整个妆面的特点是优雅干练，一双平眉凸显了她的英气；巧克力色小烟熏，既能够增强眼部立体感，又能够彰显高贵气质；而温婉大方的笑容最让人印象深刻，很大的功劳是其随着笑容在脸颊泛起的红晕，给她的优雅又增添了一丝甜美气息；而珊瑚色唇膏并不会像红色、橘色那样舞台感过重，又没有裸色看起来那么低调，没有气色。所以，这套妆容对于

多数女性发言人来说都是适用的,不过分甜美,也不过分冷艳,既没有丧失发言人的职业性和专业性,又包含了女性的温柔。

一、面部妆容

有这样的感觉,照片和镜头前的自己与在日常生活中镜子前的自己完全不同,甚至有的时候,不上相、不上镜的概率更大。其实最大的原因还是来自相机镜头,它放大了你面部的一切特点,这是我们日常生活中感受不到的,比如你的肤色不均匀、眼睛无神等。所以,不论新闻发言人的性别是什么,适当的妆容修饰都非常有必要。

注意以下几个步骤:(主要针对女性发言人,男士可着重底妆和眉毛两部分)

第一步是化妆前洁净肌肤。

化妆要以尽可能好的肌肤状况为基础,皮肤要清洁干净,保持良好光洁度和湿润度,否则妆面浮在不洁净或粗糙的皮肤表层,就不可能产生良好的妆容美感。

第二步是打底。

打底色是所有化妆步骤中最重要的,历来被所有专业化妆师所重视。演播室里有很强的灯光，人的面部会变得平面化，立体感减弱，所以一定要用透明粉底和蜜粉营造一个水嫩、薄透、立体的底妆。最好选用接近本人肤色的液体或膏状粉底，切记不可过白。要均匀地涂开，再用浅一号的粉底在脸部内轮廓和T形区提亮，如果脸形太宽就要用深棕色粉底收缩脸颊。三种底色一定要均匀过渡，底色之间不能看出界线，还要注意脸与脖子部位的交界处的过渡。这样才是完美立体的底妆。粉底打完还要记得用透明的蜜粉扑遍全脸，一定要用粉扑轻按。很多情况下，不上镜的重要原因就是轮廓模糊，而通过不同色号粉底的融合修饰，能凸显五官和线条，使人更加立体有神。

第三步是画眼睛和眉毛。

先画眼线，眼线要比平常的生活妆画得粗一些，要注意虚实变化眼影的颜色，并根据服装的颜色来配色。先用浅色沿上眼线涂满上眼皮的2/3，再轻扫下眼线，然后用深色眼影沿上眼线晕染，眉骨处提亮。要注意颜色晕染衔接自然，眼睛肿的人应该避免用偏红的暖色，最好用蓝绿等冷色，然后用浓密的睫毛膏来强化眼部的立体感。画眉毛时根据脸形来选择眉形，一般不宜过于高挑。现在比较流行的平直眉，既不会让人产生距离感，又能让女性增加一点点英气。为避免眉毛呆板，建议使用眉粉或棕色眼影，眉毛同样要有虚实变化。

第四步是调整腮红与眼影色系关系。

两者要属于同一色系，应以铺扫的方式晕开。它不仅能使脸色红润好看，还有修正脸形的作用。瘦长脸形可用腮红大面积横向刷过脸颊；脸形过宽可用腮红沿颧骨处斜扫，画出瘦削感；完美的椭圆形和瓜子形脸，可以用打圈的方式画出可爱健康的腮红。

第五步是嘴唇。

嘴唇也需要定时去角质，否则，尤其在冬天的时候，嘴唇上有死皮的情况下画唇妆，反而会更加难看。唇色不宜太红，最好选用接近自身唇色的口红薄薄地涂过。娇柔的嫩桃红色、美丽的淡珊瑚色、典雅的裸色都是不错的选择。如用唇线笔，一定要选择和口红的颜色非常接近的。而唇彩虽然能画出水润晶亮的嘴唇，但切记不可过于油亮，会反光，出镜效果不好。拥有湿润而又亚光的唇才是重点。

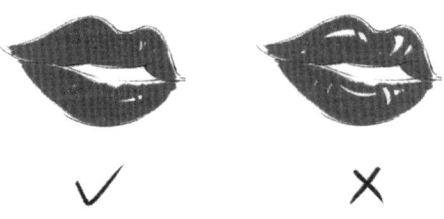

二、光线及机位对妆容的塑造

新闻发言人接受记者采访，通常在室内的演播室或者有观众的小演播厅进行，那么透视学原理最基本的规律是近大远小。机位的升降能最大限度地矫正面形的不足之处，比如，下颌角偏大、额角偏窄的面形，机位的高度应略高于眼睛的水平线，产生将面部上方扩大、下面缩小的透视效果。再如，人的脸并不是完全对称的，有的人一边略大、一边略小的情况可能比较明显，那么将相机的位置略靠近面形小的一侧，就能很好地矫正面部的平衡感觉。

至于光线，正确投射在人物面部正面光的角度应与面部呈40度角或45度角，也就是侧顺光。被摄对象大面积受光、小面积不受光，形成了较丰富的影调变化，人的立体感和质感都得以较好表现。比如，面部结构过于明显，有苍老或疲劳感的形象，可以将面光的灯位降低，并加柔光纸，使人物形象看上去显得年轻、柔和、干净。

注意，一定要避免顶光。顶光条件下人物头顶、前额、鼻梁、上颧骨等部分发亮，而眼窝、两颊、鼻下等处较暗，嘴巴处在阴影中，近于骷髅形象，这通常是丑化形象的方法。而最经典的布光方法就是三点法，一个主光、一个副光、一个逆光，三点布光法模仿的就是室内摄影中经典的布光理论"三点照明"，这一布光法可以帮助平衡室内光线的明暗区域，营造合适的拍摄环境。

第三章　改善你的发型

发型的重要性不次于面部妆容，经常有化腐朽为神奇的功效。好的发型、适当的发饰，可以提升发言人的气质，甚至有的时候还会成为一个人的标识。正如英国女王伊丽莎白二世，将"帽子女王"的美名发挥到了极致。她在位期间，佩戴过的帽子多达 5000 多顶。英国女王的帽子，从某种意义上来说，已经是皇冠的替代品，同时也代表着君主的威严。而女王对帽子有自己的标准：一是颜色要悦目。据说女王偏爱黄色、红色和绿色，讨厌海军蓝。二是大小合适。戴在头上可稍微转动即可。三是便于照相。帽子前方不能有太多装饰，以免遮住脸部，影响照相效果。四是款式别致。每次做的帽子都要有特色，不能与以前的重复，但也不能怪诞。当然，对于我们新闻发言人来说，戴帽子会显得夸张，所以，更需要在发型和简单的发饰上花点心思。发型与脸型、体型有着密切的关系，发型处理得好，对脸形、体形能起到扬长避短的作用，反之就会放大形体缺点，破坏人的整体美。

就脸形来说：（主要针对女性）

圆脸形。首先应增加发顶的高度，使脸形稍稍拉长，给人以协调、自然的美感。在梳妆时要避免面颊两侧的头发隆起，否则会使颧骨部位显得更宽。宜侧分头缝，梳理垂直向下的发型，直发的纵向线条可以在视觉上减弱圆脸的宽度。

菱形脸形。整个脸形的上半部为正三角形形状,下半部为倒三角形形状。用发型矫正这种脸形时,一般将额上部的头发拉宽,额下部的头发逐步紧缩,靠近颧骨处可设计一种大弯形的卷曲或波浪式的发束,以遮盖其凸出的缺点。

方脸形。这种脸形的梳妆要点是以圆破方,以柔克刚。可将头发编成发辫盘在脑后,使人们的视觉由于线条的圆润而减弱对脸部方正线条的注意。前额不宜留齐整的刘海,也不宜暴露全部额部,可以用不对称的刘海破掉宽直的前额边缘线,同时又可增加纵长感。两耳边的头发不要有太大的变化,避免留齐至腮帮的直短发。

长脸形。要用优雅可爱的发式来缓解由于脸长而形成的严肃感。在发型的轮廓上,要压抑顶发的丰隆,顶部应平伏,前发宜下垂,使脸部变得圆一些,同时,还要使两侧的发容量增加,以弥补脸颊欠丰满的不足。对于脸形狭长的女性来说,将头发做成卷曲波浪式,可增加优雅的品位,应选择松动而飘逸、整齐中带点散乱的发型。

三角形脸形。根据发型与脸形的比例关系,梳理时要将耳朵以上部分的发丝蓬松起来,用发胶或定型剂可以达到这种效果。这样能增加额部的宽度,从而使两腮的宽度相应减弱。

就体形来说:

高瘦型。该种体形的人容易给人细长、单薄、头部小的感觉。要弥补这些不足,发型要求生动饱满,避免将头发梳得紧贴头皮,或将头发搞得过分蓬松,造成头重脚轻。一般来说,高瘦身材的人比较适宜留长发、直发。应避免将头发削剪得太短薄,或高盘于头顶上。头发长至下巴与锁骨之间较理想,且要使头发显得厚实、有分量。

矮小型。个子矮小的人给人一种小巧玲珑的感觉,在发型选择上要与此特点相适应。发型应以秀气、精致为主,避免粗犷、蓬松,否则会使头部与整个形体的比例失调,使人产生头大身体小的感觉。身材矮小者也不适宜留长发,因为长发会使头显得较大,破坏人体比例的协调。烫发时应将花式、块面做得小巧、精致一些。若盘头也有身材增高的错觉。

高大型。该体形给人一种力量美,但对女性来说,缺少苗条、纤细的美感。为适当减弱这种高大感,发式应大方、简洁。一般以直发为好,或者是大波浪卷发。头发不要太蓬松。总的原则是简洁、明快,线条流畅。

短胖型。短胖者显得健康,要利用这一点营造一种有生气的健康美。譬如选择运动式发型。此外应考虑弥补缺陷。短胖者一般脖子显短,因此不要留披肩长发,最好显露脖子以增加身体高度感。头发应避免过于蓬松。

提到乌克兰前美女总理尤利娅·季莫申科，人们很快就联想起她那盘起的、具有乌克兰民族风格的金黄色大发辫。季莫申科称，她本是天生黑发，外表形象的改变是听从美发师建议的结果。当时美发师认为，季莫申科皮肤白净非常适合将头发染成金黄色，她盘起粗粗的大辫子很有传统乌克兰美女的气质。结果，当季莫申科以崭新的形象在公众场合露面后，立即引起了乌克兰民众的极大关注。而据她自己说："我的发型都是我自己做的，我只要花7分钟就可以搞定。但如果请发型师的话，恐怕我每天早上都要多花一个小时。"

季莫申科的脸型属于比较标准的鹅蛋脸，按理来说可以适应多种发型，但是相比于以前的长直发，这种盘发消减了对脸两旁的修饰，使她的脸型更加精致小巧，没有了以往的拖沓感，凸显了干练，而且更加时尚，形成了自己的特色风格。

综观我国的女新闻发言人，多是短发。无论是华春莹、傅莹、范立青还是章启月、姜瑜等，都是根据个人的脸型和性格特征而设计的发型。比如章启月的短发线条比较硬朗，没有刘海，全部背上去，给人较为强势的感觉；相比较而言，华春莹的短发不仅长到下颌，而且脸两旁的头发又有弯曲的弧度，既能修饰脸型，又使她显得更加温柔。

第四章　举止有礼有节

美国心理学家保罗·爱克曼认为表情是用来表达情绪的，而身体语言，如姿势、手势等是用来加深印象的。身体语言被广泛地应用于管理、沟通、自我展示、树立优秀的职业形象之中。心理学教授马拉比认为，身体语言可以用于理解交流者之间的关系。通过身体语言我们可以表达语言所不能表达的内容，尤其是与那些位置高于我们的人交流时，身体语言可以展示我们自己，消融两者之间的距离。①

身体语言也被称为"副语言""第二语言"，一般都是在我们不知不觉中做出的。这种无意识的"语言"有时候透露出的信息更真实可信，诸如鼓掌表示兴奋，顿足代表生气，搓手表示焦虑，垂头代表沮丧，摊手表示无奈，捶胸代表痛苦。有经验的记者能通过新闻发言人在发布现场的种种表现，准确推断出信息的真假和可信性的强弱。比如，在外交场合，发言人一般会眉宇紧蹙，单手握拳来表达国家的坚定立场，这一动作胜过空洞无力的千言万语。研究发现，人类的身体语言经过后天的锻炼是可以按照意识控制的，发言人也应多多了解各种身体语言代表的含义，首先做到不错用、不乱用，进而训练有意识地去操控身体语言，以辅助强化自己的态度和对场面的控制力，使自己传达的信息和态度更加明了、有力。

---

① [加]英格丽·张. 你的形象价值百万[M]. 北京：中国青年出版社，2005.

当然,有些肢体动作反而是要避免的。不管发言人是在倾听还是在发言,都不要东张西望或者摆弄桌上的笔、纸,玩指甲、搔脑勺、压指节、弄衣角等,这些动作会显得不专注、不礼貌。

在话剧小品等艺术中,单靠动作来传递信息内容的表现形式就很常见,其中还有一个专门分出的艺术类型——哑剧。哑剧的表演就是完全依靠演员的手势和动作来完成作品,可见身体的姿势和动作对于表情达意的作用是极大的。对于新闻发言人而言,这会关系到电视机中的自己是否自然大方。新闻发言人没有必要过于紧张,也没有必要对肢体动作做刻意的要求,这样会导致发言中不自然。保持心态稳定和适度的放松,只要做好充分的信息储备和心理准备,落落大方地面对媒体就可以了。

站如松

站的姿势是一种定型的静态动作,体现的是静态美,应该是自然、轻松而又优美的。站姿同时又是塑造其他体态美的基础,是其他体态造型的起点。但无论站立式摆出何种姿势,有一点是共通的,就是身体一定要保持绝对的挺直。规范的站姿应做到以下几点:

头正　两眼平视前方,嘴微闭,收颔梗颈,表情自然,稍带微笑。

肩平　两肩平正,微微放松,稍向后下沉。

臂垂　两肩平整,两臂自然下垂,中指对准裤缝。

躯挺　胸部挺起、腹部往里收,腰部正直,臀部向内向上收紧。

腿并　两腿立直,贴紧,脚跟靠拢,两脚夹角呈60度。

在站立中一定要防止探脖、塌腰、耸肩,双手不要放在衣兜里,更不可双手交叉于胸前或是两手叉腰。腿脚不要不自主地抖动,身体不要倚墙靠柱,两眼不要左顾右盼,以免给人造成不良印象。即使发言人前面有小讲台遮掩住了下半身,也不可太随意,因为底盘不稳会直接影响到整个身体的重心,致使身体倾斜。

女性站立的姿势最好是一只脚略前,一只脚略后,呈 45 度角,两腿贴近,双手叠放在下腹部。穿礼服或者旗袍时,不要让双脚并列或左右交叉,应前后距离 5 厘米,以一只脚为重心。

坐如钟

坐姿是非常重要的社交礼仪,端庄的坐姿会给人以文雅、稳重、大方的美感。入座和起座时,动作要轻盈舒缓,自然从容。落座时要轻重适度,切不可猛坐或是发出声响以虚张声势。与人交谈时,坐得靠后——深坐,或坐得靠前——浅坐,可以反映不同的心理状态和待人态度。深坐,表现出一定的心理优势和充满自信;浅坐,表现出尊重和谦虚;过分的浅坐,则有自卑和献媚之嫌了。

正确的坐姿应是:上身挺直,目视前方,两臂弯曲放在双膝上,手心朝下。坐在椅子的 2/3 处最好,背部不要靠上椅背,身体坐稳,不乱摇晃。尽量不要跷二郎腿。谈话时可以侧坐,上体与腿要同时转向一侧,双膝不可分开，脚跟靠紧。若前方有桌，两臂可以弯曲放在桌上，双手可以随时轻翻资料。

坐姿要根据不同场合灵活转换，比如在与友人交谈时，身体可以往后微倾，两臂轻松搭在椅背上，这样显得亲切、真挚、坦诚。当然仅限于这种场合，不可滥用。男子微微张开双腿而坐，表示个性奔放坦率，胸怀开阔，且有较强的自信和支配欲。女性张腿而坐是不雅观的，不论何时、何地、任何情况，都不可采取这种坐姿。可以双腿自然垂下，并拢，并向自己身体左侧倾斜。男士在坐下前可以解开一个衣服扣子，防止过于紧绷；女士则应注意自己的裙子。在电视直播的状态下，更要注意，因为行动都会被放大。但也不能为追求一动不动而导致身体僵硬。

行如风

相对于静态的站姿和坐姿，走姿是一种动态美。每个人都是一个流动的造型体，优雅、稳健、敏捷的走姿，会给人以美的感受，产生感染力，反映出积极向上的精神状态。相反，步履蹒跚或是低头急走都会让人察觉出内心的不安。虽然新闻发言人从后台到指定的发言地点只有数步之遥，但其自从进入公众的视线就应把精神饱满的一面展现出来，使其发布的信息看起来更具说服力。

正确的走姿应是：

头正　双目平视，收颌，表情自然平和。

肩平　两肩平稳，防止上下前后摇摆。双臂前后自然摆动，前后摆幅在30度到40度，两手自然弯曲，在摆动中离开双腿不超过一拳的距离。

躯挺　上身挺直，收腹立腰，重心稍前倾。

步位直　两脚尖略开，脚跟先着地，两脚内侧落地，走出的轨迹要在一条直线上。

步幅适当　行走中两脚落地的距离大约为一个脚长，即前脚的脚跟距后脚的脚尖相距一个脚的长度为宜。不过，不同的性别、身高、着装，都会有些差异。

步速平稳　行进的速度应当保持均匀、平稳，不要忽快忽慢，在正常情况下，步速应自然舒缓，显得成熟、自信。行走时要防止八字步、低头驼背，不要摇晃肩膀、双臂大甩手，不要扭腰摆臀，不要左右嬉笑攀谈，脚不要拖地面。

■ **小贴士**

穿不同鞋子的走姿

穿平底鞋走路比较自然、随便，要脚跟先落地，前行力度要均匀，走起路显得轻松、大方。由于穿平底鞋不受拘束，往往容易过分随意，步幅时大时小，速度时快时慢，还容易因随意而给人以松懈的印象，应当予以注意。

穿高跟鞋的走姿：由于穿上高跟鞋后，脚跟提高了，身体重心就自然地前移。为了保持身体平衡，膝关节要绷直，胸部自然挺起，并且收腹、提臀、直腰，使走姿更显挺拔，平添几分魅力。

穿高跟鞋走路，步幅要小，脚跟先着地，两脚落地脚跟要落在一条直线上，像一枝柳条上的柳叶一样，这就是所谓的"柳叶步"。

有人穿高跟鞋走路时，用屈膝的方法来保持平衡，结果走姿不但不挺拔，反而因屈膝、撅臀显得非常粗俗不雅。有这种毛病的人，要训练自己，注意在行进时一定要保持踝、膝、髋关节的挺直，保持挺胸、收腹、向上的姿态。

第五章　注意你的手势

从远古开始，手势就是一种重要的交流符号。手是人体最灵活的部位，手势动作对有声语言传播的辅助作用不可忽视。手势符号信息的传递，也能起到加强情感、完善信息、避免歧义、补充讯息等作用。熟练地掌握和运用手势动作，可以使信息的传播收到事半功倍的效果。

日常生活中，能看见运用手势最多的便是主持人。主持人孟非在节目中坦言，我手上拿的这个小本子其实什么东西也没有写，但是导演组认为如果我手上不拿东西，我的手就不知道放在哪里，所以本子上虽然什么东西都没有，但还是拿着要好得多。而像王小丫在主持《开心辞典》时习惯将手掌平伸，指向答题者，并伴随着她那特有的嗓音"请听题"，塑造一个知识女性形象；李咏在主持《幸运52》以及《非常6+1》的时候，总会配合现场音效向着镜头做出节目手势，给观众留下一个幽默又有激情的形象。

当然，相较主持人的手势，新闻发言人的手势不能那么丰富，一般而言，将双手暴露于双方的视线之内，会让发言人显得更加坦诚，从而拉近与公众之间的距离。老到的新闻发言人能熟练运用各种手势为要表达的观点服务，这也会使自己在台上显得更加自然不呆板，同时富有表现力。但在使用手势的时候有几点要注意。第一，不能为了使用而使用，如果生搬硬套会表现得非常不自然。第二，手势的使用一般是为了强调自己的观点，吸引记者注意或是给自己的回答起到一个补充说明的作用。抓头发、挠鼻子、揉眼睛等小动作尽量避免,这些出现在电视画面上会给观众一种乱糟糟的感觉。最后,切记不能出现单个食指,这有辱骂的含义。

发言人常用的手势一般有以下几种:

仰手式:手心向上,拇指自然张开,其余弯曲。这个动作常被用来表示妥协、服从和善意的意思。新闻发言人做出这个手势时想表明与对话者地位平等,希望对方能在毫无任何外界压力的条件下接受自己的建议,也表示自己做好了倾听的准备,双方可以平等地交流。

俯手式:手心向下,其余状态同仰手式。这个动作能增加发言人的权威性,以此来表明其坚定的立场和态度,无形中会给对方施加一定的压力,让人觉得不舒服。新闻发言人要慎用此手势,采用这样的方式会让人产生"高高在上"的距离感。但是,有时也可以表示安慰、许可之意。

手切式：五指并拢，手掌挺直，像一把斧子用力劈下，表示果断、坚决、排除之意。

手包式：五指相夹相触，指尖向上，就像一个收紧口的钱包，用于强调主题和重点，也表示探讨之意。

手抓式：五指稍弯，分开，开口向上。这种姿势主要用来吸引听众，控制大厅气氛。

手压式：手臂自然伸直，掌心一下一下向下压去。当听众情绪激动时，可用这种手势平息。

抚身式：五指自然并拢，抚摩自己身体的某一部分。这种手势往往成为一些讲者的习惯手势放在胸前。双手抚胸表示深思、谦逊，反躬自问。

■ **小贴士**

说到发言人的手势，那就不得不提中国外交部长王毅。在2015年全国两会期间，王毅部长的"剪刀手"手势，引起了热议。当时记者问："有媒体报道称中国正在南海岛礁上进行填海造地，这是否意味着中国的南海政策乃至中国的周边外交政策发生了改变呢?"王毅部长:"中国在自己的岛礁上开展必要的建设,不针对也不影响任何人。我们不会像有的国家那样跑到别人家里去搞'违章建筑',我们也不会接受在自家院里施工的时候被人指手画脚。只要是合法、合理的事情,我们就有权利做。"这里,"违章建筑"的引号就是部长用手势打出来的。兔耳手势实际上是一种英美人交流时的传统手势,一是表示打引号,引用某人说的话;二是表示反讽,嘲弄的意思。手势不仅让部长自带萌感,同时很好地传达了中国的态度。

而2016年全国两会上,王毅部长的手势依然受到了大家的关注。比如,双手摊开,示意欢迎各位记者朋友,也祝福在场各位女士节日快乐;五指相聚成半球状,表示"三个着力突破";两手各伸出一根手指,意味着"航行自由,并不等于横行自由"……

因此,新闻发言人在平时要加强对手势的训练,合理利用手势可使与公众的沟通更加简单,提升传播效果;错用手势则会颠覆发言人形象,遭致公众反感,加剧沟通困难。

第六章　用眼神传递信息

都说眼睛是心灵的窗户。合理运用眼神的变化，可以巧妙地表达出用语言或者肢体表达不出的信息。例如，通过眼睛，我们可以区分是充满爱意的眼神，还是邪恶的眼神。眼神信息的传递是与人的感情和心理紧密相连的。往往眼神向下表示谦虚和尊敬；瞪大眼睛表示吃惊或者怀疑；眯着眼睛显示困倦或者轻蔑；频繁眨眼表示紧张和不安。神经语言学（NLP）的创始人理查·班德勒和语言学家约翰·葛瑞德就曾研究出一系列相关的理论，他们表示人在思考的时候，会不自觉地朝某一方向看。行为心理学研究表示，大脑在回忆的时候，眼睛是往左下方看；而在说谎的时候，眼神会出现飘移。这些理论都说明了眼神在交流中的重要作用。

资深记者的新闻敏感往往会帮助他们从新闻发言人的眼神中读出心灵深处的感情。眼神的作用就是与受众进行深层次的交流，因此，在发布信息时，不停地低头看稿将成为交流的最大障碍。但也不可矫枉过正，一直盯着某一个人或者是某一个方向也是不正确的做法，要学会合理分配目光，每到一个小结的时候换个方向看看，让全场感觉到你在与每个人交流。

在时间上，与人交谈时，视线接触对方脸部的时间，一般占全部谈话时间的30%~60%。所以，无论是发言人在接受记者采访时，还是在开发布会时，都要把握好注视的时间。在注视的方式上，注意不要用眼神扫视听众，这种眼神交流被称为"汽车雨刷式"的交流，把目光从左扫到右，又从右扫到左，既机械又让人感到呆滞，根本不能建立或是保持与受众的感情共通。当然，如果遇到特定记者提问或讲话内容涉及某一现场对象时，发言人就要把眼神稍稍固定一会儿，这样能显示出对对方的注意和尊重。假如对方说的是外语，也不要只顾听翻译者的翻译，不要忘了对面的记者才是你传播的对象。切忌直视对方的眼睛，这会使人感觉不舒服和压抑，目光可以停留在对方面部T字区范围内，这属于公事凝视范围。面对摄像机时，发言人的眼神要与摄像机交流，因为此时摄像机的镜头正是受众的眼神位置，电视观众能清晰地看到发言人眼神的变化。不能呆滞地盯着一点看，也不能频繁地眨眼，一般每分钟眨5~8次，眼神要温和有光。

另外，有些场合，尤其是外交场合，某些媒体出于特定目的或许会提出一些不好回答甚至含有挑衅意味的问题，显示出与发言人迥异的态度和看法。但为了恪守礼仪、维护形象，发言人难以尽言辞之力回击，这时利用眼神的力量或许是一种不错的选择。正视对方，营造一种"不怒而威"的震慑力，使其收敛或者"退却"，可以化解不少新闻发布会上的麻烦和困境。

第七章　管理面部表情

一般来说，不同于演讲者，发言人的面部表情不能太夸张丰富、眉飞色舞，同时也不能太呆板木讷。可以根据发言内容进行调整，如果说的是比较悲惨的事情或者突发事件，就要避免微笑，保持严肃庄重。如果只是一般的内容，则可以面带微笑，增加亲和力。微笑的魅力虽然很大，但也要慎用，要适时适度。俗话说："伸手不打笑脸人。"说明微笑不仅显示自信，有时也是在向对方传递谦恭和顺从，但一味地微笑会让人丧失权威性。

要想自然微笑其实并不容易，微笑是一个复杂的动作，由眼睛、眉毛、嘴巴、鼻子以及其他部分的面部肌肉综合运动表现出来。新闻发言人的微笑要有度，既不能显得夸张、做作，又不能显得机械、呆板，可以配合其幽默感，

成为塑造良好形象的有效手段。

　　五官中的眉毛也能帮助表达情感。我们通常所说的"眉目传情",其实就是指眉毛的表情,是配合眼神来表达自己的意思的。比如紧皱的眉头表示担心、紧张或是沉思、厌烦;轻微扬起的眉毛有增大视野的功能,表示开心或者得意,有时候也会表示害怕或者吃惊;在明知故问的时候,眉毛也会轻微地上扬。

Part 4

与记者过招儿

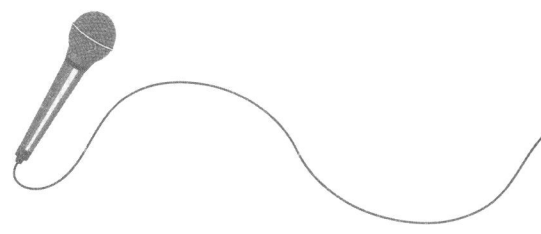

第一章 记者发问之前你需要搞清楚的

第二章 第一面情景还原

第三章 场景训练

第一章　记者发问之前你需要搞清楚的

首先要了解记者的采访要求、需求是什么,从而才能进一步预测问题,制定统一回答口径。下表是面对记者采访时应提前准备的"12问",让你面对记者不再"慌"。

1	最近发生了什么与我方有关的事件?——媒体为何而来?了解所谓"新闻由头"是什么。
2	舆论与此有关的观点和倾向是什么?——反对我的人多吗?为什么反对?
3	记者采访的主题和角度分别是什么?——记者怎么看这件事。
4	记者所属媒体的性质是什么?党报党刊、都市报还是各互联网平台?——党报是严肃的,而都市报往往更为生活化,互联网平台更为活泼。
5	采访者是谁?调查记者还是跑口记者?——调查记者作品篇幅较长,容纳内容更为丰富;跑口记者熟悉业务,稿件见报快。
6	采访者近期写过哪些作品?——了解记者对其他事情的基本观点和兴趣。
7	他们希望在什么时间、什么地点进行采访?——主场作战还是到中立的地点采访,这会影响你的心态。
8	记者对采访要求的时间是多长?——根据时间来准备相应体量的内容。
9	新闻的截止日期是什么时候?——采访结束和稿件见报之间的时间窗口有多长?是否首先通过新媒体进行发布?这将影响采访结束后你对内容的审核与把控程度。如果马上就要发布,或者第二天见报,那请你尽量精准地作答。
10	这是什么类型的新闻?事件新闻、人物专访、特写还是问答形式的新闻?——不同类型的新闻对素材的运用不同,应根据类型来准备素材。如果是人物专访,那么准备一些你个人的小故事和生活细节会更好。

11	在这个新闻事件中是否还有别人也接受了采访？其他被采访人的观点大概是什么？——这将影响报道后的舆论走势，如果反对者阵营更强大，你也要调整自己的策略。
12	媒体的受众群体是什么样的人？什么样的语言会容易为他们所接受？——看媒体APP、官方账号和看报纸、电视的观众是不同的，根据受众来调整话语风格。

新闻发布会面对的记者是多类型的，以上问题可以应对多类型记者的采访。针对广播或是电视采访，还需清楚以下问题：

是现场直播还是录播？

——直播是难度最大的一种采访形式，应尽最大努力不出错。

是否有专访？采访在演播室进行还是通过电话采访？在办公室进行，还是其他地方？

——电话采访容易受到外界干扰，演播室或办公室面对面采访则有助于加强沟通。如果只能采取电话采访的方式，那么一定要找到安静的房间，屏蔽所有可能的干扰。

视频报道在播出前是否经过本人审查？

——一定要事先与记者说好。

发布会的形态是什么样的？是一小组人共同接受采访的形式，还是一对多？

——多人共同接受采访时，要突出重点、提炼亮点；一人陈述则要逻辑清楚。

如果发布会还邀请其他的嘉宾，那么嘉宾发言的顺序是什么样的？

——心理学上有首因效应，第一个发言的人往往让人印象深刻。还有近因效应，最后一个发言的人同样容易被人记住。

另外，发言人或发布会相关嘉宾在接受记者采访之前，有一些原则需要提前约定，不要等到采访开始了再去说。比如，采访时长，采访过程中是否可以录音录像，以及采访的具体细节。提出要求，然后去和记者沟通。一般来说，面对面的采访让人觉得亲切，更容易沟通交流，且能看到对方的体态语言；电话采访等远程采访形式容易受到干扰。

一、第一时间：提供核心又精练的内容

接受采访时，第一个问题很重要，是给整场发布会采访定性的。一定要重视第一时间，第一个问题，第一次表述。当主流媒体的记者提出第一个问题时，都会给出相对比较宽松的环境。作为被采访者，一定要抓紧时间利用这个机会达到发布会所想达到的第一传播目的，应该在第一时间把你想要达到的目的表述清楚，珍惜利用第一次交流的时间，这是黄金时间。如果在第一轮当中没有表述清自己的主题，接下来很可能会变成被动防御状态，传播效果肯定不会好。

Q&A

Q： 遇到不友好的媒体，应该怎么办？

A： 首先要控制情绪，不要激动，不要有过激言语或行为。然后，要寻找数据或事实来做证据，不要和记者过多纠缠，面对面交流不顺畅时可以借助书面沟通。

在接受采访之前，需要准备至少三方面内容：相关事实资料、问题预测清单以及关键信息点。同时准备"金句"，以用于新闻标题。在采访时可以准备"要点验收单"，采访结束后检验核心信息是否传递出去，以用于后期发布会效果评估。

在采访前给记者提供一些有助于了解你的材料，例如，个人资料、事实资料页、文章、图片或是相关报道，也可以提供与采访话题相关的背景资料、事实数据等，供记者参考。还可以提供关系良好的、可靠的第三方比如专家的联系方式给记者，以丰富话题内容，增强可信度。

二、黄金句：让人记忆深刻的语句

准备一些让人眼前一亮、记忆深刻的词句，可以用于新闻标题，突出亮

点,增强传播效果。可以想出一句很妙的引语,或是"Sound Bite"加以运用,以使你的发言更加生动。"Sound Bite"是指对某个重大事件发表的简短精练的讲话,它通常看似现场的临时发挥,但其实多数情况下都是事先准备好的。特别是在电视或广播节目中,这些片段会被不断地重复。使用明确的、描述性的、形象的话语让人们理解。人们总是容易记住那些影响了他们、激励了他们的东西,还有他人的经验。

记者喜欢的是故事,是细节,是生动的、简洁的词汇。所以,在进行标题句列表时,要避免"官方"文化的论调,换位思考,以媒体的思路去审视信息。记者采纳信息以及为新闻制作标题时,往往以新闻价值为标准进行判断。所以,应以本机构信息为基础,以媒体思维为角度,制定标题句列表,增强传播精准度和影响力。

三、哪些是必须说出来的

在罗列要点时,要特别注意以下几点必须被包含在内:
◆我所代表的机构对该事件的重要表态;
◆对事件导向有必要而且重大作用的信息;
◆对舆论最集中关注内容的回应;
◆那些不说就会引起重大舆论"次生灾害"的内容。

要点要精练而且清晰,集中而且有力。谈论的内容过多容易使记者精力分散,反而让他们无法抓住信息的重点。对于其中的每一点,应注意收集并记录下支持此观点的背景资料,例如,在前面章节提到的《罕见,华姐超长反杀!》的案例即用相关事实进行补充,使回应有理有据。

回答问题时可以参考 ABC 模板,即 Answer(回答),Bridge(过渡)和 Conclude(总结)。也就是说,在回答问题时,要将话题过渡到关键信息点,最后总结告诉记者的这些事实意味着什么,并以此作为结论。问题回答模板和关键信息点结合起来才能发挥威力。不要让记者去推测你的主要观点，要抓住每个机会及时过渡到关键信息点。当记者说最后一个问题时，要把你的主要信息再总结一次。

面对记者的问题，要学会在回答的同时，将事先制定的要点内容进行适当转换，借机传递出去。我们可以"重新定义"问题，如果记者问了一个宏观的问题，我们可以将问题缩小到我们熟悉的具体的点上来回答。

不要照本宣科。如果采访过程中涉及过多数据，可以以文字材料的方式提前发给记者。与记者沟通时，也可以准备一些简单的文字材料放在手里，但是切记不要照本宣科，最好能用一种口语化的、生动的、形象的语言进行表达。

四、能说并不等于会说

生活中很多人能够口若悬河地说上几小时，毫不费力；也有人在辩论中与对手唇枪舌剑，话锋凌厉；还有人谆谆善诱，慢条斯理却能将对方说服。

但能说并不等于在媒体面前就会说。中国人说，言多必失。表达欲望过强的人，容易被记者打断或是将不必要甚至是不能让媒体知道的信息透露出去；爱好辩论的人，如果和记者就某个问题争论起来，制作出来的节目和稿件都会很好看，但对于自己一方的形象维护却并不一定是好事。

对于大多数人来说，在面对记者提问时要遵循KISS法则，你的回答要做到"Keep it simple and stupid"，做到简洁、简要、简短。

还有个说法叫"三六九"原则。三就是三个关键的信息点，一次不要说很多内容，不要想在一次采访里面表达所有的内容，选择三个关键的信息点，做到简要。六就是六年级小孩能听懂的话。要根据媒体特性采取不同的表达方式，不同媒体的理解角度和程度不同，要用尽可能简单的话去跟公众进行沟通。九就是90秒，回答一个问题时间不要太长，回答得越长，可以供媒体采访、质疑或者是剪辑的机会就越多，尽量做到简短。

和媒体沟通时，不要想着面面俱到，要突出重点。发言一定要简洁，不要让重要的信息淹没在冗长的回答中。不要觉得有些事实是不言而喻的，要关注到信息的不对称性，不是每个记者、读者或听众都和你知道的一样多，要对你的回答进行清楚而简洁的解释。

重复往往能加深印象。重要的事情说三遍。我们要学会用不同的方式反复讲述同一个故事，或者使用同一条口径以加深印象。不断重复强调的事件会被定义为当前紧要事件，往往会受到更多的关注，公众也最有可能记住这些常听到的信息。

永远不要说"无可奉告"，也不要害怕说"我不知道"。如果对某个问题的答案不清楚，照实说。事后再找提问的记者给出确认之后的答案。在与媒体沟通时，不要害怕说"我不知道"，我们可以尽量地提供信息，但不代表对所有信息都掌握，这时可以坦诚地回答"我还不清楚"。但如果记者问的是与你今天发言密切相关的问题或是按常理你本来应该很清楚的问题，再回答"我不知道"就容易出事了。

第二章　第一面情景还原

媒体采访，如同触发开关，将激活整个危机传播管理机制。因而，与媒体接触的第一次机会非常关键。处理不好，将会引起系统误判，延误舆情处置最佳时机；处理不好，将会导致公众误解，后续努力将打折扣；处理不好，正确全面的信息就不能通过媒体传达出去，从而损害政府形象。

媒体采访可分为常规采访和非常规采访两类。以下针对两类采访分别进行叙述，并指出需要避免和防范的语句和情形。

一、常规采访

常规采访情况下，记者会采用电话、传真、邮件或登门等方式告知，表明身份，并提出采访要求。

（一）如何接待

◆**态度层面**：对待媒体来访、来电要有礼貌、友好、真诚。

◆**信息层面**：需要了解媒体单位、记者姓名、联系方式、所属部门，采访需求，截稿时间，报道篇幅。

◆**措施层面**：已有口径的，应在第一时间回复；未定口径或新获知的舆情信息，要向对方表明会尽快了解情况，并及时回复。如果本人不能代表机构发言,就要在第一时间将信息告知新闻发言人,由后者进行后续联系。

◆ **反馈层面**:在最短时间内及时回复。对于当天报道的媒体,应当天回复;暂时不能确定口径的,具体反馈时间应与记者协商。

(二)应避免的回复"雷区"

◆ 这事我不清楚。

点评:若截稿时间紧,记者也可能将"不清楚"写进报道中,而不再寻求进一步联系。

◆ 好像是有那么回事儿。

点评:这是某种程度的确认,可能会被记者报道为既定事实。

◆ 领导去开会了。

点评:出现在次日报纸上的文字可能是"记者致电××部门,该部门工作人员表示,主要领导在开会"。这将暗示该部门采取的是回避态度。

◆ 无可奉告。

点评:如果在没有汇报、会商的情况下就贸然回复,则会引发记者、公众的误解和质疑。

◆ 才死一个不值得报道。

点评:媒体对新闻价值的判断,伤亡数量只是参考标准之一。而一旦涉及伤亡,媒体就会高度关注。这种对生命的漠视会受到舆论的谴责。

◆ 这事儿很长时间了,怎么这么大惊小怪?

点评:存在不一定是合理的。长期存在的错误,并不意味着没有新闻价值,只是没有机会被媒体关注。

(三)应避免出现的事情

◆ 言而无信

点评:出现在次日报纸上的文字可能是"截至记者发稿时仍未收到回

复"。暗示采取回避态度。

◆ 推诿

点评：推诿本身就是一种态度，如果拿不到核心信息，那么推诿过程本身也可能成为新闻。

◆ 无授权回复

点评：即使对事件前因后果非常清楚，也不能在未经授权的情况下擅自回复。回复口径应由组织协商制定。

◆ 所答非所问

点评：明显的所答非所问，能够搪塞一时的采访，但会引起次日公众热议。是听不懂还是故意所为？前者会被质疑水平低，后者会被质疑有猫腻。总之，新闻发布机构自身不要"搞事情"，应"尽职尽责"，即尊重自己的职业，担负社会责任。

（四）理解媒体运作规律

过去习以为常的工作方式和习惯，在全媒体时代，被放大和聚焦。绝大多数媒体仍然信奉"信息至上，内容为王"。但在特定的客观条件限制下，比如截稿时间紧、获取信息渠道不通畅等，迫使记者不得不关注枝节信息以填充版面。因此，应避免不必要的措辞，严防"雷人雷语"，按照规定流程，及时回应媒体采访需求。消除回避、侥幸等错误思想和观念。只要记者认为仍有获取信息的希望，就存在舆论引导的时间和空间。

二、非常规采访

个别情况下，有媒体倾向于暗访，或直接到事件另一利益相关方处采访，不表露身份，进行体验式采访写作。这种情况下，往往涉及负面信息较多。一旦发现媒体进行非常规采访，需要特别注意。

（一）接待要求

◆**态度层面**：有礼有节，不要恶意揣测，不要有抵触情绪，不要站在对立面。

◆**信息层面**：在与对方商议的情况下尽量了解基本信息，包括媒体单位、记者姓名、联系方式、所属部门，采访需求，截稿时间，报道篇幅。尤其应注意了解记者的关注点和倾向性。

◆**措施层面**：在第一时间将信息告知本单位新闻发言人，由后者进行后续联系。后者应主动邀请记者采访，并尽快制定口径，将真实、全面的信息传递出去。

◆**安全层面**：在沟通过程中，向相关媒体单位核实记者身份，可寻找第三方中立者做见证，也可自行录音录像防止次生舆情发生。极端情况下，考虑邀请公安等部门协助。

（二）应避免的回复"雷区"

◆你这样采访太不合适了。

点评：暗访是媒体的采访方式之一。断然评价无助于双方沟通。

◆这是我们的事，轮不到你们采访。

点评：如果事件关注度高、关系到公众利益，那么地域界限会非常模糊，一些外地或者专业媒体也可能来报道。

◆你们领导是谁？

点评：正规记者采访都是职务行为，采访活动往往经过媒体单位内部批准。断然质问记者的领导是谁，容易生发事端。

◆你们到底站在哪一边？

点评：大多数媒体倾向于站在中立立场，但由于信息和认识所限，立场会有所偏差，直接逼问媒体站队无助于解决问题。应引导媒体关注全面、平衡的信息。

◆你被人利用了。

点评：对媒体而言，新闻价值是最重要的判断标准。避免被利用，只是后续过程中采取的自我保护手段。

（三）应避免出现的事情

◆恶言恶语甚至发生肢体冲突

点评：沟通不畅演变成肢体冲突是舆论事件的次生危机。往往事件本身会被忽略，这些恶言恶语或者冲突反而成为舆论关注的焦点。

◆赶走记者

点评：赶走记者并不能解决问题，只要事件仍在发生，记者依然会去而复返，而且会更加隐蔽。

（四）理解媒体运作规律

暗访、匿名采访等一直是媒体惯用的采访方式。是否要进行暗访，往往取决于记者身份是否会成为获取信息的障碍。有时是采访受阻，有时更严重的会收到禁令导致稿件被撤，因此，暗访在某种程度上是一种不得已的采访方式。应构建畅通、高效的沟通平台，引导记者通过正规渠道采访。

三、媒体沟通简明十问

前面的部分比较详细地讲述了第一面采访所应注意的问题，总的来说，可以归纳为以下"媒体沟通简明十问"。

1. 提问：采访前应该做哪些准备？

回答：采访前，最好能让记者提供采访提纲或想问的问题，发布会主办方针对提纲可以协商做出调整，并与记者约定不回答提纲之外的问题，要求在记者发稿前进行审稿，明确采访内容是否全文登载，需要删减部分可以协商调整。

2. 提问：采访通知或者新闻稿何时发给记者合适？

回答：采访通知以及活动详细信息，最好在活动举行前 2~3 天发给记者。活动当天要准备丰富的文字、图片信息，方便记者写稿。一般来说，日报记者傍晚时间截稿，所以最好在截稿时间之前尽快将稿件送达。

3. 提问：接受采访时会碰到哪些难回答的问题？

回答：一些问题冗长而复杂，发言人要学会抓重点；一些问题很大，里面有很多具体的问题，我们可以选择愿意回答的问题进行回应；一些问题涉及一些微妙、敏感的领域，发言人要提高警惕，提前做功课；还有一些问题是基于错误的信息，发言人要及时澄清，态度坚决。

4. 提问：遇到突发情况时应该怎么办？

回答：面对突如其来的新消息，不要立刻表态。应当对记者提供的新线索表示重视，并安排工作人员查证，待有结果时另行回复。如果记者提供的消息是错误的，应当立刻表态，予以澄清。

5. 提问：面对媒体应表达什么样的态度？

回答：任何时候都要保持冷静，清晰地回答问题并作说明。表现亲和力，对待媒体记者不可重大轻小。聆听提问和回答时都应眼神坚定，回答问题时要简短清楚。多使用正面肢体语言。表达乐意帮助媒体提供新闻协助的态度。避免针锋相对的情景，温和而坚定地表达原则立场。必要时，承认错误，建立勇于负责的形象。

6. 提问：接受完采访还应做哪些事？

回答：通过全媒体沟通机制监测媒体关注的重点，注意媒体关注是否与发言的主要内容符合，为下次发言改进作参考。对于信息完整报道、提供正面协助的媒体表达口头感谢。对于信息透露不完整或不正确的媒体，主动了解其是否需要进一步提供信息。

7. 提问：新闻稿不足以详细阐述问题怎么办？

回答：可尝试拟一份常见问答集，根据最新情况提炼新问题、新回答。

问答应精简明确。问题较多时，可以采用分层目录式的结构来组织问题和解答，但目录层次不宜太多，建议不超过四层。可将最常被提到的问题放在前面，对于其他问题可按照一定规律排列，例如，按字典顺序排列。对于一些复杂问题，可以在问题之间设计链接，方便找到相关问题的答案。

8. 提问：给媒体的资料袋中应当包括哪些东西？

回答：当天活动的日程及嘉宾名单；新闻稿；数据光盘或U盘，至少准备好新闻稿以及图片的电子版方便记者下载。

9. 提问：接受媒体采访最重要的是什么？

回答：诚实，诚实，诚实！重要的事情说三遍。

10. 提问：接受媒体采访，应该避免出现的情况有哪些？

回答：不要和记者私下交谈；不要说"无可奉告"；不要与记者争执；不要过度使用或单纯依赖网络；不要提供不确定的信息；不要试图阻挡记者拍照。

■ 小贴士

神秘的通信录

经常与媒体打交道，应该建立并不断完善媒体记者名单，在平时就与记者们保持适当的沟通与互动。在事件发生前，与记者维持良好的关系具有重要意义。

应该学会收集、更新、保存记者名单，与记者保持接触，了解他们感兴趣的领域、议题、新闻截稿期、采访偏好……千万不要等到危机发生之后才作"事后诸葛亮"，匆匆忙忙地在短时间内去结识记者，这样难以赢得记者的信任。管理媒体名单不同于偶发事件的记者会，它强调要与媒体建立一种长期、良好的互动关系。

那么媒体名单又应该如何管理？这里提供以下实用的小诀窍：

保存联络人的最新名单，以便在突发事件来临时能有针对性地及时发布讯息，而非"胡子眉毛一把抓"，滥发新闻稿。

编制一份含有以下信息的联络人名单：记者、自媒体人的姓名、所属单位、报道领域、爱好、手机号码、传真号码、电子邮件、微博账号、微信账号。

确保名单经常更新。在备注一栏，记录下你们上一次见面的情况。了解并记录每一位媒体人的工作方式，包括他希望通过什么方式接收信息，用最方便记者的形式发布新闻稿。注意每一位记者的截稿时间，不要在别人忙碌时打电话。

第三章　场景训练

当你真正开始面对媒体，那就如同上了战场。之前所做的各种战略准备都将在现场得到验证。素材"弹药"是否充足？接受采访的时机是否合适？以及战略目标是否选取得当且精准？

在这一章，我们将设置多个仿真的对话环节，对每个场景进行点评，并提出问题供读者事后参考。

需要特别声明的是，每个场景中的人物与对话都是仿真教学，与现实中的人物与对话没有任何直接关联。

一、仿真场景一：新建化工项目爆炸引发争议

模拟身份：某企业负责人

模拟话题：新建化工项目爆炸引发争议

模拟对话：

记者：这样一个危险的项目，为什么要建在居民区附近，造成了这么严重的人员伤亡？

企业负责人：我首先说一下，这个厂离居民区还是有一定距离的。（"一定"是一个常用的虚词，在重大事故处置过程中，最好用准确数据代替。类似的用法，还有"我们存在一定问题"，确认了问题存在。）

记者：有多少距离？

企业负责人：按照规定，离居民区至少要1公里。目前，这个项目建在一个岛上，岛上居民数量还是很少的。那么我们在前期评估和调研的时候，也已经把离得比较近的居民做了搬迁处理。

记者：那我能理解成，因为这个岛上人少，所以你们就把这么危险的项目放到那里，因为反对的声音会少，是吗？（记者此处逻辑错误，需要及时响应予以纠正。）

企业负责人：这倒不是，这个项目并不是非常危险。（这一否定句式，其潜台词依然是"有危险"。）

记者：但是它爆炸了。

企业负责人：对，任何化工厂都有爆炸的可能性，只要存在易燃易爆的物品，都存在爆炸的可能。（为了解决眼前危机，将问题扩大化，却不知道将造成更恶劣的后果。这是一句正确的话，放在这里却并不适当。）

记者：现在全国有多少危险的化工厂？

企业负责人：有挺多的，各地都有。

记者：数以万计吗？

企业负责人：数以万计。（不要重复对方说出的负面词汇。最后的新闻标题很有可能就变为"危险化工厂遍布全国数以万计"。）

记者：可以道歉吗？

企业负责人：可以。这里面就存在着监管没有到位的问题，那么我们需要有关部门去查清楚，谁该负责任谁去负责任。（有关部门、一定问题、相关领域，这些词汇都无具体指向，却是习惯用语。在重大突发事件中，一定要用细节、用准确词汇，避免使用模糊表述。）

记者：会道歉吗？

企业负责人：需要道歉的时候肯定会道歉。（该道歉时果断道歉，否则就会在这个问题上被追到底，更显被动。本来是主动道歉，诚意十足，最后却变为被逼道歉,内心不服。)

记者:什么时候?

企业负责人:现在就可以,但是我还没有查到具体问题,还需要去做一些调查,看看我们到底存在什么问题。

记者:如果我说中间有问题你会道歉吗?

企业负责人:会,那么有问题我肯定向公众进行道歉,来承认我们的错误。

（一）画重点:我是主人翁

很多人怕媒体、怕记者,总是担心在沟通过程中不小心说错话,引来无妄之灾。有的人不喜欢媒体,认为媒体带有偏见,不屑于和媒体联络。但不管是哪种情况,如果有一天,当我们不得不面对媒体的时候,仍然需要一个主动、积极、正确的心态。媒体负责提问,但并不代表沟通过程就要以记者的问题来引导。接受记者提问,很重要的心态在于:将回答记者提问,转变为我要对记者说什么。

在上面这段仿真对话中,企业负责人基本上被记者所引领。记者问什么就回答什么,而且一度陷入"快问快答"的模式。在这种节奏下,被访者直接被带入记者的逻辑中,并且不断重复记者的问题作为回答。

不能被记者带着走,并不意味着与记者的问题背道而驰,重点在于能否找到合适的切入点将两个人的信息需求都满足,记者得到答案而我们得到发言的机会。有的人,过于以自我为主,完全不理会记者的问题和问题背后的关注,陷入自说自话的境地,也无传播效果。

一个很好的案例来自2015年3月15日。十二届全国人大三次会议闭幕后,国务院总理李克强在人民大会堂三楼金色大厅会见采访十二届全国人大三次会议的中外记者并回答记者提出的问题。来自美国《赫芬顿邮报》的记者提问:"总理,您好。据说中石化、中石油这两个央企一直在妨碍环保政策的制定和执行,尤其是在汽油质量标准的确定和天然气的推行上。我的问题就是,您认为这两个央企真的在阻碍环保政策的落实吗?如果这样的话,中央政府会怎么冲破这种阻力?"这里面包含了两个问题,而第二个问题实际上是一种假设。不管现实中有没有这种阻碍,一旦跟着记者的问题回答,最后见报的标题都不会理想:《央企没有阻碍环保政策落实》《央企的确阻碍环保政策落实》《央企无阻碍,不存在冲破阻力一说》……李克强总理的回答非常精妙。他说:"我理解你刚才一连串的发问,问的是人们,包括在座各位普遍关注的雾霾等环境污染这个焦点问题。可以说政府在治理雾霾等环境污染方面,决心是坚定的,也下了很大的气力,但取得的成效和人们的期待还有比较大的差距。我去年在《政府工作报告》中说,要向雾霾等污染宣战,不达目的决不停战。"

这样的回答方式是一种选择,但有较强的限制性。回答问题的人要身份权威、具有新闻价值,可以就宏观话题发表观点而无违和感。这里所强调的是,李克强总理在回答记者提问时的主动心态。

(二)有疑问:遇到快速追问怎么办?

如果在发布会现场遇到一名记者不断追问问题,那么发言人应拿出应有的姿态控制采访节奏,与记者进行沟通,"我非常愿意回答你的问题,但发布会时间有限,我们还是先让其他媒体提问,会后如果有可能,我们再交流"。

发言人也要把控自己的节奏。在对方快速追问时,自己反而要对问题进行斟酌,否则一旦情绪上来或疏于思考,认为对方不礼貌或者自己急于辩解,就容易对信息把关不严,可能出现信息表述不准确等问题,祸从口出。

? **思考问题:**

公开道歉为什么这么难?您所在的机构中,哪些人或部门会阻止道歉?为什么?有什么方法可以解决吗?

二、仿真场景二：子公司仓库发生爆炸

模拟身份：某企业生产安全部门负责人

模拟话题：子公司仓库发生爆炸

模拟对话：

记者：您对子公司爆炸事故处理的过程，特别是生产安全部门在这个过程当中的处理，做什么样的评价呢？

负责人：从一开始我们就积极应对。

记者：如果让您打分您会打多少分？

负责人：至少90分。（在负面事件处置过程中，避免任何打分、评价。即使认为自己部门表现出色，可在公司内部进行表彰，不建议对外公开。尤其是在这类生产安全事故中，很容易涉及人员伤亡等话题，整体采访基调都应基于人道主义、人文关怀，其他的部分，如工作成绩等，应减少甚至忽略。）

记者：其他的部门有不及格的吗？

负责人：其他的部门不好评价。我们部门派驻子公司监督员接到这个事件报告后，在第一时间赶到现场，可能比其他所有部门都走在前面。（前面回答说"不好评价"，但在后面却提供了评价的依据。在重大事故处置面前，各部门单独接受媒体采访，也应确认回答符合整体利益，而非部门利益。再次强调，事故中应避免自我评价打分等。）

记者：您所说的监督员，昨天接受我们采访的时候，很多问题都没有回答上来，这个现象您关注到了吗？

负责人：这事可能是各种原因造成的。（记者提到的这个情况我们知道吗？如果从未听说，那也要直接跟记者沟通：我对您所说的情况不太了解。采访结束后我会跟进，了解清楚后再和您联络。）

记者：您觉得是什么原因造成的呢？

负责人：他也许很疲劳，有一些工作可能脑子里面记不清楚了，忙于处理这种事故。（在不掌握切实情况时，对记者突然提出的问题进行原因猜测，无疑给记者提供了更多质疑的"弹药"。）

记者：公司方面为什么要把一个脑子已经累得记不清楚的领导派去处理这件事？

负责人：任何人在几天几夜不睡觉的情况下，都有可能脑子出现空白，这种情况是有可能发生的。

记者：我们采访到这位联络员时，才在事故发生之后的9小时，没有您说的几天几夜不睡觉的情况。

负责人：当天晚上据我了解他是没有睡觉。

记者：我们见到他时是当天下午5点。

负责人：就是他接到事故报告的时候是当天的夜里12点还没有睡觉，他就赶到现场。等于每个人的身体状况是不一样的，可能对我来说坚持9小时没有问题，但我们那位工作人员年纪大了，连续工作9小时消耗过大，可能就"断片"了。（在一个问题上纠缠不清，又没有充足准备的情况下，如果坚持继续回答，就很有可能出现无话可说、有话乱说的情况。）

记者："断片"一般都是在说喝醉了之后的情况，您好像又在告诉我们其他的事情。

（一）画重点：要不要救那只即将沉没的船？

公共关系实践中，有一个策略比较常见：切割。整个躯体中，可能某一个零部件坏掉了，为了维护整体利益，让躯体存活，就要采取切割策略，将坏死的部分进行切割。切割，总体上来说，是一种抓大放小、舍局部保整体的策略。坏死的局部就如同一艘即将沉没的轮船，如果贸然施救，可能救援力量也一样会随之沉没。

在上一段对话中，大部分篇幅都用在为一个已经备受质疑的员工作辩解上。在策略上，属于"自己挖坑自己跳自己填"的类型。从效果上看，作为机构真正应该传达的信息，比如态度、措施等，均没有有效传达。

即将沉没的轮船该不该救？在舆论场中，如果在事件前期发酵过程中，某一人有过错误言行，且已经成为众矢之的，那么一定要进行评估。这些错误言行是否仍能控制在个人范畴？比如，记者到某个小区进行采访，被物业保安阻拦并抢夺相机。这种情况下，如果为这一工作人员进行辩驳，则可能让公众认为整个机构都是如此。如果阻拦记者并且实施殴打的变为物业经理，则事情性质就发生了变化，完全切割根本无法做到。

几年前，有个词汇非常流行，叫"临时工"。当时，记者到提供公共服务的办事窗口进行暗访，却发现工作人员在"偷菜"、打牌。几次这种事件后，涉事部门都"约定俗成"地将责任人认定为"临时工"，意欲与之进行切割，维护机构整体形象。但"临时工"一词最后变成了"反讽之意"，一旦采用，网络舆论反而会认为这就是在推脱责任。为什么会有这种情况发生？因为已经犯错的个体，其错误言行与机构有密切关系，而非个人素质等因素可以解释，涉及制度、公务员精神，更牵扯老百姓一直关注的"办事难"等社会管理问题。

如果一只船即将沉没，不要浪费时间和精力去辩解，如果错了就要及时认错，这样才能顺利进入下一个议程。也不要火速进行切割，因为本职工作受到质疑，其机构难脱干系。遇到上述对话中的问题，试想一下，如果我们回答："您说的情况很重要，我们内部也正在进行调查。如果该员工的确业务不精、做事不认真，我们也会及时处理，并安排合适人选接替。目前更重要的事情是……"记者也不会抓住把柄锲而不舍地追问。

（二）有疑问：遇到不着边的记者怎么办？

如果你前期进行了认真的准备，最后发现，来的记者完全不靠谱怎么办？你想说的是公司最新的战略调整和年终目标，但对方一直在问公司门口的治安岗亭花了多少钱？

首先我们要知道，指责记者是没有用的。我们常说，没有不好的问题，只有不好的回答。我们的任务是面向公众进行传播，而不是评价记者水平高低。我们建议过，在接受记者采访时，准备三个关键信息点，不断重复，并且要学会过渡。当你遇到不着边的记者，要学会将问题过渡到自己想说的内容上来。

如当记者让你为此次行动打分时，你可以回答："这是一次突发事故，当前我们最重要的任务是救援，而不是打分。事故发生后一个小时内，我们就采取了一二三四条措施……"

当记者让你猜测事故发生原因，你可以回答："有关事故，我们已经成立了专门的调查小组。目前，调查正在进行中。现在我们还不能确认事故发生的原因，但我可以确认的是，我们会公正、公开地处理此事。"

? 思考问题

面对"一艘即将沉没的轮船"，哪些情况下我们必须予以施救？

三、仿真场景三：市区内某项公共服务商品涨价

模拟身份：某政府公共部门负责人

模拟话题：市区内某项公共服务商品涨价

模拟对话：

记者：我现在手里面有一份资料，这个资料是当地的居民交给我们栏目记者的，他说这项服务在涨价前并没有进行听证，当地居民都对此表示不知情，相关政府部门当时做了什么呢？（当你做好各种准备，却在采访中遭遇突然出现的证据或资料，第一件事情就是要核实这份资料的可信度，而不能不做任何核实就直接回答这样的问题。这种意外的情况要越少越好，也就意味着前期的内部调查工作要尽可能详尽。）

负责人：我们在涨价之前也对当地做过调查，当然有反对的，客观地讲是有反对的声音。（人们在对话时常常使用"客观地讲""实话对你说""说句良心话"等以示自己的真诚，但在肯定这些信息的同时，却相当于对之前信息提供了可供质疑的证据。难道前面都不是客观的，不是实话，不是良心话吗？）

记者：反对的人占多少呢？

负责人：反对的人占了30%，支持的人还是占多数，所以在这种情况下，政府还是决定尊重大多数人的意愿。（大多数人的意愿并不是一个在法律层面上站得住脚的概念。在阐述政策、公司措施的时候，一定要守住法律底线。）

记者：但是三七分这个差距对我来说并不是太大，30%的反对我们的政府都可以继续涨价。

负责人：因为我们还是要尊重多数人的一个选择。（对记者提出的合理质疑，没有能够理解或是理解但是选择性忽略，都会给人不诚恳的印象。）

记者：我现在手里有90%的当地居民发布的一个倡议书，他们呼吁停止涨价，对于这样的呼吁您作何回应？

负责人：我现在还没有掌握这么一个数字。如果是在这种情况下有90%的反对，那么我们还要分析到底是什么原因造成他们反对。（对于突如其来的证据一定要进行核实，不要贸然回答。）

记者：您刚才说要尊重多数的意见。

负责人：但在这之前我们已经进行了调查，数据并不是如您所说。这90%的反对意见从何而来，我们还需要进一步甄别。

记者：为什么三七分的时候您说要尊重70%的，我现在告诉您90%您就不认同了？

负责人：这就是样本和总体的关系，因为我们在之前做的调查是覆盖了中心区1.2公里范围的居民，现在你说90%反对，我听到这个数字，我不知道你调查了多少居民。

记者： 如果我们做一个假设呢？

负责人： 如果做假设90%的居民反对，那么我们就还要进一步做群众的工作，做好服务保障工作。如果居民进一步反对，那么还要再考虑做相应的决策。

记者： 所以就是不管我这个90%的数据是真是假，你们都不会停止涨价。

负责人： 这倒不是，但我们还要做相应的决策。

（一）画重点：构建逻辑时要有定点

在这段对话中，被访者存在着"双重标准"。前半段，做出决策的根据是"尊重大多数人意愿"；后半段，当知晓大多数人可能反对时，又选择进一步调查、进一步工作——标准的不确定性直接导致了前后口径不一、态度不够诚恳，并直接影响信息传播的可信度。

传播信息，不是单纯的告知，而是将信息本身连同证明信息可信、权威的逻辑链条一同传播出去，让人在了解信息的同时，能够认定信息是可信的、权威的。而这里的逻辑链条是要有定点的，而非可以随时变换的。当随意改动时，看上去是左推右挡、精彩万分，实际上却是暗波涌动、凶险万分。

缺少定点，容易造成前后口径不一，让人觉得你是在说谎。极端的情况下，如果不断地重复问同一个问题，你一定会给出五花八门的答案。

缺少定点、变换逻辑的一个体现是容易在对话中脱口而出"跟你说句实话""说句良心话"等。我们不建议在面对媒体时有这样的表达。因为这意味着，你在改变自己的逻辑定点，开始用另一个方法来解释了。要不就是之前你在说谎，要不就是开始说谎——两种猜测都不好。

不管如何构建逻辑，法律都应当是定点之一，要守住法律底线。你的机构里至少要有两类专业人才配备，一类是媒体顾问，一类是法律顾问。

（二）有疑问：遇到封闭式问题怎么办？

我们常常会遇到这类问题，是还是否？多还是少？记者只提供了两条极端的路供我们选择。在上述对话中，这个问题变为："如果反对的人有90%，是否会停止涨价？"

面对这个问题，有几种可能的策略供你选择。这个问题的特殊性在于有一个假设性的前提。

方案一，针对假设性前提。"我们前期进行了全面和详尽的调查，70%的居民赞同我们这一决定。我相信调查是公正和客观的，但我也尊重媒体方面的努力。能否麻烦您将贵台的调查数据提供给我们，我会继续跟进，等到那时，我再来回答您的问题。"

方案二，如果对方数据可能是真的。"我们做出这一决策是有法律依据的。根据法律规定，70%以上的常住居民反对，我们将停止涨价。我们现在有两个不同的数据，但我可以确认的是，我们会按照规定进行，在合法合规的框架内进行调整。"

方案三，以不变应万变。"根据法律规定，70%以上的常住居民反对，我们将停止涨价。如果不足70%，我们会在合法合规的框架内对价格进行调整。"

但如果对话不是基于一个假设性的前提，而是直接有关我们个人。比如，问一个环保局的官员，你今天戴口罩了吗？

模拟记者：发布会马上就要结束了。最后一个问题，您今天戴口罩了吗？

环保局长：戴口罩的问题。

模拟记者：戴了还是没戴？

环保局长：戴口罩的问题是一个比较复杂的问题。

模拟记者：戴了还是没戴？

环保局长：如果需要我还会戴。如果不需要……

如果封闭式的问题发生在对话中间,我们可以借助这个机会把问题展开。但记者很喜欢在发布会快结束时问这样的问题,这时候,建议快速回答,省出时间然后把自己更想说的话再说一遍。此时采用迂回战术,反而对己方是一种浪费。

思考问题:

你有没有常用的口头禅?上一次和人说"跟你说句实话"是在什么时候、什么情境下发生的?

四、仿真场景四:下岗职工上访多年未决

模拟身份:某企业负责人

模拟话题:下岗职工上访多年未决

模拟对话:

记者: 您好,我想了解一下 8 年来为什么这 20 多名员工的诉求始终没有得到解决?

企业负责人: 首先我要讲一下公司的总体态度,我也希望作为我们这次采访的一个中心思想能够传达出去。(尽管此前,我们强调在采访时要有主人翁精神,要有积极主动的态度,不能够被记者的问题带走,但实际上采访初期与记者的互动非常重要,而主动并不代表可以直接主导。主导要依靠内容,而不是直接下命令。)

记者: 不好意思稍微打断一下,因为刚才我的脑海里一直浮现"中心思想"这四个字。"中心思想"我想可能不是您来定,也不是我来定,可能更多的是由我们公众所关注的一些话题来定。现在我们最关注的就是 8 年了这个问题为什么没有得到解决?(一场采访实际上也是争夺话语权的战场,作为记者,一旦认为话语权被剥夺,一定会采取措施来反击。如果持续下去,火

药味就很浓了，实际上对己方并没有利。）

企业负责人：我讲这总体精神，也许你觉得是一个空话，或者说是套话，但是这里面是有含义的。我讲完了这其中的含义，你就能明白你要提的问题我都能在这当中解答出来，你先听我说行吗？

记者：不好意思我打断一下。

企业负责人：我们先来回顾一下历史。你会明白事情是怎样发展到今天这样一个地步的。（媒体思维与工作思维会有区别。在工作中，我们习惯先回顾历史、总结现状，然后展望未来，但是从媒体角度，往往聚焦在当下，这一时刻我们该如何解决问题。关于历史部分，只有在追究责任的时候才会重要。）

记者：摄像稍微停一下。是这样的，因为我们这是一个电视专题片，基本情况我们前面都有素材，我们的记者已经在现场做了采访，所以我们能不能略过历史介绍的部分，重点说一下公司的措施，我们到底要怎么做才能把这个问题解决？

企业负责人：是这样的，我为什么要讲到历史，历史决定了我们集团公司处理这个事件的态度。

记者：历史最后决定了你们8年还没有解决这个问题。

（一）画重点：第一个问题很重要

有人说，防火防盗防记者。这句话的潜台词其实就已经把媒体和记者放在了自己的对立面。这种情绪体现在具体的对话中，会非常影响整场对话的走向。所以，在和媒体沟通前，要做的事情是调整心态。如果认为今天来采访的是"敌人"，是来找碴儿的，那双方不吵起来才是奇迹。

本书一再强调，记者是一份职业，需要用职业的眼光、职业的习惯去沟通。

对话之初，前两个问题非常重要，尤其是第一个问题，可以给整场采访确定基调。有经验的记者，第一个问题往往会是开放式的，像是探路。如果一开始就关系紧张,那么采访无疑会陷入一种失控的状态。从上面的对话中,你会发现,两人用了四五个回合只是在争夺一种主导权。

与记者沟通时,思维上的区别也需要了解。我们日常在叙述一件事时往往要先回顾历史,而记者是聚焦当下的,今天此时此刻我们怎么做,昨天到今天我们做了什么?至于十几二十年前发生了一件事情导致该事件发生,则是后期深度报道追踪时喜欢的素材。我们平时说一件事喜欢按照时间顺序,早上7时、8时……但媒体喜欢把最重要、最有新闻价值的信息放在最前面,即"倒金字塔"结构。

所以,在回答第一个问题时,需要调整心态,积极与记者沟通,并且将己方最重要、最想说的话放到第一个问题的答案中。如果第一个问题采访就走了样,和记者沟通不顺畅,那后面就可能一路恶化下去。如果吵起来最后拂袖而去,那这本身就可以成为一条新闻了。

(二)有疑问:记者总打断回答怎么办?

在上面的对话中,我们可以看到记者在短短的时间内三次尝试打断被访者谈话。但几次打断都出于不同的目的。

第一次打断是在声明主权,因为被访者给采访确定了中心思想,而这恰恰是记者要做的事情。所以记者选择打断谈话,意图夺回采访现场的主导权。

第二次打断是在控制话题,因为发现被访者的上一段陈述缺少切实的信息,"是不是官话套话"记者并不关注。所以记者打断谈话,希望控制话题内容。

第三次打断更进一步,直接让摄像停止,是一种更强硬的表态,兼具主权宣示和话题控制两种功能。用通俗的话说,当记者发现被访者不按自己的"剧本"走时,实际上也是一种恐慌。与被访者相同,记者也要对整场发布会采访进行预先设计,哪些问题必须要问?哪些内容是公众关心的?哪些问题可能会带来惊喜?哪些问题是用来"伏击"的?如果被访者完全不配合,整场采访的走向将无从控制。

我们鼓励被访者要有"主人翁"的心态,要有"以我为主"的心态,要主动发布、积极沟通,但同时,这种"主动"需要记者的配合,需要用内容作柔性引导,才可能实现。

如果遇到记者频频打断谈话,那不妨停下来就这件事与记者进行沟通,先分析记者做此举动的原因,再与自己的发布策略相结合进行调整。"我想跟您沟通一下,我注意到您几次打断我的回答,我在想是什么原因。如果需要,我可以调整我的回答,但有些内容是我坚持要说出来的,也希望得到您的理解。"

❓ 思考问题:

如果记者总是打断你的话,你该怎么做?

五、仿真场景五:某地方工厂发生爆燃事故

模拟身份:某地方政府安监部门负责人

模拟话题:某地方工厂发生爆燃事故

模拟对话:

记者:这次的爆燃事故证明你们在安全生产监督方面出现了问题。

负责人:这次爆燃事故有偶然性,也有必然性。(这是一句风险性极高的回答,尤其是后半句。在事故发生后,关于事故原因往往是媒体关注的焦点,需要非常严谨和准确的口径准备。)

记者:难道这个爆燃事故是必然的吗?

负责人:因为这个企业,据我们了解,本身在建设和生产过程中已经出现了一些违规情况,并且受到了相关部门的处罚。在完成整改之后,企业老总依然长期让企业处于超负荷生产状态。("一些情况""相关部门"等依然是模糊描述,对问题轻描淡写,而且仅仅描述问题,却并未对处罚措施、整

改细节等进行详述，信息可信度受影响。）

记者：这些情况你们是在之前就了解，还是刚刚了解？

负责人：在事后了解到的，因为之前也不可能去监控企业的生产运营状态。

记者：你们事先不知情，做不到监控，而且在提出整改措施的时候，企业及时整改了，事后又出现了爆燃事故，那你怎么能让老百姓相信这个工厂是安全的？

负责人：因此我们会进一步加强对这个企业的安全生产教育。第一是意识教育，第二是进行全面评估，对安全生产，包括环境保护等情况进行一个综合评估，企业要在符合要求的基础上才能恢复生产。（媒体喜欢的语言往往是动词，因为动词往往意味着状态的迁移和改变，是新的变化。媒体还喜欢各种数据、细节，最不喜欢的是各种空泛的描述。全面、综合、相关……但怎么全面、怎么综合、如何相关，都缺乏准确的描述。）

记者：关于这起事故，政府部门会出面道歉吗？

负责人：关于这件事情，首先应该说是企业忽视安全生产，一味追求经济效益导致的突发安全生产事故。在这个过程中政府也做了很多的工作，包括善后处理、应急救援以及人员安置。应该讲在这个过程中，我们也跟公众，包括跟当地居民，以及跟媒体进行了良好沟通。关于道歉不道歉的问题，首先我们需要明确责任的问题，目前关于事件责任我们正在进行调查。如果发现政府或者政府工作人员在这一过程中存在着渎职失职行为的话，我们将会严肃处理，严惩不贷。

记者：现在听起来感觉像是我们做得很好，都是别人做得不好，最后结论，我不会道歉，是这样吗？

负责人：我的理解是这样。（记者对这段对话进行了总结，此处直接默认，并默许"不会道歉"等核心信息，会引发误解。）

（一）画重点：不要抓紧时间自我表彰

害怕媒体的一个直接后果是，工作过程中遇到的委屈、受到的误解等都在内部积累。某一天，因为一起突发事件，媒体蜂拥而至，于是所有的委屈和误解都想借机得以释放，但却往往适得其反。比如出了一起医疗事故，医生们在说的却是日常工作的辛苦；比如城管打了人，领导在说的却是日常受到的抵制和误解。这种情况下，往往越说越错，越描越黑。

在上述对话中，我们看到，事故发生有企业责任，但监管部门也难辞其咎，但在回答中却变成了"自我表彰"大会。

这种情况往往源于日常传播渠道建设的缺失。这些工作中的辛苦、委屈等情绪，并未得到有效的引导和释放，而一旦突发事件发生，又容易爆发出来。

突发事件的采访过程中，不要抓紧时间自我表彰。突发事件发生，媒体最关注的首先是人员伤亡，接着就会对事故发生的原因以及责任进行追问。除非天灾，如地震、洪水等，突发事件的处置往往都是在"有罪推定"的框架下进行的。在此情况下，要对己方在事件中所处的位置进行准确的研判，不要擅自进行自我表彰。

进行自我表彰，往往与事先口径准备不够充足有关，并且没有形成牢固的记忆。这将导致在对话过程中，容易临场发挥。面对记者是否道歉的追问，可能下意识会拒绝道歉，并且认为媒体对己方工作现状不够了解，不知道我们工作多辛苦、多周到等，所以抓紧时间自我表彰。

而要杜绝这种情况，首先要在日常沟通中对这类情绪进行合理的疏导，对自身形象要进行树立和维护，同时在应对具体采访时，要准备充分的口径并牢牢诵记，切忌临场发挥。

（二）有疑问：记者特别爱总结但总结得不对怎么办？

上面对话中，最后一个问题，记者说："现在听起来感觉像是我们做得很好，都是别人做得不好，最后结论，我不会道歉，是这样吗？"而被访者回复："我的理解是这样。"

记者的问题实际上是一种总结和确认，是对前述采访内容的总结，且加入了记者个人的感受。被访者回答字数很少，但是却"默许"了多方面的内容：我们做得很好、别人做得不好、我不会道歉等。这种简短的回答如果被恶意截取，会造成严重的负面后果。比如，《某工厂发生爆燃　当地政府：我们做得很好》《某工厂发生爆燃　当地政府：我们不会道歉》。不管哪一条标题都会给当事机构带来不好的影响。

记者在采访过程中，有时候需要对采访内容、观点等进行适时总结。一方面是对信息的一种归纳和整理；另一方面也是一种沟通，确认信息传递的准确性。这种情况经常发生。一旦遇到记者进行总结，一定要高度关注。一是了解记者理解信息的准确程度，确认基准线；二是确认己方观点传播是否有疏漏。

如果记者总结得非常不准确，那么一定要及时予以纠正。如果记者总结中有一些细节不准确，也可以提出来。一些科学家总是很苦恼记者无法准确理解科学原理，所以还有一种确认方式是在采访后对文字稿再次进行修正。

需要指出的是，现场进行总结并现场确认的记者是负责任的那一类，尽管有时候总结不准确也要耐心纠正。如果不负责任的话，现场不总结直接写稿，错了就错了，你也是没有办法的。

信息传播，总会有误差存在，但可以在一次又一次的总结中无限趋向准确。

? 思考问题：

你有没有面对媒体记者时满腹委屈无从说起的时候？当时你是怎样处理

的？效果如何？

六、仿真场景六：危险化学品丢失

模拟身份：某公司危险化学品监管部门负责人

模拟话题：危险化学品丢失

模拟对话：

记者：您好！我是《直击快线》的记者。我听说公司基地丢了一箱危险化学品。是有这么回事吗？

负责人：我得确认一下您的身份，您看方便吗？（接到陌生电话时，需要核实对方身份，不要贸然接受采访。）

记者：您先告诉我，因为我们这边马上就要开始播出今天晚上的新闻了。咱们这边是丢了一个化学品吗？听说已经丢了两天了，是这样吗？

负责人：这些信息您是从哪儿知道的呢？

记者：现在咱们本地市民都传遍了，说都丢了两天的时间了，都有10个人因为这个化学品生病住院了，我们现在特别想知道这件事情的真相。

负责人：事情是这样的……（电话采访容易被随意打断，不如面对面采访沟通更为直接。虽然这只是被访者一个习惯性的口头禅，但却容易引起误解。）

记者：您就告诉我是不是丢了化学品，是不是丢了两天，是不是有10个人住院？

负责人：您说的情况有部分属实。第一，的确是有一个化学品丢了，但是通过两天时间已经在有关部门配合下找到了。第二，你说的10个人受伤住院，我现在还不能确认。我知道的是曾经接触过化学品的人受伤了，现在病情不是很严重。

记者：这个病情不是很严重怎么解释，因为我们请有关专家帮我们介绍过，这个化学品只要接触几个小时就会致人死亡。请问他们现在还安全，还健在吗？

负责人： 这个怎么讲……（这又是被打断的一句话。）

记者： 还健在吗？听不到。

负责人： 人还健在，您的数据应该不是很准确。化学品是对人体有一些伤害。

记者： 不好意思我打断一下，前方记者告诉我说又丢了一个化学品。

负责人： 您这个信息不太准确，因为我事太多了，我还没有确定这个信息的来源。（对于突如其来的新信息，不宜做任何直接的表态。直接否认或承认都不合适。此处，直接判断记者信息不太准确，后面又说自己事情多，没听过这件事——前后信息打架，削弱了前面的判断。）

记者： 就是丢了一个化学品，然后您自己现在还不知道吗？

负责人： 您说又丢了一个化学品这个情况我还不清楚。（准确陈述自己的观点，不用管记者如何总结。）

记者： 好，最后一个问题我想问一下，现在还没找到的化学品，会对我们市民的健康产生多大程度的影响呢？

负责人： 现在是这样，就是说这个化学品已经丢了两天了。（应不断重复已丢失化学品被找回的信息。）

记者： 好的，谢谢，再见。我们又有一条爆炸信息，就是有第二个化学品依然流失在社会上。

（一）画重点：电话采访必须要做的几件事

这段对话是一段混乱的采访。电话采访的弊端尽显无遗。电话采访时，你看不到对方，无法获知对方的表情，也无法准确判断信息传播的情况。"见面三分情"，什么事情一见面都好说。有时候一见面，说几句话，你就能判断出对方的性格。但是电话，却只能通过声音传播信息。

尽管如此，有时候因为时空限制，电话采访又的确便捷而且高效。如果一旦决定接受电话采访，那么就要提前做好几项准备工作。

第一，如果事先约好了，一定要把今天想跟大家说的信息准备精准。因为对方看不见，所以有很多信息都可以写下来放在旁边，这样可以根据记者提出的问题作精准的回答。

第二，尽管准备了素材，但一定要记住不能念稿，不能让对方听出是在背诵官样文章。不能全都是官话，一定要选择含金量高、表达精准的话。电话采访的时间有限，如果在这次采访中，被访者只是回答公司总经理第一时间赶到现场，然后副总经理怎么样，十几分钟还没有说到具体事儿，效果肯定不会好。

第三，要学会给电话录音。即使记者打电话过来，不管是座机还是手机，我们要学会给电话录音。如果来不及，我们也可以跟对方沟通，在第一时间先挂断这个电话再打过去，但是录音这个环节一定要有。记者一般会录音，方便事后整理成文字。而我们录音，在出现误解或误读时，原始录音都是很好的证据。

第四，不能跟着记者走。在上述采访过程中，记者多次打断对话，被访者事先准备的腹稿完全被打乱了。在电话采访时，不能跟着记者的问题走，哪怕他提出新的问题，我们也要把自己想说的话通过跟记者配合的方式说出来。

（二）有疑问：想核实记者身份对方不配合怎么办？

经常有人来问，有时候记者来采访，我问他要记者证，他就是不给。该怎么办？

了解是沟通的前提，了解的范围当然包括对方的身份。但个别机构将核实身份变成了回避采访的工具，拿到了记者证之后就开始找关系说情，导致记者被撤回。另外，一些媒体记者也没能获得国家颁发的证件。

核实身份是需要的，但核实身份不是采访门槛，而是为了更好地沟通。在电话采访中，尤其应注重核实身份。不过，要避免说出"如果你不协助核实身份我就不接受采访"这样的话。如果是被恶意剪切，影响也很不好。

建议礼貌地与对方沟通："麻烦您提供一下就职的单位和姓名，这样便于我向您提供准确的信息，也便于我们今后保持联系。"如果对方仍不配合，那么您有权拒绝他的采访，但这个过程需要己方予以记录。

在现实生活中，与媒体和记者的沟通，有时候卡在核实身份这个环节就演变成了负面舆情事件，比如保安抢夺照相机、记者核实身份后被控制等新闻时而有之。一部分机构和个人误用了这部分权利，使之成为沟通的阻碍，就与初衷背道而驰了。

七、仿真场景七：新型化工项目研发成功

模拟身份：某企业研发部门负责人

模拟话题：新型化工项目研发成功

模拟对话：

记者：我们了解到，这个化工项目位于一个地级市。难道该市居民是个实验品吗？（实验品是一个危险的负面词汇。遇到这类词汇时要尽量避免重复，绕开回答，但意思需要表达清楚。）

负责人：你的这个问题问得非常好，也代表老百姓问出了想要了解的一个问题。（不建议对记者的问题进行评价。评价说好，记者不一定高兴，可能会认为自己的问题被你猜到了，反而处于劣势；评价说不好，记者也不会高兴。没有不好的问题，只有不好的回答。记者的问题本身不重要。）

记者：是实验品吗？

负责人：首先得告诉你，绝对不是实验品。这项技术，是汇集了全世界、全人类的智慧，得以设计研究出来的产品。目前来说，安全性和先进性，都

能达到世界先进水平。（就事论事，尽量避免拔高。如果是作为重大科研成果推出，可以如此表述，但如果有质疑的声音，过度拔高只会适得其反。）

记者：但是为什么其他国家没有这项技术试行？

负责人：你这个问题问得很好，我想说的就是，任何一个事物都是从开始到发展到终结。比如汽车，最早的汽车肯定长得很不漂亮。

记者：汽车不一样。

负责人：我想说，是一样的，都是逐渐演变的过程。

记者：你刚才说是全人类的智慧，不好意思，我自己也没有参与进来。

负责人：你说你没有参与，实际上你今天的采访，我就觉得你就帮助了我，让我们周围的老百姓来认识我们，你就是在帮助我们。（这段话是出于善意，邀请记者共同参与，但如果对方认知不同，则反而是自掘陷阱。表态过度容易给对方留下更多空间。比如，有人喜欢反问："我的回答你还满意吗？"这本是非常善意的表达，但尺度把握不足，如果对方回答"不满意"，反而将自己置于不利之地。）

记者：如果我反对呢？

负责人：每一件事情都有正反两面，有反对的声音，也有支持的声音，正因为有了反对的声音，才能让我们的技术水平进一步提高。要是没有反对的声音，我们改进的动力就小了。因为有你，有一部分反对者的声音，所以我要求自己做得更好，我要建得更好，可以让你放心地知道，我们这个新项目建设是安全的，是先进的，是高效的。（这是一段非常善意的表达。所有的表述也都是恰当和正确的，但是当所有话都是正确的时候，它不一定是有效表达。道理、事实和情感应当同时配套进行，只有道理就变为说教，只有事实又缺少情感，只有情感又不可靠。）

记者：所以一个老问题又浮现在我们面前，你能够百分之百保证这个项目是安全的吗？

负责人：我可以跟你百分之百地保证，它是安全的。

（一）画重点：正确的废话≠有效的信息

你不能否认，总有一类人，可以长篇大论说上几小时，但你却记不住到底说了什么。

在上述对话中，可以看到"任何一个事物都是从开始到发展到终结""都是逐渐演变的过程"等这样非常正确的描述。

正确的废话，有好处。一些经过百般锤炼的词汇，尽管已经被划为套话，但的确准确、稳妥。在遇到一些难以回答、让人措手不及的问题时，可以采用这些话作为过渡，给自己留出时间用于思考。但如果过多，则会丧失对方的关注，即使记者没有在现场打断，但在后续的稿件撰写和视频编辑过程中，也会对类似的信息进行删减，实际上减弱了传播效果。

说了很多并不等于说了管用。这点在与媒体沟通时，尤其需要注意。没有人愿意听别人长篇大论讲道理，哪怕在学校，但所有人都喜欢听故事。正确的废话≠有效的信息，偶尔引用，可以确保稳妥。但在与媒体沟通时，要尽量避免一些绝对正确、宏观的大道理，而采用一些细节的、微小的、具体的切入口来进行沟通。

（二）有疑问：记者让我用个人名誉作保怎么办？

你能否保证这个项目百分之百安全？你能否保证食品百分之百安全？你能否保证这个核电站百分之百不会爆炸？

有时，你会遇到这样极端的封闭式追问，简直是要押上个人名誉做担保。遇到这种情况怎么办？怎样回答都容易陷入另一种困境。一些科学家会对此类问题嗤之以鼻，因为世界上不可能有百分之百的事情，就是因为有那么一点不确定性，才让世界、人生、科学充满了魅力。但对于居住在核电站附近的居民、生活在食品安全堪忧的城市的居民来说，这个担忧一直萦绕在心头无法绕开。沟通不是机械的，它需要情感加入。

如果回答说"做不到百分之百的安全",那我们肯定反对在这里建造。如果回答说,我可以保证,但万一真的出事了呢?遇到这类极端的、用个人名誉作保的封闭式提问,一种方式是绕开,比如,用一个比喻或类比。"这个项目的安全性,经我们测算,是飞机飞行安全性的 20 倍。我相信大家会有自己的判断。"一种方式是不直接回应,比如,"我可以保证的是,我和我的团队会尽百分之百的努力保证这个项目的安全"。

Part 5

迎战新闻发布会

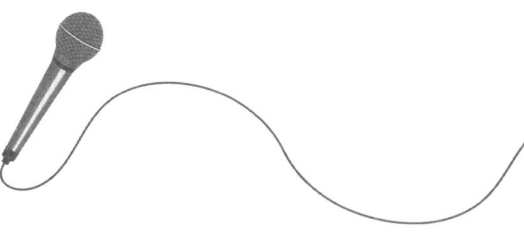

第一章　信息公开的主要形式

第二章　全程攻略：新闻发布会的流程管理

第三章　新闻发布会的『骨骼』——人员组织

第四章　新闻发布会现场

第五章　新闻发布会的评估与反馈

新闻发言人 /修/炼/手/册

了解了新闻发言人的历史、新媒体时代下新闻发言人的变化升级以及相关要点之后,如果现在面临一场真正的、亟待举行的新闻发布会,你敢接受挑战吗?你是否对具体的新闻准备流程和事项仍有恐惧?这一部分将系统、细化地对一场新闻发布会的组织工作进行详尽说明,让你勇敢迎战新闻发布会。

第一章 信息公开的主要形式

新闻发布形式多种多样,不同的新闻发布形式在目的性、可操作性、正式性等方面各有不同,适用情况和准备要点有所区别,因此首先需要对各种新闻发布形式作一定了解。新闻发布有常规和非常规之分。常规新闻发布具有定时、定点、定人的特质,如外交部、国家发改委、教育部、工信部、人社部、住建部、交通运输部、商务部目前都已实现定时、定点召开例行新闻发布会,属于"自主发布"。非常规新闻发布一般在有重大事件或突发事件发生时举行,是由各级党委、政府的新闻发布机构根据一定主题"搭台发布"的新闻发布会。随着社会事件的增多,新闻发布主体逐渐向企业和个人延展。

具有新闻发布性质的会议有很多种,主要的新闻发布形式包括新闻发布会、记者招待会、媒体座谈会、专题吹风会、单独或联合采访、以官方名义发布新闻公报和声明以及利用电话、传真和电子邮件答复记者问询、新闻通报会等。涉及全局性的政治、经济、文化等方面的重要新闻和突发性重大新闻一般举行新闻发布会,其他方面的重要新闻或重大事件可视情况采取电台发布、报刊发布、网络发布等新闻发布形式。

一、新闻发布会

国务院新闻办公室给出了有关新闻发布会的官方定义,新闻发布会是指党委、政府新闻发布机构举行的向媒体介绍党和政府立场、观点、态度和有关方针、政策、措施等信息的新闻发布活动，是回应社会关切的一种重要形式，①具有权威性高、公开面广、互动性强的特点。

新闻发布会作为最常见的新闻发布形式，一般对所有具有采访资质的媒体开放，目前已实现网上直播，可通过网络实时观看参与讨论。新闻发布会也是最正式的新闻发布形式，因而准备程序相对复杂，发布要求高，需要一段时间的全方位筹备与策划。

■ 小贴士

"4·2·1+N"新闻发布模式

2013年10月1日，国务院办公厅颁布了《关于进一步加强政府信息公开回应社会关切提升政府公信力的意见》，其中在进一步加强平台建设中强调：进一步加强新闻发言人制度建设。以主动做好重要政策法规解读、妥善回应公众质疑、及时澄清不实传言、权威发布重大突发事件信息为重点，切实加强政府新闻发言人制度建设，提升新闻发言人的履职能力，完善新闻发言人工作各项流程，建立重要政府信息及热点问题定期有序发布机制，让政府信息发布成为制度性安排。与宏观经济和民生关系密切以及社会关注事项较多的相关职能部门，主要负责同志原则上每年应出席一次国务院新闻办公室新闻发布会，新闻发言人或相关负责人至少每季度出席一次。国务院各部门要建立健全例行新闻发布制度，利用新闻发布会、组织记者采访、答记者问、

---

① 国务院新闻办公室新闻局. 新闻发布工作手册[M]. 北京：五洲传播出版社，2015：8.

> 网上访谈等多种形式发布信息，增强信息发布的实效；与宏观经济和民生关系密切以及社会关注事项较多的相关职能部门，要进一步增加发布的频次，原则上每季度至少举办一次新闻发布会。
>
> 根据意见，国新办建立了"4·2·1+N"新闻发布模式的刚性工作要求。"4"，就是与宏观经济、民生关系密切和社会关注事项较多的部门，每季度至少举行1次新闻发布会，每年4次；"2"，就是这些部门的负责同志，每半年至少出席国新办新闻发布会1次，每年2次；"1"，就是这些部门的主要负责同志，每年至少出席国新办新闻发布会1次；"N"，就是发生重大社会关切和重大突发事件时随时召开新闻发布会。

二、记者招待会

记者招待会由国家首脑人物、部门最高领导或是他们指定的发言人选定时间、地点，集中对媒体记者关心的问题作出回答；在记者提问前，发言人没有特别需要发布的新闻，简短的开场白后即进入问答环节，记者可以就发言人工作的领域进行开放式的提问。[①]这也为新闻界提供了一种简便有效获取新闻材料的采访方式。

记者招待会与新闻发布会一样都具有公开发布性质，代表了政府由新闻控制走向新闻开放的公开化进程，是政治民主化的象征，但是新闻发布会不等同于记者招待会。

---

① 李希光，孙静惟. 发言人教程 [M]. 北京：清华大学出版社，2007：173.

三、媒体座谈会

新闻发布团队与媒体总编辑、主编、记者们在一种轻松的环境里进行交谈，听取他们对新闻发布工作的意见和建议，探讨相关新闻报道的优点和不足，或者谈论他们关心的其他话题。媒体座谈会是发言人与媒体负责人及记者之间的联谊会，它的内容一般没有报道的必要。

在座谈的过程中，新闻发布团队可以观察和思考：一些社会热点问题的要害是什么？如何回应公众的关切？哪些问题最好由谁来回答？哪家给的答案最有说服力？是否安排具体的人接受采访？

四、吹风会

吹风会是新闻发布非常独特的一种形式。与新闻发布会相比，吹风会的发布内容更多偏向政策解读和背景介绍。可以要求记者不作报道或不透露发布内容。吹风会常被作为正式发布活动的前奏或补充，特别适用于一些重大政策、法律法规出台前后的深度解读。

当前，中国已成为国外媒体报道的焦点，但由于存在歧视和误解，在国外媒体的报道中不时会出现错误解读我方政策、观点等情况，严重影响了中国形象。因而在正式的新闻发布会举行之前邀请国外记者参与吹风会，更清晰地解读政策和事件，可以在一定程度上避免出现误解。

五、单独或联合采访

这种发布方式是指通过主动约见（或应邀约见）、安排多家（或独家）媒体采访来发布信息，采访时间可安排在发布会召开前或召开后。同新闻发布会相比，气氛比较轻松，答问也可以详尽些，由于范围比新闻发布会小，记者有多次提问机会。专访也是很多媒体记者更愿意采取的独家采访形式，因为可以获得更多、更细致的独家新闻。有时可以把两种形式结合起来，先安排集体采访，结束后再安排某家媒体做专访。

六、以官方名义发布新闻公报和声明

此新闻发布方式是指新闻发布机构由党和政府授权，郑重宣布某项新闻事实，或者就某些事件或问题向社会表明本部门、本单位的立场、态度、观点等，这是一种正式和严肃的新闻发布形式。

国家、政府、政党、团体或其领导人所发表的关于重大事件，或会议经过和决议，或就某些问题达成协议的正式文件，称"公报"、"联合公报"或"新闻公报"。《新闻联播》节目常常播发此类公报和声明，是一种强权威型发布形式。

2018年4月，国务院办公厅印发《关于做好政府公报工作的通知》，就政府公报规范管理、创新发展和优化服务等作出部署。该《通知》指出，政府公报是刊登行政法规和规章标准文本的法定载体，是政府机关发布政令的权威渠道，在推进政务公开、加强政务服务、促进依法行政、密切党和政府同人民群众联系等方面发挥着重要作用。

七、答复记者问询

当有热点新闻出现或媒体需要确证某些新闻信息时，新闻发布机构常常需要用电话、传真和电子邮件等方式来及时回复记者问询。对于众多记者关心的问题，还可以收集起来通过官方网站统一对外答复。

答复记者问询要求新闻发言人反应速度快、针对性强。由于此类发布形式在面对突发事件、社会热点或重大活动期间使用频次更高，通常有需要及时回应的时间压力，因此为避免电话中出现理解不准确或回应不准确的情况，最好通过文字形式及时回复记者问询。

八、通过官方网站或微博、微信公众平台等新媒体发布新闻信息

随着互联网的发展，记者对快速获取信息的需求急速提高。党委和政府等会利用官方网站、微博、微信公众平台发布重要消息、文件、事件最新进展等信息，这种即时发布、滚动发布的形式便于媒体和公众主动获取信息。除了文字信息回复，还可以借助可视化的图表、音视频呈现信息，具有可读性、可感性，更有利于公众和记者行使监督权。各省政府也已要求充分利用政务微博、微信和移动客户端等新媒体平台，提升回应信息的到达率。

2000年3月20日，在国务院新闻办公室批准下，北京艺百网络举办了"中国首次网上新闻发布会"。而随着微博等更具个性化、更能彰显网络群体性力量的工具产生，在微博上进行新闻发布也成为众多政府部门的选择。网络新闻发布会也不再拘泥于原有的新闻发布本身。2013年8月22日，薄熙来受贿、贪污、滥用职权犯罪一案在济南市中级人民法院第五审判庭公开开庭审理。"济南中院"官方微博对此进行了全程直播，吸引了网民和传统媒体的关注，凤凰卫视主持人杨舒在新闻直播过程中，低头看手机刷"济南中院"微博播报新闻的举动也引发了媒体人和网民的热议，这也说明利用新媒体进行信息发布具有越来越重要的影响。

新闻发布会作为最主要、最普遍的新闻发布形式，与其他新闻发布形式有一定交叉。下一章节，我们将主要围绕新闻发布会的工作组织流程和各项事宜进行介绍。

第二章　全程攻略：新闻发布会的流程管理

全媒体时代，新闻发布形式更多样，新闻发布细节更透明。但是作为一场面对记者和公众的新闻发布会，还是有一套较为固定的流程。按照此流程开展新闻发布活动，想出错都难。一般情况下，一场新闻发布会需要经过审批—前期准备—现场发布—答记者问—后续跟踪五个重要流程。如下图所示：

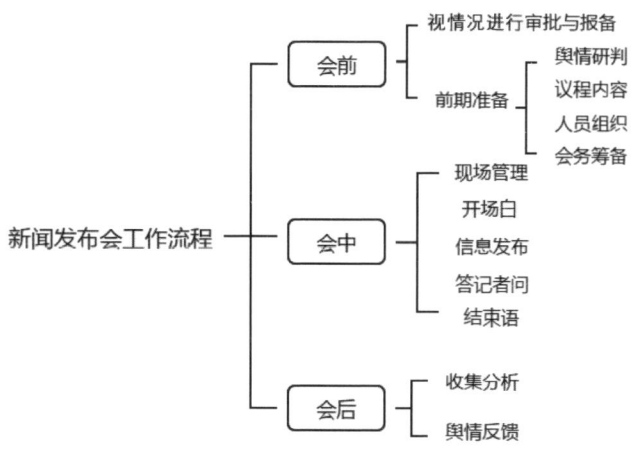

新闻发布会工作流程图

一、导向：舆情研判

新闻发布会不是新闻发言人的独角戏，而是与公众、记者对话和交流的舞台。新闻发布会作为一种有目的的传播方式，为更好地让记者和公众接受发布的信息，需要对记者、公众所关心的话题进行调研和舆情研判。舆情研判是新闻发布会前期准备的重要环节，是建立在大量内容资料的基础上，用传播学、心理学和社会学的方法，结合相关经验和技术对舆情的下一步走向进行判断，从而决定如何面对舆情，构建新闻发布话语体系和发布方式。

互联网大数据背景下，舆情资料收集和研判工作正在逐步深入，许多新闻媒体、高校和技术机构已经建有专业的舆情分析机构，如人民网舆情监测室、清博舆情等。新闻发布会可以与相关舆情机构合作进行舆情研判。当然，党和政府新闻发布机构也需要建立网络舆情日常工作机制，收集主要新闻网站、论坛、微博、微信号上的舆情和敏感信息。通过实施网络舆情常态化监测和应对的工作机制，着重考核网络发言人设立、舆情应对处置、网民信息互动、网络宣传时效、网站建设质量、信息公开程度等内容。舆情研判主要有两部分，一是常态的舆情收集调研工作；二是专项舆情收集调研，即就某一准备发布的主题做出舆情调研报告，报告包括现时的舆情状况和以往同类主题发布时的舆情分析。

通过对舆情资料进行横向和纵向的梳理与对比写出舆情分析报告，尽可能多地预测事件发展和走势，特别是对于突发事件，舆情分析往往发挥了重要的判断和导向作用。此外，舆情分析不仅可以从总体上判断公众和记者的所思所想，还可以具体问题具体分析，判断公众重点关注的问题角度，从而在信息发布和记者提问时帮助发布者把握侧重点，选择适当的方式回应相关问题，满足公众知情权，消解民众的疑惑与抱怨。

准确的舆情研判可以帮助新闻发布者判断媒体会问什么问题，在舆情分析基础上撰写问题清单，"刁钻、尖锐、巧妙"的问题清单最能体现专业水平。

二、重磅：议题和议程

任何新闻发布会的议程内容都要经过认真准备。俗话说，台上一分钟，台下十年功。一场成功的新闻发布会，前期准备占80%，剩下20%靠现场稳定发挥。发布会以信息内容为主，因而前期的议程内容准备要尽可能详尽、精准。新闻发布内容准备包括两个方面：发布方内容材料和媒体方内容材料。无论哪一类材料，都需要新闻发布会组织者提前准备、严格把控。以下为所需准备的议程"内容清单"。

（一）发布会预告

新闻发布会组织者利用多平台或官网，提前对发布会进行预告。一方面通过预告发布主题，暗示记者进行采访报名；另一方面可以提醒关心相关议题的公众，届时可以通过网络直播观看发布会。发布会预告公布时间不一，一般提前2~3天发布预告。

通常情况下，发布会预告内容架构主要包含：主办方、主办时间、发布会主题、主办地点、新闻发言人、网上新闻发布厅网址、电子邮箱、传真/电话、参会注意事项、记者如何参与发布会等。必要时，新闻发布会预告可准备中英双版本，以便外国记者参加会议。

（二）发布会主题

新闻发布会的主题应鲜明简洁、集中单一，避免信息过于庞杂、不分重点。目前有些新闻发布会，主题模糊，"胡子眉毛一把抓"，主办方恨不得把所有信息都交代给在场的媒体记者，使得新闻发布会失去了应有的功效，而真正需要发布的信息，要么淹没在庞杂的内容中，要么含糊其词、语焉不详，甚至"无可奉告",令媒体和社会公众大失所望。

例行新闻发布会一般没有明确主题,但回应的问题都在各部门职能范围内。大部分发布会都有明确的主题或方向,如国新办举行完善国家基本药物制度政策例行吹风会、北京举行第十三届国际文化创意产业博览会新闻发布会等,都具有鲜明主题。

(三)开场白

开场白是新闻发布会的第一项内容,一般由主持人开场,主要内容是:简短的三两句话向参会者问好,介绍新闻发言人或发布者。开场白要尽可能简洁,记者关注的重点还是信息发布。

(四)发布词

发布词是新闻发布会的重中之重,是新闻发言人或发布者对发布会主题所做的重要发言,代表相关部门主动公开信息,同社会各界分享。发言内容由新闻发布会团队和主办方共同准备并完善,代表主办方的态度和立场,因而应按照科学方法准备。

因新闻发布会时间有限,所以新闻发言人的信息发布不能拖拉。新闻发布会团队的能力和关注点也是有限的,不可能对记者、公众的关注点穷尽,因而发布会要突出重点,语言精练地发布关键内容,态度诚恳即可。

三、焦点:答记者问

(一)问题列举:汇总话题,收集问题

答记者问作为新闻发布会的重要环节,要求新闻发布者提前汇总话题,收集问题。一般来说,新闻发布会的问题要切合三个关键信息"点",即"你所在的机构要说的、媒体关注的、公众关心的"。汇总话题可以帮助发布者了解总体情况，收集问题则是帮助发布者回答问题。

有些话题是几年连续下来的，每年都会谈到的话题，有些则是新出现的关注热点，新闻发布团队可以根据调查材料，通过大数据建立话题热点云。话题会衍生出许多具体问题，傅莹在《我的对面是你：新闻发布会背后的故事》一书中曾举例：腐败是一个很宽泛的概念，需要具体到媒体和公众是从哪个角度来关注这个问题，法律制约？还是监督？如果说了解话题需要把握"同"，收集问题则需要关注"异"。

对于新闻发布团队来说，问题是收集不完的，但是通过调研和舆情分析已经可以归纳大部分问题。新闻发布团队应该本着"关键问题不遗漏、一般问题不放弃"的原则制作问题清单。对于收集好的问题还需进行分类，哪些是必答的、重要的，哪些是可能会被问到的，都要分清楚，这样才能抓住关键，详细准备。

（二）答问参考与要点

对收集的问题需要提前准备好相应答案。但是在新闻发布会现场，新闻发布者在答记者问时不可能一一去翻阅资料查询与朗读。所以，新闻发布团队需要准备答问要点，与新闻发布者达成默契，在一些重要问题上，新闻发布者有所遗漏时起到提醒作用。比如，数据型答题，特别是在经济金融领域，需要运用一些具体数据作支撑，但数字又是极易出错的，稍微出错一点就会造成记者或公众对经济形势的误解，因而可以专门设置电子卡片要点，必要时提示新闻发布者。

严格的答问参考建立在新闻发布会组织架构机制之上。答问参考在准备过程中要求明确其拟定和审核的各级责任人、索取和提交程序、以何种形式提交、答问参考终审和批准的权力和级别。明确以上各个程序，才能保证答问参考的获取、审核、批准等环节顺利有序地进行，防止在突发事件中出现悬而未定或推诿责任的情况,避免贻误时机、陷入被动。①

答问参考也需要新闻发布团队与问题涉及的相关部门或关键人员进行对接,从权威人士口中获取准确信息,进而制作答问参考。新闻发布机构可以建立答问参考库,对某些重要问题的答案进行汇总。答问参考库需要长期积累、维护与更新,对于举办例行新闻发布会的机构来说可以减轻工作量,在必要时刻还可以作为历史数据进行参考和对比。

(三) 统一口径

口径是对新闻报道的总体把握和就某个具体新闻事件对外的统一说法。关键口径的材料准备需要经过内部协商,结合事件本身和新闻热点,准确表达机构在该事件上的观点、态度或者措施。口径由统一出口发布,保证消息的权威和有效。在新闻发布会上向媒体提供新闻发布稿,是统一口径的通行做法。

(四) 新闻通稿

新闻通稿的拟订要将最关键的信息放在最前面,行文简洁,陈述事实,避免主观化、情绪化和价值判断的表述。新闻通稿的撰写应具备新闻敏感性,包含新闻报道的6个基本要素:时间、地点、事件、人物、原因、结果。新闻通稿字数不宜过多,一般不超过2000字,并经过严格审核后方可发布。此外,如果新闻发布会涉及外国记者,新闻发布稿需提前翻译好,方便记者掌握新闻发布会的主要内容,也可以在一定程度上避免媒体报道过程中出现的误差。

---

① 傅莹. 我的对面是你:新闻发布会背后的故事[M]. 北京:中信出版社,2018:130.

四、协同：会务筹备

（一）确定发布时间

遵循媒体工作规律：新闻发布的时间通常也是决定新闻何时播出或刊出的时间。新闻发布会的时间应仔细考量，慎重决定。考虑到多数平面媒体刊出新闻的时间是在获得信息后的第二天，媒体一般在周一或周五上午有例会、每天下班前有编务会，因此要把发布会的时间尽可能安排在周二、周三、周四的上午10点为宜。另外，记者们不喜欢会议时间拖得很长，会议持续1~1.5小时为宜。这样可大大提高记者的出席率，相对保证发布会的现场效果和会后媒体报道效果。

避免与重大新闻"相撞"：新闻发布会应尽量避开重要的政治事件和社会事件，以免影响发布效果。比如，如果选择每年的两会期间做新闻发布，很容易被两会的热度削弱发布效果。此外，西方国家政府在选择发布"坏消息"的时间上有个小窍门，往往等到星期五下午才发布，因为接下来就是周末，社会公众忙着休息娱乐，等到下一个周一，又有新的事情出现了。

突发事件抢占先机：面对突发事件，要第一时间抢占舆论制高点，快速主动公开信息，回应社会关切，千万不能拖沓躲避。等到小道消息或者非官方消息"满天飞"时，再做补救式的新闻发布，会让本部门处于极端被动地位，造成信任危机。[①] 如在2015年8月12日发生的天津滨海新区爆炸事故中，官方新闻发布的延迟导致有关消息处于真空状态，最后引起舆论一片哗然。

（二）新闻发布会的场地安排

新闻发布会的地点一般应交通便捷、易于寻找，通常新闻发布会在专用

---

① 傅莹. 我的对面是你：新闻发布会背后的故事[M]. 北京：中信出版社，2018：5.

的新闻发布厅举行，设备齐全、布置简洁大方、便于管理。也可用会议室临时改装，一般在室内举行。新闻发布会需要根据参会人员规模选择合适会场，如安排200名记者参会，则新闻发布会的会场以300~400平方米为宜。另外，目前很多记者是自驾车参会，为此，选择一个有合适停车场的会议地点也是必要的。

（三）新闻发布会场地设备与场地设计

一般来说，新闻发布会召开的会场是固定的，特别是省政府与各部委的新闻发布场所，一般相对标准。新闻发布厅是一个兼有多媒体的功能场所，可同时进行现场直播、互联网发布等，因此必须是具有一定规模的发布厅。

主席台 也称发言台。主席台的布置应简洁大方，台上要摆好发言人、主持人的名牌，没有发布任务的人员不要安排上台。主席台应与记者席保持一定距离，台上一般应备有纸、笔和除去商标的瓶装水。

新闻发布会场地一般应为长方形，发布者与记者不使用相同的进出通道。为应对一些突发事件，出口最好与入口相对。如若会后不设计采访环节，发布会召开完之后方便发言人直接从出口离开。回字形会议桌的发布会出现也较多，发言人坐中间，两侧及对面为记者座席，便于沟通。

记者席 一般与发言台相对，位于台下。根据新闻发布会规模，具体确定是否需要全部配备桌子。全国人大新闻发布会媒体记者众多，记者席一般不摆放桌子。但在各省区市的政府新闻发布厅，因规模较小，桌椅配备相对齐全。

一般在会场后面准备一些无桌子的座席，以备记者座席无法满足需求时临时使用。摄影记者席位一般安排在最后排、两侧或中间过道。一般不在发言台和记者席之间安排固定或流动的摄像机位，但目前为了达到更好的传播效果，前排会留出固定空间供摄影记者拍摄。

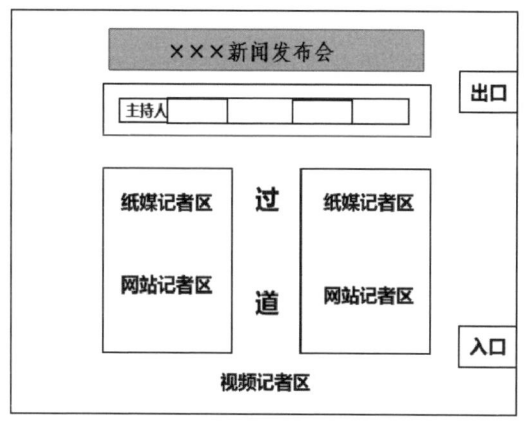

新闻发布会场地设计示意图

背景板 一般按照新闻发布会的性质和主题来设计，应突出主题，简洁明了。背景板上要写明新闻发布会的主题。政府举办的新闻发布会最好将主办部门的标志表现在背景板上，并写明部门名称；企业新闻发布会也要有企业的标志，背景板上最好注明时间。

话筒 一般发布会应配有6~8个有线话筒，以及2~4个无线话筒供记者提问。

电源和音响设备 需要电源插座若干以及高质量的音响设备。一些用于电脑展示的设备还包括投影仪、笔记本电脑、连接线、上网连接设备、投影幕布等，相关设备在发布会前要反复调试，保证不出故障。

电脑、电子屏幕等放映设备 除准备纸质材料外，为便于及时获取信息，新闻发言人可配备电脑。

灯光 新闻发布会现场灯光充足，一般以暖白光为主，便于记者拍摄。

休息厅 一般重要的新闻发布会会在发布厅旁边设休息厅，方便新闻发布会主持人与发言人候场与休息。

会场还应准备签到处、资料发放台、会标、展板、座位牌、笔、水、纸张等。这对于政府新闻发布会组织者来说，已成为一项常备技能，在此不再赘述。

新闻发布会前期筹备工作复杂，一般为组织性工作，人员固定且专业。由于新闻发布会人员组织的重要性和流程的贯穿性，新闻发布会人员组织与安排将放在下一章节重点解说。

第三章　新闻发布会的"骨骼"——人员组织

新闻发布会作为公开发言的场合，新闻发布会中各参与人员的一言一行需要经得起国家的查证、媒体的考验和公众的问询。因而，新闻发布会由哪些人员组成、参会人员主要职能是什么，不仅关系新闻发布会能否顺利召开，更涉及新闻发布会的最终效果。

参会人员是新闻发布会的"骨骼"，只有恰当、充分地发挥新闻发布会中参会人员的主观能动性，使其各司其职、各负其责，才能进行有效的信息传递，新闻发布会才会顺利完成并达到效果。新闻发布会人员组织主要由三部分组成：新闻发布会主办方，主要有主持人、发言人（及其团队）、特邀发布嘉宾；媒体记者；会务工作人员。

一、新闻发布会主持人

新闻发布会主持人的职责主要是"串流程"，因而主持人应具备一定的主持经验、应变能力以及控场能力。各党委、政府的新闻发布会主持人一般由体系内工作人员兼任。企业类新闻发布会主持人因会议要求不同，会邀请专业主持人进行主持。

备课：新闻发布会主持人一般不进行信息发布工作，但必须对新闻发布会主题、时间、流程和人员组织有所了解，进行备课。因此在前期准备中，主持人应参与必要的新闻发布会讨论工作。

串词：新闻发布会流程较为固定、简单，但为了避免现场出错，主持人应提前准备好串词，主要包括串场内容、新闻发言人的姓名与职位。

应变与控场：新闻发布会时间有限，因而主持人必须对流程进行时间控制。在发布会现场，特别是临近发布会结束时，可以以"下面，有请最后一名记者提问"的方式告知大家我们的发布会即将结束。有时，发布会现场可能会出现混乱的情况，特别是在重大事故、灾难事件的新闻发布会现场。此时，主持人应保持冷静，协同现场管理人员控制场面。组织新闻发布会须懂公众心理，主持人应代表主办方向受害者家属致歉，以诚恳的态度安抚现场记者和其他人员。

有时，主持人与发言人为同一人。此时，主持人与发言人职能融为一体。

二、新闻发言人："人设"担当

新闻发布会的灵魂载体是新闻发言人。时任中宣部部长刘奇葆 2016 年 3 月 28 日在与全国新闻发言人培训班学员座谈中强调："新闻发言人在潮头起舞，要不怕打湿羽毛，需要时能站出来、冲上去。新闻发言人要敢于善于发声，做到讲政治、懂政策、知情况、会说话、敢担当。"可见新闻发言人在新闻发布会中的重要地位。

新闻发言人受党、政府部门、团体或企业的委托，面向媒体记者和公众，在一定时间内就某一重大事件或时局问题，举行新闻发布会或约见记者，发布有关新闻或阐述相关部门的观点立场，并代表政府或部门回答提问。新闻发言人的主要职责除发布信息外，还包括策划、组织本单位重要信息发布，并处理相关新闻宣传和公共关系事宜。新闻发言人虽然在发布中常以个人身份出现，但其背后是一个团队，是一套完整的制度，所以亦可称为新闻发言人制度。①

我国的国务院、外交部、卫健委、公安部、商务部、中国银保监会、中国证监会等部门都设有专门的新闻发言人。通常情况下，我国的新闻发言人并不是专职人员，而是行政体系中的一个兼职角色，是相关部门领导，或一定领域的专家。

国务院新闻办公室每年会公布次年"中央国家机关和地方新闻发言人名录"，新闻发言人名录包括中央和国家机关有关部委，各省、自治区、直辖市党委和政府新闻发言人名单及新闻发布工作机构电话，便于记者和公众采访与监督。

（一）新闻发布团队的人员配备

面对不同场合、不同情况，新闻发言人的人员配置不尽相同。举办重大活动时，如奥运会期间，奥运会组委会组建了一支有素养、懂宣传、懂媒体、有事业心、有责任心和高度使命感的新闻发言人队伍从事活动宣传、信息公开和公关工作。

日常新闻发布会中新闻发言人通常只有一人，当所需公开的信息与政策解读涉及多个部门时，一场新闻发布会会设有多个信息发布者。如在全国两会期间召开的新闻发布会，常常为新闻发言人和信息发布者共同答记者问。

但需要注意的是，信息发布者不是越多越好，信息发布者必须与事件紧密相关，主动向在场人员做汇报，不能成为新闻发布会主台上的"闲人""透明人"。

（二）新闻发言人的准备与实战

新闻发言人在新闻发布会中的主要工作为信息公开和回答记者提问。传

---

① 国务院新闻办公室新闻局. 新闻发布工作手册 [M]. 北京：亚洲传播出版社，2015：4.

统的新闻发言人在对各项信息的把控过程中，往往担负着决策和新闻发布的双重角色。在与媒体的关系中，他们承担着传统意义上的宣传职能。

随着新媒体的出现和普及，人们获取信息的渠道更宽广、速度更快捷，公众的注意力逐渐从"大屏"转向"小屏"，从"长视频"转向"短视频"，但是新媒体不能代替新闻发言人，在众声喧哗中，新闻发言人仍必须"守土有责、守土负责、守土尽责"。在新的传播环境下，各方针对公共事件的舆论都可能在互联网空间延伸、扩展与发酵，新闻发言人如何在公共事件中"发声"，很大程度上决定了公共关系和公共舆论的走向。为应对新的传播环境，新闻发言人在坚持基本功的基础上，仍要不断与时俱进。

1. 前期备课

凡事预则立，不预则废。在发布会召开之前，新闻发言人应充分了解新闻发布会的主题和详细内容。有时发布的内容是新闻发言人日常接触的事项，对其中的细节和关键点比较了解。但大多时候，新闻发言人对一些事件和领域并不十分了解，需要向上级或其他部门了解情况，才能把握事件的来龙去脉。准备工作漫长却很重要，所谓"台上一分钟，台下十年功"，只有做好充分准备，才能以信心满满的姿态面对记者提问，因此准备工作要细致且全面。

准备工作要细致：粗略的了解只会在现场被问得哑口无言，或是回答不到位、不充分，被媒体和公众诟病，这是新闻发布会最不愿看到的情况。在全媒体时代，很多情况事先已被记者掌握，他们想得到的是不为人知的细节，是仍不确定的关键点和疑问。想要满足这些要求，需要新闻发言人细致掌握相关内容，除了与内部人员沟通相关内容，还需要与参会记者沟通，通过直接对话了解他们想知道的内容，主要沟通方式包括邮件、传真、电话，甚至可以举办座谈会。

国务院新闻办公室官方网站通常在新闻发布会举办前发布预告，其中明确指出："为使记者在发布会上获得更多信息，欢迎通过国务院新闻办网上新闻发布厅或电子邮件将您对此场发布会感兴趣和关注的问题提供给我们。"

新闻发布会如果有外国记者采访，应特别注重与外国记者的会前沟通。新闻发言人与外国记者沟通的难易程度不仅受到各国语言文化的影响，还受到国外媒体对中国固有偏见的影响。因此在会前应精心准备供外媒使用的新闻稿，必要时与国外媒体记者座谈，向他们介绍发布会的重点，以防理解错误。

准备工作要全面：这里的全面有两种含义，一是新闻发言人要有总揽全局的能力。对需要发布的政策和事件要有正确的认知，只有自我价值观、世界观是正确的，才能在面对道德问题、性质问题时坚定态度，不容质疑。二是对所有可能在新闻发布会中涉及的事项都要了解准确。除了掌握媒体和公众的关注点，新闻发言人还应明确召开此次新闻发布会的目的，主动阐述可能被大家忽略但公众必须知道的事情。

具体来说，在新闻发布会前期，新闻发言人及其工作团队应考虑和准备以下工作：

发布词：主要包括与主题相关的重大政策决定和情况，一个时期内需要通过媒体向公众说明的重要工作内容等。发布词作为发布会主动公开的信息，应起到引领和代表作用，因此发布词的编写也应融入记者的思维模式，发布词中应包含具有新闻价值的内容，如重要数据、关键字、关键句、网络热词等，以吸引媒体注意，便于信息传播。

2016年9月2日，商务部例行召开新闻发布会回应媒体高度关切的热点敏感问题，有记者提问："我国与欧洲国家签署的第一个自贸协定《中国—瑞士自贸协定》已经实施两周年，请问这两年中瑞贸易有何新亮点？"新闻发言人沈丹阳以充分的数据展示了自贸协定的价值性，她回答道："据中国海关统计，中瑞自贸协定自2014年7月实施后，双边贸易额从2014年下降27.0%扭转为2015年增长1.7%，双边贸易额达到442.6亿美元，其中我国对瑞士出口增长2.5%，自瑞士进口增长1.5%。2015年中瑞双边贸易比当年我国对外贸易增速高8.7个百分点，比我国与欧盟贸易增速高10.8个百分点。"

这些数据对新闻报道很有价值。

关键字和网络热词：作为一种象征符号，关键字和网络热词容易吸引媒体反复使用，增加信息的传播度和热度。2014年全国两会期间，全国政协会议新闻发言人吕新华一句"你懂的"，让"大老虎"案进入公众视野，随后不久，亿万网民就再也不用以"康师傅"这种隐晦的方式来指代传说中的"大老虎"了。2018年全国两会期间，"僵尸产业""放水养鱼"出现在相关信息发布中，媒体记者争相采用。

新闻发布要点提示表：主要包含一些关键词、重要点、过渡词汇，用于新闻发言人发布信息和回答记者提问过程中，起到提示作用。这些要点提示也间接成为媒体的关注点，精确简洁地传达了主要信息。

需要澄清和解释的问题：这一部分既是新闻发布会发布的重点，也是媒体公众关注的焦点，需要提前准备并详细阐述。

与发布会主题相关答问列举：参加新闻发布会的记者带着目的而来，与新闻发布会的主题和主办方有密切关联。因而新闻发言人可以在前期列举记者可能会提出的问题，并准备相应答案，便于发布会现场从容应对。

额外关注点：新闻发布会的主题是确定的，但记者的提问范围是广泛的、不稳定的，提高新闻发布会效率，需要额外准备一些问题以备不时之需。如国新办就"中国农民丰收节"有关情况举行发布会，而中评社记者提出"现在中美贸易摩擦升温，请问这对我国农产品和农业有什么影响？如何缓解这样的压力？"的问题，从现场来看，时任农业农村部部长韩长赋并没有准备太多相关答案，但根据已有经验，韩长赋回答道"关于中美贸易摩擦问题，我国外交部、商务部已经明确表明了中方立场和态度。农业农村部完全赞同，我们不想打贸易战，但也不怕打贸易战"。尽管有惊无险，但未正面回应记者提问，传播效果有限。

统一口径：统一口径主要包括对外统一口径、前后口径一致、未确定信息统一口径。对外统一口径要求新闻发布会主办方内部协调一致，这可以通过建立新闻信息联络机制，确保内部信息的沟通与交流。前后口径一致即现场发布的内容必须与此前公布的内容在逻辑上保持一致。面对尚未查清的事件或不确定信息，可以设定固定语句，并表示会后将继续跟踪与联络。新闻发言人在现场不能妄加评论和公布，以免引起不必要的争论。

统一口径的基础是不违反公共道德、不扰乱人民的正常生活，但在基本事实面前，如果相关部门仍然坚持隐瞒将大大损害公信力。

■ 案例

2018年11月4日，福建泉州市碳九泄漏事故发生后，泉州市泉港区环保局就发布通告，称共有6.97吨碳九物质从装卸码头和油船之间的连接软管处泄漏。同日，再次发布通告称"由于及时展开应急处置工作，当天下午就已经基本完成海面油污清理，大气挥发性有机物浓度指标也达到安全状态"。这样信心满满的通报并没有得到认同，当地网民和自媒体此时正纷纷爆料"空气难闻，令人不舒服"，强烈的反差无疑会直指当地管理部门的公信力。最终调查组发现，涉事企业一开始就订立攻守同盟，事发当天就召开中层以上干部会议，要求对泄漏量进行严格保密、统一口径，以逃避刑事处罚，要求涉事人员严守泄漏量为6.97吨的"底线"，之后通过精心掩盖、移花接木等手段，少报62.1吨。这无疑是验证了公众的质疑和猜测。

确定谁来回答：前面提到新闻发布会的信息发布者可能是一个，也可能是多个。如果现场只有一位新闻发言人，当记者进行提问时，只由他一人回答即可。如果现场有多位新闻发言人，可以针对问题性质进行分类，每一类由不同新闻发言人回答。新闻发言人不是高高在上的神，也不是僵硬的传声筒，必须学会与记者交流。在认真听取记者问题时，可以通过一点反馈建立与记者对话的氛围，如"这个问题很有意义""看来你一直很关心这个问题""谢谢你的提问""你提的这个问题也是我们现在思考的"，让记者感受到新闻发言人的真诚，这是建立信息公信力的第一步。

提前确定提问记者，必要时可以准备会后专访：新闻发布会作为有目的地传播信息的一种形式，自身带有一定立场和态度。为了更有效地达到传播目的，新闻发言人及其团队成员可以与记者提前沟通，确定记者问题，进而充分准备答问要点。但原则上发布者的目的和记者的问题都应建立在正当的公共利益之上，不能出现"新闻寻租"等违反新闻道德伦理的行为。

思考问题：

新闻发布会是否需要和记者提前约定好提哪些问题？

2. 信息的通报

一般的新闻发布会会在开头根据会议主题主动向现场媒体作阐述，但也有一些新闻发布会，因目的不同、发布主题不同等原因不设立主动通报环节，直接进入记者提问。在进行信息主动通报时，新闻发言人应注意：

紧扣主题，切忌遐想：新闻发言人不需要过多介绍自己的职能，应紧扣主题发布内容。一场新闻发布会通常只有一小时，为了有效传达和交流，必须省去客套环节，明确新闻发布会召开目的，直击发布会主题。过度拖沓、作跟主题不相关的发言，会使现场记者感到无趣，进而在心不在焉中忽视重要内容，得不偿失。

> ■ 小贴士
>
> ### 注意情感传播
>
> 有些新闻发布会,需要新闻发言人在公布内容前进行表态或慰问。如召开有关突发事件新闻发布会时,因为一些突发事件往往涉及人员伤亡、财产损失、重大灾难,这需要新闻发言人面对镜头,向远方的群众表示慰问并承诺尽快解决问题,让群众安心、放心。这是一个新闻发言人的基本素养,也是做人的基本道德。如四川省人民政府在"5·12"汶川大地震周年新闻发布会开始前,与会全体官员和记者向地震遇难者默哀一分钟。

语言精当,避免假大空:新闻发言人在发言时应避免官话套话和枯燥语言。新闻发言人语言要精确得当,使在场人员能直接抓住信息的关键点。有时新闻发言人精确得当的发言会成为媒体报道的标题,成为家喻户晓的金句。因此,要主动进行议程设置,发挥官方的威信力。

3.记者提问环节

记者提问环节往往占据新闻发布会70%的时间,在这一环节,新闻发言人的主要职责是指定记者提问并作答。指定记者人数因发布会时间长短确定,需要助手提醒新闻发言人把控提问和回答时间。这一环节因灵活性大而难以掌握,需要注意以下几点:

信息需及时公开,且充分真实:失败的新闻发布会往往具有一种通病,即回答不充分、不公开、不真实。新闻发布会的本质要求是求真务实,目的就是发布权威信息消除公众的疑虑,纠正不实传言和错误谣言,及时准确地解释政策、情况及相关措施。这些信息必须建立在丰富翔实的基础上。错误的信息会混淆视听、误导公众。新闻发言人不能夸大和缩小事实真相，其所提供的信息都必须真实可信，要经得起核实、经得起时间验证。

> **■ 案例**
>
> 在"8·12"天津港爆炸事故首次新闻发布会中，时任天津滨海新区区长张勇表示，爆炸现场离居民小区"还是蛮远的"，因爆炸强度较大，波及了居民小区。但后来媒体报道称，根据瑞海国际物流有限公司的事发堆场环评公示，项目"环境风险水平可以接受，项目选址合理可行"，根据实测，发生爆炸的危险货品柜距离最近的居民小区仅有600米，而附近小区也出现了伤亡，附近人员也比较密集。这与张勇所说的"还是蛮远的"相互矛盾。而且项目选址到底有没有问题？项目选址是否合理？张勇并未作出回答。此时，公众的情绪应得到安抚，如果不确定距离远近，应该直接以数字说明，而不是模糊地回答敏感问题。

态度端正：有些情况事出紧急，未必细致掌握全部资料。当记者问到这类问题时，新闻发言人需简要介绍当前进展情况和下一步准备，这样回答是态度端正的礼貌答复，也是给公众一个交代。

敏感问题：新闻发言人往往面对与事件相关的敏感问题，一旦回答有误，容易引起公众不满，生发次生舆情。所以要真诚对待记者和公众提出的问题，设身处地思考问题，不能以第三方的冷漠去淡然对待。

国外记者常常剑走偏锋，提出带有偏见和挑衅性的问题。中国新闻发言人根据外交态度采取了"精准外交"模式，即"精确定位""服务大众""做细做深"。新闻发言人要善用不同媒体，用西方人的思维来回答记者所提出的关于中国的问题。譬如，美国记者提出中国台湾问题，新闻发言人可以用美国人考虑问题的方式反问记者,美国准许夏威夷独立吗?这样记者就很容易理解中国政府的政治立场。①

时间掌控:一是新闻发言人应掌控回答时间,做到有详有略、详略得当。精确回答记者提问,不要过多地拖延。二是适时阻断记者提问,若还有问题没有回答,可在会后单独沟通,或通过其他方式发布内容。

新闻发言人所需具备的技能和素养多种多样,但只有本着真、善、美的态度从事新闻发布工作,在实践中不断摸索,才能更好成长,否则只是"纸上谈兵"。

三、认识记者,把握新闻传播规律

新闻发言人面对的是记者,要想"安全过关",就要知己知彼,要了解记者的心理,了解他们关心的话题,更要熟悉新闻的传播规律。通过梳理政协大会15名新闻发言人、人代会8名新闻发言人的履历可以发现,他们当中的许多人具有外交或新闻工作经历。以人代会为例,全国人大设立发言人始于1983年的第六届全国人大一次会议,36年来共有8位发言人,分别是曾涛、姚广、周觉、曾建徽、姜恩柱、李肇星、傅莹、张业遂。其中,7位发言人具备丰富的外交工作经历:曾涛、周觉都曾担任驻外大使;姚广、姜恩柱、傅莹、张业遂曾任外交部副部长;李肇星曾任外交部长。②两种不同职业的交叉,是两种观念、技能的融合,有利于新闻发布者更好地认识记者、与记者沟通,更好地传播发布会声音。

---

① 傅莹.我的对面是你:新闻发布会背后的故事[M].北京:中信出版社,2018:44.
② 齐鲁壹点.全国两会新闻发言人为何多外交和新闻履历?[EB/OL]. https://baijiahao.baidu.com/s?id=1626938814702565281&wfr=spider&for=pc.

（一）记者的选择和邀请

新闻发布会是对外公开的，但是来现场进行采访的记者是有限的。预定哪家媒体来、一共来多少家媒体，新闻发布会主办方应该充分考虑。新闻发布会主办方可以根据以往经验，列举曾参与新闻发布会的记者清单，为以后的新闻发布会留下可靠的参考资料。

慎选有过不良记录的记者

记者是现场信息的记录者和传播者，需要建构好公众和新闻发言人之间沟通的桥梁。进行过有偿新闻、思想不纯、行为不当的记者需要进行过滤，以防破坏现场秩序和氛围，为新闻发布会"抹黑"。

注意中外媒体记者比例

牵涉重大议题的新闻发布会往往需要邀请外国记者共同参与提问和报道，因此新闻发布会主办方应根据需要选择一定比例的外国媒体进入发布会现场。必要时，对外国媒体主动申请参会的邀请妥善处理。中外媒体共同参与，将从不同角度、立场阐述和传播新闻发布会信息。

邀请记者覆盖面要广

一般情况下，记者的邀请范围要广。从媒体类型来分，可以有党报、都市报和专业报纸；从媒介类型来分，有报纸、电视台、广播、新媒体平台等；不仅要有文字记者，还要有摄影记者。只有记者覆盖面广，传播范围才会更广。

（二）确定参会记者

新闻发布会的时间地点确定后，就要通过各种方式邀请记者，一般应根据发布会的选题和性质来确定媒体和记者参加的范围和人数，并将发布会中现场采访的形式确定下来。比如，新闻发布会现场是集体采访还是单独采访、是否安排记者提问等。

邀请的时间一般以提前一个星期为宜，发布会前一天可做适当的提醒。

联系比较多的媒体记者可以采取直接电话、微信、电子邮件等方式进行邀请，并做好确认回复工作。

（三）关注记者的提问

说到底，记者提问环节才是整场新闻发布会最惊险刺激的时刻，因为新闻发布会主办方经过层层筛选、步步测量准备的回应材料，很可能不在记者提问范围内。因此新闻发布会主办方应站在记者的角度，再次检查材料，前期准备要参透记者的心理和提问角度。

"查补缺漏"

新媒体时代，信息流量大、传递快，记者会避免对公众已知的信息进行提问，而是围绕当前信息中的缺漏点、疑点和关键点提问。这些"点"牵涉各方利益，容易吸引公众注意。

"舆情推测"

舆情是一段时间内，公众对某件事情、现象、问题所表达的看法的总和。网络的发展，让各种意见在网络上随处可见。记者需要承担社会责任、反映公众的声音，因此会梳理网络声音以推测舆情，根据当前公众态度、情绪和看法准备采访问题。

（四）注意整体仪态

网络时代，新闻发布会360度曝光在聚光灯下，新闻发布会现场的一举一动都有可能被摄像机记录，被广大公众看到，因而新闻发布者在回答问题时还要注意整体仪态。

四、其他会场工作人员

新闻发布会离不开会场工作人员的共同努力。通常，新闻发布会现场主要有以下岗位：

会场总负责人，负责台下一切情况和人员调度。

签到处人员，设置在外部人员进入新闻发布会的唯一通道，负责记者签到、资料发放和一定的指引。

安保人员，新闻发布会涉及重要信息，在场人员众多，需要安排安保人员维护在场秩序。

服务员，为在场人员服务，主要负责记者席位的引导、现场秩序维护、向记者递送话筒等服务工作。

翻译人员，很多新闻发布会都会邀请多国媒体共同参与，因而必须配备一定的翻译人员，便于国外记者获取信息，准确地向世界传播中国声音。

速记人员，主要负责记录现场的一言一语，方便以后查验和使用。速记人员应提前预约。

台侧工作人员，除会前布置好发布台的一切，在会中还应随时准备应对一些特殊状况。

机动工作人员，没有专门负责项目，为了确保现场工作人员调度有序，机动工作人员作为预备人员，随时根据现场情况进行安排。

根据不同新闻发布会规模，会场工作人员配备数量不一。

会场工作人员也需要态度端正、品行兼优，在着装上统一形象，穿着正式而不随便，并配有工作牌以明确身份。

会场工作人员需要提前两小时到达进行布置和准备，各工作人员的站位都要有准确合适的安排，检查各自岗位是否准备妥当，以认真负责的态度为新闻发布会服务。

第四章　新闻发布会现场

经过周密的前期准备，各机构人员将在新闻发布会当天相互协调，共同迎战新闻发布会。在发布会现场还有许多要注意的问题，有一部分在前面的章节中已进行说明，这一章主要介绍必要的、容易忽略的细节问题。

一、现场预热期

（一）检查设备、场地安置情况

会务工作者对于发布厅布置的每一个细节都要精心安排和检查，特别是在发布活动前一天确认各种设备处于正常工作状态。一般情况下，发布活动当天会场各岗位工作人员提前两小时到场，再次检查设备是否可以正常使用，并时刻向总负责人报告是否有突发情况，团结协作确保新闻发布会的硬件设施和组织人员不出差错。

具体事宜主要包括确保音响和麦克风的声音适中，分布均匀；确保网络接口正常，便于媒体记者上传稿件、网络直播等正常进行；确保现场无信号干扰，通信设备正常使用；灯光亮度和空调温度适宜，避免现场人员过多而闷热；等等。会务工作烦琐但是必要，这要求现场总负责人协调每位工作人员的工作，避免重复或遗漏。

（二）记者服务与管理

到会记者要进行媒体签到和新闻通稿领取。在发布活动前提供一份到场媒体统计表供新闻发言人和主持人参考，如有未到场记者，应及时电话提醒。

进场记者必须佩戴记者证以便于管理。新闻发布会现场记者众多，为维持会场秩序，可以在记者进会场前提前介绍会场规则：

请将手机关闭或调至静音状态；

在提问时自报家门；

提问结束后，主动归还话筒；

流动的摄影记者应遵守会场秩序，在拍摄完毕后尽快回到自己的座位。

（三）新闻发言人团队到位

新闻发布会主持人、发言人、发布者也应提前到场，相关负责人应与发布者们随时保持联系，防止时间与其他活动冲突等意外发生。到场后可在事先预留好的休息室休息候场，也可在会场进行事先彩排与预热。此时，发布厅应确保不对外公开。

二、现场进行时

一切的会务工作都是为了确保新闻发布会核心工作——信息发布的顺利完成。因此，发布会进行时也不能有所松懈。

（一）维持现场秩序

发布活动中，各岗位工作人员做好服务工作并在岗待命，以便随时处理突发状况。

安保人员做好守卫工作，防止无关人员造成干扰；

工作人员尽量减少在场内走动和进出次数；

发布台侧方工作人员随时注意新闻发言人的动态，配合协作处理各种情况；

递送话筒的工作人员要及时收回话筒，以免同一记者多次提问。

（二）应急处理措施

发布会现场的应急处理多为"信息危机"，在此情况下，新闻发布会主持人和新闻发言人应相互配合，以真实、诚恳的态度面对危机。

超纲问题：发言人要沉着应对，微笑待人，坦诚告诉记者："我目前还不了解情况，等会后调查清楚后，会及时与你联系。"

信息发布错误：发言人一旦发现回答出现错误或其他信息发布有误，要马上向在场人员做更正，多数记者能够体谅发言人出现的口误。

刁钻问题：面对这种情况，发言人如果回避不答可能会造成发布会事故，因此在遇到敏感、刁钻问题时，可以重新切入转化问题的重点，从侧面应对刁钻问题，也算是回应了问题。但是此种方法不是常用技巧，发言人还是要做好准备工作。

挑衅性问题：国外记者常常提出一些敏感且尖锐的问题，直指中国政府的不是。面对此种情况，发言人应理性对待，不要被记者激怒。但是，此时也是展现中国政府"不怕战"的硬性气质的重要时机，因而既要表态，也要讲事实，彰显大国气质。

会后追问：会后的追问一般都是比较敏感的问题，发言人回答要简短，以免言多语失，态度上也要维持耐心、保持礼貌。一般情况下，新闻发布会结束后会留有几分钟与记者交流，此时应由专门工作人员进行保护，在必要时保护发言人"突围"。

新闻发言人 /修/炼/手/册

第五章 新闻发布会的评估与反馈

每次新闻发布会结束后都要有评估和反馈,通过评估与反馈把握新闻发布会的效果。通过效果研究,我们可以了解发布会工作还有哪些遗漏、发布会信息是怎样被媒体传播与建构的、媒体报道重点是否与发布会主题相匹配、公众对发布会信息有哪些不满和建议、发言人的哪些话语被重点报道,等等。这些研究可以为日后的新闻发布会工作提供经验与教训。

一、媒体报道汇编与反馈

发布会信息是否得到媒体及时、真实、有效传播是新闻发布机构的重点跟踪评估工作。在新闻发布会后,机构工作人员可以通过网络检索、与媒体记者及时联络等方式获取发布会信息报道情况,并将媒体报道情况进行汇编、分析与存档。在汇编过程中检查是否存在报道失实或偏差等情况,及时与媒体联系进行更正。

新闻发布机构也可与第三方专业研究机构合作,对媒体的报道量、报道时效、报道评论量、报道态度等进行内容分析,判断哪些媒体的报道更有传播力和影响力,以便今后加强与重点媒体的沟通。

二、新闻发布会综合评估

新闻发布机构要安排专门人员对新闻发布会策划、主题选择、工作机制、材料准备、发言人现场表现、网络直播、媒体报道、公众反馈等方面进行综合性、整体性的评估,并形成书面报告。发布活动组织者和发布机构等可以从评估报告中分析常变量,从而有针对性地把控变量,以提高发布质量、提升发布活动传播效果,更好地为新闻发布会服务。

三、公众舆论跟踪和反馈

公众是信息发布的目的地,也是新闻发布会效果评估的重要因素。因此,新闻发布机构工作人员应该收集公众评论、分析公众意见、判断意见气候、列举公众仍存在的不满和疑惑,及时反馈给新闻发布者与发言人,以便快速解答遗存问题,为下次新闻发布会重点信息发布工作提供方向。

新闻发布会有一套固定的流程,但又随着传播生态环境的变化而充满变数。但无论时事如何变化,新闻发布会作为公开发表信息的发布活动,必须保持勇于接近真相、接近媒体、接近公众的态度,在时代洪流中前进。

Part 6

新媒体：引爆传播的发力点

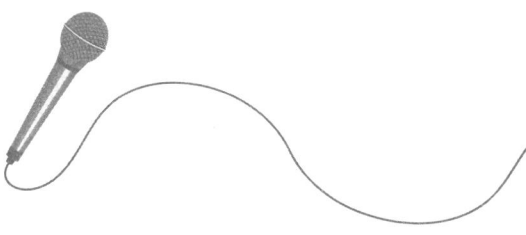

第一章　如何传播优良的新媒体信息

第二章　新媒体舆情应对

第三章　新媒体时代的品牌传播

第一章　如何传播优良的新媒体信息

传统媒体时代，媒介相对单一，一对多的传播模式赋予媒体高度的权威性。全媒体时代，在信息发布和传播方面有一些重要特征，比如，去中心化、去媒介化、平台开放化，等等。

微博、微信、客户端、贴吧、知乎、抖音、小程序……已经很难说清公众可以通过多少种渠道接收到信息。传播媒介日益开放多元，也就意味着除一些权威信息依然有赖于传统意义上的权威媒体来发布、确认之外，单一的传播模式在某种程度上已经被颠覆，多对多的传播模式正在形成。

公众已不再是信息的被动接收者，企业和个人可以选择渠道自由创作，并发起一场信息传播。这正是大量自媒体方兴未艾的缘由，也是新媒体时代创新传播的发力点所在。

在这样的媒体环境下，借助多元传播平台这些登高的阶梯，单位、企业同样可以让自己的声音传播得更广更远，但对于发布的内容和形式也会有更高更新的要求。

一、内容加工：一条优良的新媒体信息要有看点、泪点和槽点

新闻是客观的、中立的，要求记者、编辑在处理新闻稿件时不能带有明显的倾向性或者太过强烈的感情色彩，只需要将事实准确地表述出来，让公众自己做出价值判断。在新媒体时代，对于新闻客观、真实、准确的要求依

然适用。并且,在"人人都有麦克风"的情况下,信息过量,泥沙俱下,对传统新闻定义的坚守似乎显得更为迫切和珍贵。

但与此同时,也应该更新一个认知:对新闻定义的坚守,绝不是死板地将新闻信息直接从传统媒体搬到新媒体上原模原样地发布。新媒体平台有其自身的传播规律,在不影响新闻内容的前提下,对信息加以适当改造,会更有助于信息的传播。通常来讲,一条优良的新媒体信息需要具备以下三点:

(一)看点

它主要是对新闻价值的要求。越是重磅的消息,越是跟国家、跟百姓切身利益相关的新闻,越有看点,也越受关注。

比如,"二孩"政策全面放开、提高个人所得税起征点、手机流量资费降低等政策类的新闻,与每个人的生活息息相关,自然会有极高的关注度。

比如,拍蝇打虎,尤其是"大老虎"落马的消息,或者官员违反"八项规定"受到查处的消息,顺应了百姓想要有清朗政治环境和社会风气的期望,读来大快人心。

再如,重大突发事件也容易成为舆论热点。公众对于事件发生的时间、地点、原因、伤亡人数、救援情况、责任人处理等都会非常关注。只有根据事件最新进展,及时发布动态消息,才能满足受众的信息需求。

Q&A

Q: 添加带有感情色彩的句子,效果就一定好吗?

A: 这只是新媒体信息内容处理的一种方式,是否添加,应根据新闻内容而定。一般添加在文末,一定要注意,不能在新闻事实中随意添加句子,不能影响真实和客观。同时,也要注意添加的句子应起到画龙点睛的作用,而不是画蛇添足,更不要过度煽情,以免招致受众反感。

(二)泪点

这里所说的"泪点",并不是要让受众哭出泪来,也绝不是将传播者的情绪掺入核心事实中去影响新闻的客观性。它更多是指,在新闻事实表述完全之后,如果能够加入一点与新闻想要传递的意思相符的情感元素,会更有助于增强传播效果。

比如,@央视新闻微博2018年5月24日发布的这条信息:"今天,公安部儿童失踪信息紧急发布平台'团圆'系统四期上线。'团圆'系统上线两年来,共发布3053名儿童失踪信息,找回儿童2980名,找回率为97.6%!@公安部儿童失踪信息紧急发布平台怎么用?戳图↓"

应该说,这条信息到这里,就算是已经简单明了地表述完了核心内容。如果在传统媒体上,也可以看作一条规范的简讯了。但微博编辑在消息的结尾处,加上了这样一句带有号召和感情色彩的话:"转发,让更多人知道,帮宝贝回家!"不仅对于鼓励网友转发这条微博有帮助,也能清晰地表明发布者致力于帮宝贝回家的立场,能让受众感到一种温暖的态度而非只是机械地发布。

(三)槽点

对于许多新闻事件,网友们都愿意说上几句,谈谈自己的看法。能自由表达,给传播者直观的反馈,是新媒体传播的一个显著特征。因此,这里所说的"槽点"也并非完全就是吐槽,它是可褒可贬的。传播者可以在新闻信息后面加以引导,鼓励受众发表看法。这种互动感极强的内容编排方式,会让受众获得参与感,从而让信息的传播更有成效。

@人民日报微博曾发布这样一条信息:"'网红餐饮店'近年来一再刷屏网络,最为'吸睛'的就是门前浩浩荡荡的排队大军。排队的人是真'粉丝',还是商家安排的'托儿'?记者暗访武汉江汉路'鲍师傅',12小时当托儿排队10次,来来回回把糕点拿回店里再卖。"在附上一段秒拍视频的同时,微博编辑又在文末加上了这样一句:"你还会买吗?"

这句话已经不是新闻中的内容,但加到这里设成疑问,就让看完这条微博的网友有了更多想要评论、表达的欲望。从这条微博的传播数据看,评论量高出转发量近一倍，说明网友的表达意愿被调动了起来。

二、形式突破：不是只有纯文字才叫信息传播

大多数重要事件是需要持续跟踪更新信息的，如果你所在的单位有一个最新的动态消息需要公布，你会怎么做？见报、上电视、上网，或者发微博、微信、客户端，这当然是最常规的方式。但在信息爆炸的时代，公众每天都会接触到海量信息，如果不是特别重磅的内容，其实很难引起太多关注。所以，不妨更新一下思路，提醒自己：并不是只有大量发布文字信息才叫传播。有时候，在形式上突破，效果可能更加出人意料。

2018年5月，一款名叫"第一届文物戏精大会"的H5在朋友圈刷了屏。博物馆奇妙夜里，尘封千年的文物集体"复活"，戏精"上身"，脑洞大开，各种清奇：唐三彩女俑跳起了拍灰舞，秦兵马俑高喊"我们不红，始皇不容"嘻哈爆棚，连人面纹方鼎也玩起了98K电眼……既有穿越历史的外表，又有按捺不住的有趣灵魂，还有契合网友口味的台词，令观者大呼过瘾，有的网友甚至留言说看了十几遍都停不下来。人们记住了这些此前还略感陌生的国家宝藏，也记住了这个H5想要传递的信息：七大博物馆要入驻抖音了，"5·18来抖音"就能看到。

其实，"5·18国际博物馆日"此前在国内并不算一个家喻户晓的日子。而七大博物馆入驻抖音，也说不上是多么隆重的大事。所以，这个魔性十足的H5火得有点意外，但也在情理之中。

据介绍，此次七大博物馆与抖音合作，策划周期长达一个月。创意团队从央视之前爆款的纪录片《如果国宝会说话》中获得了灵感，那些或傲娇、或精致、或呆萌的文物宝宝"简直各个都是网红人设"。文案团队经过反复琢磨入选文物的对话、语气、动作；技术团队使出人像抠图、Slam和3D渲染等技能；产品团队一轮一轮修改，最终这款H5的分享量超过550万次，同款

创意视频在抖音的累计播放量突破了1.18亿次。它的成功,不仅在于朋友圈刷屏,也给博物馆带来了实实在在的用户量。浙江省博物馆的抖音账号在H5发出之后的一两天内涨粉8230个,获2.6万点赞量。而在那三天前,其粉丝还是两位数。

显而易见,没有文字的堆砌,仅靠如此有创意的H5就帮助七大博物馆和抖音完成了一次高效、广泛而又精良的信息传播。更重要的或许还在于,拉近了国宝与年轻网友的距离。只有更多年轻人对博物馆、对文物感兴趣,这些文化瑰宝才能得到更好的保护和传承。

有人说,近年来,真正能火的品牌传播好像都是借助H5,并且这样的H5都有"魔性",有视觉冲击力,节奏感也强,这有一定道理,但也并非要求所有H5都必须是这样的套路,也不是说必须要有H5才是创意传播。它其实是提供了一种思路,在新媒体环境下,不是只有纯文字才能达到传递信息的目的,不是只有媒体才能设置议题,也不是只有流行的才能出爆款。只要对自己的领域有深入充分的研究,能从中发现有趣的点,再辅以有创意的载体,或许就能够收到超乎想象的传播效果。

新闻发布会不只有正式、严肃的政府类发布会,企业、社会组织也会为宣传某些内容举办较为轻松的发布会。因此,我们可以从上述这类营销化的信息传播形式中吸取经验,在发布会预告环节多设计、多创新,利用新媒体、新技术增强传播效果。

不同于微博和微信,以视频为传播手段的短视频政务号有着自己的运营特点。一是追热点。对于抖音上流行的"海草舞""手指舞"等新晋"网红",政务号也不甘寂寞,纷纷效仿追热点,将这些网红元素融入政务号视频中。如"国资小新"模仿小鲜肉托下巴、博物馆H5里的"拍灰舞"等,都是抖音上很火的玩法。此外,政务抖音号也会将时下其他的流行元素加入视频。比如,青微工作室发布剪辑《猫和老鼠》的动画来呼吁不要吸烟,中国长安网和王俊凯合作《圆梦一代》MV。

二是建立亲民的人设。不少政务号在抖音上都一反严肃高冷的日常,开启了活泼跳脱的人设。耍宝、卖萌也是政务抖音号常用的手段。如共青团中央的抖音账号"青微工作室",在抖音上自称"团团";一贯走文化底蕴风的国家博物馆将个人资料标为106岁,巨蟹座;"北京SWAT"发布的视频标题:"北京反恐特警正式入驻抖音!特警小哥哥小姐姐都在这里等你哟!求关注!""对自己狠!才能更好地保护人民生命安全!北京反恐特警的传奇男神教头中国版'巨石强森'有木有。"这种亲民的人设拉近了年轻受众和官方账号的距离。一些用户在国博的账号下留言"国博很皮了""皮这一下真的开心嘛",无形之中拉近了政府机构与受众之间的关系。

对于新闻发布会来说,政府、企业、社会组织等注册账号入驻抖音等新兴起的信息发布平台,将权威性与亲民性结合,不仅可以使发布会直播效果更赞,手机移动、随身、遍在的特性还可以使新闻发布会的关注者直接实时发布评论,与新闻发布会主办者进行互动。顺畅的沟通可以更有效地推动观点传播和问题解决。

据中国互联网络信息中心(CNNIC)2021年2月发布的第47次《中国互联网络发展状况统计报告》显示,2020年短视频应用迅速崛起,截至2020年12月,综合各个热门短视频应用的用户规模达8.73亿,用户使用比例为88.3%。

习近平总书记在2018年8月21日至22日全国宣传思想工作会议上提出,要加强传播手段和话语方式创新,让党的创新理论"飞入寻常百姓家"。短视频作为一种立体的信息承

Q&A

Q: 那在新媒体端传播的视频,跟在电视和PC端又有什么不同的要求?

A: 新媒体上传播得最好的是短视频,但它绝不是把长视频截短就叫短视频。一般来说,适合在新媒体端传播的短视频有这样几个特点:一是时长控制在3分钟以内;二是开头10秒至关重要,如果抓不住受众的眼球,受众就会关掉;三是视频画面中要擅用大字幕,同时注意字幕闪现的方式;四是视频封图要精选,或是片中触动人心的场景,或是名人明星,总之一定要让用户有兴趣点开。

载方式，内容丰富多彩，互动性强，能满足网民碎片化的娱乐需求和草根群众自我表达的愿望，吸引用户使用。政府机构借力短视频，打破了政府部门高高在上的刻板印象，比起说教式的宣传，活泼、亲民和接地气的方式将宣传做到了于无声处，受众更易接受。

值得注意的是，随着短视频的发展，抖音政务号所面临的问题也渐渐凸显。娱乐属性是抖音等短视频平台的本质属性，政务内容的严肃性必将面临消解。相较于微博和微信而言，抖音政务号的正面宣传性更强，不适宜作为突发事件的信息发布和舆论引导的平台。另外，对于抖音平台视频制作的模式化等问题，也会引起观者审美疲劳。因此，在抖音上发布的信息和新闻发布会的传播形式都要依据事件本身的性质来选择，不能本末倒置，忘记了新闻发布会的初衷。

三、设定节奏：变一次传播为多次连续传播

传播者发出信息，受众接收到信息，一次传播就算完成。但很多时候我们可能并不仅仅满足于此，尤其是企业有重点产品上市，或者单位有重大活动时，往往需要持续时间更长的曝光。这时，如果只是相对单一地发布信息，即使贯穿整个宣传期，仍会给人没有重点、没有延续性的感觉。那么不妨在一开始就做出统筹，人为设定好节奏，将一次传播过程拉长，其间不断制造话题，让传播既有连续性又高潮迭起。那如何做到变一次传播为多次连续传播呢？

一般来说，企业或单位首先应该明确主题，并做好周期规划，同时大致确定在哪些节点提供什么样的内容。然后，挑选发布平台，可以是自有渠道，也可以借助、整合媒体资源。接下来，就是按照计划，在每个节点准备好图片、文字、音视频、H5等不同形态的产品，以实现传播的多次和连续。

2015年，宜信公司曾以"敢2"为主题做过一次时间跨度相对较长的整合传播，可以作为一个案例参考。

第一步　引爆点：传统权威媒体"开天窗"广告

2015年7月20日，《人民日报》用一整版刊登宜信的广告。照理说，《人民日报》的广告版面多难得，还不得多说几句。可与我们想象的不同，该广告正文仅有21个字："时代在召唤，你想创业吗？九年宜信，精彩你的'中国梦'"，加上宜信的二维码，寥寥数语，文案简洁又具有联想空间。

同一天，在颇具影响力与公信力的《南方都市报》上，宜信同样简洁的"借条广告"仅有19个大字："借条大众创业，万众创新！我也想创业，能借点吗？"更具轻松性，路子更野。

结合当时《关于促进互联网金融健康发展的指导意见》出台，这两则广告很快扩散到整个金融行业。

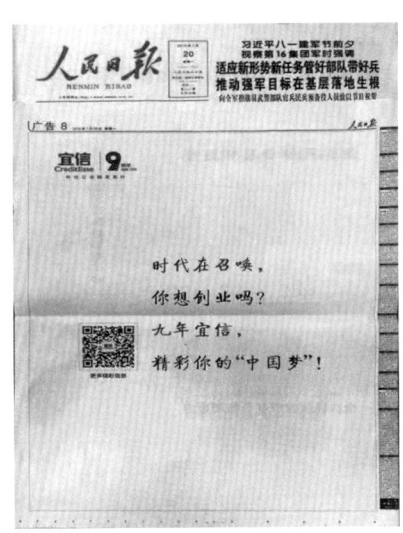

宜信金融广告

第二步　敢2海报：为网友创作的高互动性素材

广告刊出的第二天，7月21日，"敢2"两个系列8张精美海报露出。这组海报，以"谁的成功不是从敢2开始"为核心理念，以历史上4个人物为传播核心,表达了宜信敢于创新,同时鼓励年轻人勇敢突破自我的品牌调性。

海报中,乔布斯席地而坐,抱着他的电脑,文案写道:"1984年,乔布斯认为是时候砸碎旧电脑了。"毕加索依偎着他的梦,"1932年,毕加索认为,梦是生命的开始"。香奈儿穿着她的裤子,"1926年,香奈儿认为女人穿裤子才时尚"。莱特兄弟凝视着他们的第一架飞机,"1903年,莱特兄弟认为人类应该飞行"。

海报配合创意文案"一条裤子引发的敢2品牌营销创意"引发了新闻、财经、广告类微信号的传播。

第三步　后续整合传播：让创意文案持续发酵

此后的一周时间内，"敢2"主题创意持续发酵，通过公司品牌部门的协调，多家媒体、自媒体参与报道、转载和解读。

7月22日："敢2"人物故事流出，接力发酵，朋友圈火爆传播。

7月23日：宜信成就"敢2"人物代表，《一位首席品牌官的年少梦想》在清华南都、南方人物周刊新媒体端等大号发布。

7月24日：视觉类渠道美文"大盗物语"解读"敢2"海报，头部微信公众号"视觉志"发文浏览量破100000。

7月25日：公众号"为你读诗"开始提前爆料，公众号"同道大叔"推出12星座"敢2"漫画，微博渠道传播＃敢2＃话题参与人数近800万。

7月27日：《中国经营报》刊发半版文章《宜信：一家养牛的金融公司》；《21世纪商业评论》刊发《古有曹操横槊赋诗，互联网时代大佬有闲情去读诗？宜信真"敢2"》为夏季诗歌音乐会预告。

7月28日：宜信联合公众号"为你读诗"跨界举办"夏季诗歌音乐会"收尾，后续还有媒体和自媒体对诗歌音乐会进行报道。

互联网金融本是不够大众的行业，在传播上如何突破小众的劣势，这是需要品牌大开脑洞的。那宜信的这次连续性品牌传播为什么能成功？靠的是什么？或许通过案例分析，能给人一些思考。

第二章　新媒体舆情应对

新媒体舆情，指的是基于社会公共事件或社会热点，以新媒体（如微博、微信等）为传播空间而形成的舆论总和。随着互联网技术的快速发展，网友参与意识显著增强，新媒体日益成为社会公众表达态度和观点的重要载体。公民的知情权、参与权、表达权、监督权在新媒体环境下得到了更大程度的强化，社会公众使用新媒体的频率早已超过使用传统的报纸、广播电视媒介。微博、微信等新媒体平台是最具传播活力和话题深度的网络平台，尤其是有突发事件时，传播扩散速度更快。

一、新媒体舆情的特征及影响

（一）海量信息涌入，短时间内呈集聚效应

与传统的报纸、广播电视有版面或时间限制不同，互联网环境下的新媒体不受时间空间的限制，公众针对热点事件传播信息、发表观点，使得新媒体舆论能在短时间内集聚巨大的力量，尤其是受众普遍关心的重大事件，往往呈现"病毒式扩散"。网络的无边界也给予公众相对平等开放的舆论环境来参与表达。海量信息的聚集也容易带来信息的混杂与谣言的扩散，若此时事件相关部门不及时发布真实、准确的信息，舆情将可能越走越偏。

■ 案例

2014年3月8日上午8时26分，中国新闻网发出快讯称"马来西亚航空公司与载239人飞机失去联系"。随后，通过@中国新闻网@央视新闻@新华视点@人民日报等微博的转发和跟进报道，该消息在网上迅速扩散。

在飞机失联的几小时内，各种信息鱼龙混杂，有媒体甚至误报飞机坠海，无一人生还。还有称飞机降落在南宁机场，有将飞机失联定性为恐怖活动。中国青年报曹林认为，关于马航失联航班的消息很混乱，CNN、新华社、越南方面、马航，几分钟内传着不同的消息，坠落？坠毁？发现信号？未发现？各种不实信息的传播对受众尤其是家属心理造成的冲击、对媒体公信力的损害、对政府应急能力的质疑都不可避免。

另外，相比微信的闭合空间，不实信息在以微博为代表的开放空间中，一般短时间就能得到"破解"。马航事件中，微博的信息传播和辟谣速度明显快于微信。速度与真实性似乎不可兼得，但是专业化的媒体在新媒体时代依然要坚守新闻职业要求，核实信息的真实性，不应只追求时效性和轰动效应而抛弃信息真实。作为普通受众，也应提升自我的媒介素养，不信谣不传谣。

（二）新媒体舆论的生成和爆发具有"诱发性"

互联网时代，一些舆论热点常常给人以"突然爆发"的印象。其实，导致其爆发的因素早就存在，只不过一直处在网下"潜伏"状态，在某个突发事件诱发下才成为网络热点。这提示我们，一定要密切关注各种网络舆情动向，加强舆情研判工作，及时发现和处置倾向性、苗头性问题。

（三）事件内涵的冲突性成为新媒体舆论的催化剂

在互联网上，普通事件如果没有争论，缺乏冲突性和对立性，就很难形成"热点"。争论越多、观点越对立、冲突性越强烈，话题就越容易被炒热。有些网站为炒热某个话题，甚至专门设置"正方反方"栏目，给网民提供争论场所，从而吸引网民关注，提高网站点击率。这些争议性话题往往会迅速在网上形成热点。新闻发布机构要注意这些网络争议性话题，以便应对突如其来的采访。

（四）多层次互动引爆新媒体舆情

互动是新媒体最突出的技术特质之一，舆情的生成与传播正是建立在这个基础之上。网络的交互功能更加发达，网民参与信息传播、参与舆论生成的互动实践更加广泛。

从总体来看，新媒体舆论互动主要包括网民之间互动、网上舆论与网下行动互动、网络与传统媒体互动等三个层次，而这三个层次的互动常常是相互作用、相互交叉。就近年的情况看，引发或促成新媒体舆论互动主要呈现出两种路径：一种是传统媒体的报道在新媒体上传播，大量网民转发、评论，引发讨论，形成热点，新媒体"意见领袖"推波助澜，传统媒体跟进再报道，网络再转载，网民再热议，在这种多层次、多层级的互动中，网络舆论得以形成并传播，新媒体的交互性发挥得淋漓尽致；另一种是网友在新媒体上发文发帖，引起网民和"舆论领袖"的关注，形成一定的社会热度，传统媒体根据帖文进行深入报道，新媒体平台传播传统媒体的报道，将讨论往纵深方向推进，在这一互动过程中，新媒体舆论同样得以形成。

新媒体的多层次互动特点提醒新闻发布机构，必须深入、适时地参与到公众舆论产生、发酵的过程中，以多种形式共同引导舆论正向发展，提升引导技巧。

■ 案例

2014年3月1日晚9时20分许,昆明火车站发生暴力恐怖袭击事件,一伙暴徒持械冲进昆明火车站广场、售票厅,见人就砍,造成29人遇难、143人受伤的悲剧。3月1日晚9时20分许,首先由网友在新浪微博上发布关于昆明暴恐事件的见闻。10点20分以后,主流媒体的新媒体平台介入,导致舆情的爆发。网友参与热情高涨,评论出现的情感词主要是:"恐怖""哀悼""安息""悼念""惩暴"等。次日,主流媒体新华社、央视新闻频道、人民日报均报道了此次事件。网络媒体上,网友的舆论焦点集中在暴恐分子身上,也出现了令人恐慌的谣言。但新媒体信息环境的自净功能加上媒体和网络大V、网友的互动,辟谣也很快跟上了。

(五)权威机构、部门:新媒体舆论导向作用显著

在网络舆论生成和传播中,权威机构的信息发布和意见表达对舆论的导向具有显著作用。如某个突发公共事件发生后,权威机构若能在第一时间发布相关情况,阐明对事态的认识和看法,提出妥善应对的措施,对安定人心、化解舆论危机往往会产生积极的作用。新媒体的及时性、便捷性使得相关机构能以最快的速度、最权威的信息回应公众的质疑。

有研究表明,事件发生或谣言产生后的45分钟之内是处理的黄金时间。迅速的反应加上可信的信息,能在一定程度上抵消负面信息和谣言带来的消极反应。当前,很多机构和企业在发生突发事件时,都首先借助微博等新媒体平台发布信息,然后再举办新闻发布会,既能及时澄清事实,也为后续信息发布、舆情回转创造了良好的话语环境。

> ■ 案例
>
> 2014年2月12日早上7时许,一男子跳下北京地铁一号线五棵松站台,与进站列车发生碰撞,当场死亡。事件发生后,有网友指出该男子为在微博上举报某公安局长的"立春后的希望"(网名),引发舆论热议。微博账号"平安北京"及时辟谣,回复网友评论,指出经调查,两人不是同一个人,强调信息发布会以事实为准,请大家监督。
>
> 尽管还有网友坚持认为该男子跳铁轨是因为举报遭报复,但辟谣之后,这些不实信息已经不足以搅浑新媒体舆论场。
>
> 值得注意的是,某些不实信息的传播容易强化官民对立情绪,这对政府的公信力是一种无形的伤害,需要高度重视。

(六)"意见领袖":新媒体舆论引导的重要力量

除权威机构或部门外,一些"意见领袖"对舆论热点的生成发展也有较大影响。学历层次较高的知识分子、具有社会影响力的网络大V、各行各业的精英,他们热衷于表达政治见解、影响公共决策,其所发表的观点常常能得到网民的较高认同。网络"意见领袖"的公益行为在新媒体平台上发酵式传播能扩大公益的社会影响力,其中最典型的就是"微博打拐""免费午餐"等。在一些突发事件中,他们的观点往往能够决定网络舆论走向。因此,新闻发布机构可以与"意见领袖"有效合作,增强传播效果。

新闻发言人 /修/炼/手/册

■ 案例

微博打拐

2011年春节期间,微博认证为中国社科院教授于建嵘的大V发布微博"随手拍照解救乞讨儿童",号召广大网民看到疑似被拐卖的街头乞讨儿童,随手拍下照片,发到微博上并@随手拍照解救乞讨儿童,网友参与程度很高,不断转发传播,形成了强大的舆论传播力量,并吸引了传统媒体的跟进与关注。在"微博打拐"行动中,网络大V如韩红、公安部原打拐办主任陈士渠等都积极参与其中,推动了行动的进一步开展,也为国家制定保护未成年人的相关政策提供了更直观的依据。

(七)新媒体舆论的演变:突然爆发、波浪式、跳跃式

与传统舆论形成过程不一样,网络舆论热点有起有伏、忽高忽低,但总体而言,具有突然爆发、波浪式、跳跃式的演变特点。在互联网上,一些新闻事件虽然过去很长时间,可一旦某个新的事件由头出现,就很有可能成为导火索,将原来的信息重新"引爆",引起"二次爆发"或"多次爆发"。有些事件由于爆发点突然,事件真相尚不清晰,也在传播过程中经历了多次反转。如"成都七中实验学校食品安全事件",调查到最后原来是一场乌龙事件。

事件是这样发生的,2019年3月12日晚,有学生家长通过社交媒体反映成都七中实验学校食堂食品出现质量问题。在家长拍摄的图片中,各种"随地而放的霉变食物"令人触目惊心。以家长群体为主的微信群、"朋友圈"成为当晚信息传播的主体,各种情绪开始扩散,直至第二天爆炸式传播。13日,仅在微信平台就有800多篇相关文章,总阅读量接近1000万,其中有33篇

阅读量"10万+"的爆款文章。裹挟负面情绪的自媒体文章迅速跨媒介刷屏，引发社会各界高度关注。在舆情传播过程中，由于信息不对称问题突出，各类谣言四起，比如，"有家长维权跳楼身亡""警察打死维权家长"等。为了强化爆料信息的可信性，"家长卧底食堂假扮食堂工作人员，终获得问题食材证据"等说法也颇为流行。@成都网警巡查执法14日还专门刊发《网警辟谣：成都七中实验学校事件中的五大谣言》。其间，部分人员阻挠执法被警方强制带离，当日下午被教育释放。

面对不断升温的舆情，当地做了大量的事实调查与政务舆情回应工作。通过政务新媒体、新闻发布会、新闻媒体等多渠道、多形式耐心沟通以澄清事实，扎实的事实调查逐渐赢回舆论主动权。四川省教育厅、成都市教育局、成都市市场监管局于13日派出工作组，会同温江区加快调查进度。不久，成都七中实验学校校长被解聘。

15日，@温江区市场监督管理发布关于该校食堂食材第一批检测结果的通报，称所取样品均在保质期内。这份报告引发争议，有网民认为，此事件的焦点为"食物发霉"，而这批检测报告中的铅和添加剂等检测项目均为无关检测。同日，@温江党建通报，温江区教育局局长黄晓东、区市场监督管理局副局长赵勇登停职检查。不过，由于关键性的视频信息以及食品安全检测结果尚未完全公布，当地有关部门不能完全说服公众，尽管多次发布辟谣帖、说明文章，但舆论质疑声音依然较密集。

前期大量的调查工作为赢回舆论主动权打下了基础。3月17日上午，成都市联合调查组召开新闻发布会通报称，网传触目惊心的"发霉牛排""硫黄鸡腿""脏乱后厨"的照片，都是个别人摆拍的：牛排上的"霉点"是抓了一把红曲米；鸡腿上的硫黄是撒了一层姜黄粉；至于脏乱差的后厨，是人为翻动抛撒食材造成的结果。

在新闻发布会上，相关职能部门用详尽的数据、清晰的监控画面、大量的对比照片，对网络空间的传言和公众关心的核心问题进行了有理有节的回应。此外，成都七中实验学校929名学生就诊体检的结果显示,未发现激素超标、咳血、肾衰竭等情况,其中有3名学生因急性肠胃炎等疾病住院治疗。@温江区市场监督管理随后也公布了食堂食材第二批样品检测结果:13项样品中仅粉条不合格。

3月17日,在互联网舆论场颇具影响的@江宁婆婆通过整合新闻报道刊发《成都七中实验学校食堂事件可能真的是惊天大翻转》,梳理了"是学生家长卧底学校食堂发现了食物问题吗""为何第一次检测时没有检测霉菌情况"等多个问题,指出"可能真的迎来了惊天大反转"。

有评论认为,舆论热切关注的这起食品安全事件可能以与早期舆论完全相反的方式走向尾声。成都七中实验学校出现的情况尽管结果和当初曝光的问题不太一致,但也敲响了食品安全的警钟。该事件具有一定的代表性,它涉及学校餐饮外包、让第三方餐饮公司经营等问题,而这也是许多学校食堂的经营模式,是经常出现食品安全问题的地方。国务院食品安全办3月16日召开全国学校食品安全工作电视电话会议,督促地方和校园进一步加强学校食品安全管理工作。只有警钟长鸣,才能防微杜渐,防患于未然。①

这场乌龙事件将新媒体舆情的特征和影响展现得淋漓尽致,同时对此次事件的应对方式也值得众多新闻发布机构借鉴。"事实真相+权威机构+意见领袖+多形式、多平台"共同发力,让谣言烟消云散,让舆论回归平静。

二、新媒体舆论引导的七原则

(一)未雨绸缪,提前准备

为避免危机来临时手足无措,应当制订和储备一套网络舆论危机应对预案,并随时根据个案实际情况适当调整应对策略和步骤,做到未雨绸缪。只有平时准备好了,事件发生后才能不慌乱和正确应对。舆论危机处置预案,

---

① 注明:以上案例资料整理于微信公众号人民网舆情数据中心,作者为人民网舆情数据中心特约舆情分析师卢永春。

应当包括舆情收集、舆情报告、舆情研判、舆情应对等内容。每个环节都要落实到责任人、具体要求和工作流程。新媒体时代，舆情变化很多时候不受控制，在信息发布、公关传播等之前应多方考量。在一定范围内适时研判舆情走向，将应对措施前置，是新媒体时代传播者的必备素质。

（二）抢占先机，尽早反应

众多舆论引导的成功案例证明，能否第一时间发现舆情，对网络舆论引导起着至关重要的作用。引导越及时，引导效果越好。一旦错过时机，网民先入为主，将大大增加舆论引导的难度。因此，要想有效引导网络舆论，必须对舆情尽早作出反应，以抢占先机。

危机事件发生后，网上一般会在3小时内有所反应，6小时得到传播，12小时内形成第一轮舆论冲击波，24小时内达到首次高潮。因此，在事件发生后，应尽快了解情况，摸清基本事实，尽可能迅速地公布责任方态度与解决方案。随着事件的发展，逐步将调查结果告知公众，及时、充分满足公众知情权，降低舆论关注度，避免炒作。尤其是危机事件中，舆论传播速度很快，责任方的一举一动都受外界关注。快速反应、及时行动、控制住事态不朝更差的方向发展是关键。

（三）占领高地，增强信任

有效引导网络舆论，尽可能早地通过权威媒体或权威网络平台发出声音。人民日报、新华社、中央电视台等权威媒体是传统意义上的舆论高地，在应对危机事件和舆论风暴时必须尽早发声。网上影响力较大、公信力较高、辐射力较强的中央和地方重点新闻网站也是必须发声的舆论高地。同时，要协调好各地主要商业网站及时转载重点新闻网站的正面消息和言论，积极组织力量，引导好网民讨论。

(四)实事求是,正面发布

在突发公共事件的舆论引导过程中,必须坚持实事求是原则,确保消息真实可靠,不能弄虚作假、前后矛盾。在事实错综复杂、真相一时难以准确获知的情况下,坚持客观原则,将了解到的情况实事求是告知公众,不能发布不实信息误导公众,避免因失掉公信力而使工作陷入被动。危机公关5S理论中,有一点是承担责任原则。在突发公共事件中,明确责任方之后,站出来承担责任也是实事求是的一部分,这对于疏解公众情绪、争取信任、挽回公信力十分必要。

(五)坚持不懈,防止反复

舆论引导工作必须具有一定的持续性。要保持正面信息发布的连续性,做到有头有尾、有始有终;要保持一定的引导力度,不断巩固舆论主导地位,直至事态妥善处置。在应对群体性事件时,要求有关部门尽快讲、准确讲,以确保舆论引导工作取得好的效果。

(六)网民参与,扩大效果

互联网普及,为广大群众实现知情权、参与权、表达权、监督权提供了天然便捷渠道。有关方面应通过网络了解并认真听取网民意见,而不能简单采取压制办法。面对网络舆论监督,要通过正面说明、平等交流来化解矛盾、理顺情绪、凝聚共识。新媒体时代,互动性是关键,就算是在危机事件中,在处理得当的情况下,争取网友主动传播未尝不是以小博大之举。

(七)立体互动,发挥特点

2014年8月,《关于推动传统媒体和新兴媒体融合发展的指导意见》指出,推动媒体融合发展,要按照积极推进、科学发展、规范管理、确保导向的要求,推动传统媒体和新兴媒体在内容、渠道、平台、经营、管理等方面深度融合，要着力打造形态多样、手段先进、具有竞争力的新型主流媒体。在现代信息传播条件下，凭借一种媒体要达到好的宣传效果已不可能实现。通常情况下，各网站及时转载传统媒体报道，并围绕报道更深一步加强网上评论，同时传统媒体跟进，方能形成网络媒体与传统媒体协同并进的立体宣传格局。

值得一提的是，无论是传统媒体先报道还是新媒体先引发热点，立体协调式传播都是未来传播的典型。新媒体时代的传播要注重媒体间报道的联动，打通两个舆论场。

■ **案例**

桐乡公安霸气警情通报引热议

今天没有嬉笑，只余怒骂。

任何人，任何人欺凌弱势群体，欺凌一位60多岁的老人都该被社会唾弃。

姓杨的，我们要告诉你，公安有法律责任，同时有社会责任和道义责任需要担当！当然，我们不会说出你的名字，但不要以为自己是条"金龙"就可以胡作非为；我们也不会告诉大家你是干什么的，但你要知道和桐乡本土商场同名的"老DX"烧烤这块招牌可能就会砸在你手里。

好吧，现在开始正式通报如下：

昨晚在桐乡市区兴安路某烧烤店附近，60余岁陈姓环卫老人因指责某些人将垃圾扔地上，遭到杨姓青年以扇巴掌和脚踹的方式殴打。

> 现警方经调查取证，依法对杨姓青年给予15天行政拘留并处罚款500元的行政处罚。

这是2018年8月4日桐乡市公安局官方微信公众号"桐乡金盾"发布的一则警情通报。在大多数人的印象中，警方案情处理通报作为一种正式的公文，讲究的是严谨、客观、理性，与情绪化表达应该是绝缘的。而桐乡公安的警情通报却毫不吝啬于情绪的表达和立场的声明。短短的几百字，直击人心，引发共鸣。

8月3日，"环卫工人被暴打"的视频在微信"朋友圈"中流传。当晚7时左右，66岁的环卫工人陈师傅来到桐乡市区兴安路搞保洁工作。这时一名女子在原本已经打扫过的地方乱扔垃圾，陈师傅表示不满，两人争执起来。很快，女子丈夫杨某跑到陈师傅身边，对着他多次掌掴、脚踹，造成其轻微脑震荡。

8月4日上午11时，桐乡市公安局官方微信公众号"桐乡金盾"对外发布了处理此事的通报。但是，最吸引大家的并非处理结果，而是通报信息的措辞，这则通报也随即走红网络。当天下午3时左右，这则通报阅读量已经超过10万次，网民纷纷对此作出评论。8月5日开始，人民网、中国纪检监察报、新华社、新京报、澎湃新闻等纷纷对桐乡市公安局的这则通报给予了肯定，进行了正面的报道和评论。

那么，这份被网友点赞的通报究竟好在哪里？

一、有态度。所谓爆款，走红网络的重要原因就是能产生情绪共鸣。在该事件中，老年人被打和环卫工人被打，无论哪一种，都能激起社会舆论的同情与愤慨。愤怒需要出口，如何疏解网民情绪是舆论引导的关键。一般而言，通报是模块化、公式化的，其情绪色彩往往被规范严谨的文字所规避。

而这则通报态度鲜明，不含糊不掩饰，并通过口语化的表述凸显情绪，让网民读后有解气之感。一方面体现了执法者体恤民情民意，拉近了警方与群众的距离；另一方面与网络主流情绪产生共鸣，使舆论的认同达到最大化，消解网民的愤怒，甚至改变对政府原有的"刻板印象"，借机为政府形象加分。

二、有速度。俗话说"当真相还在穿鞋，谣言已环游世界"。政府部门的通报，要求客观、准确，尤其是群众关心关切的热点问题，更应注意准确性。所以一般而言，在形成最终结论前，公安机关等政府机构需要经历现场调查、走访、召集当事人问询、收集相关证据、适配相应法条、整理材料形成报告、签批等一系列流程。走完这些必备的程序无疑需要时间。但是，桐乡警方毫不拖沓，短短一天就发布通报。结论的及时"出炉"，既终止了谣言"发酵"与传播，也体现出警方对事件的重视与办事效率。

三、有限度。网络上情绪的表达，很容易陷入失控的状态。一旦失控，不但得不到网民认同，反而招人反感，不少政务自媒体"怒怼"网友引发的舆情灾难已不少见。因此，在充分表达与过度表达之间，有一条明确的界限，即弄清楚"我是谁"。它包括"我所处的境地"和"我代表的身份"，并决定着"我能说什么话"以及"我该说什么话"。以该通报为例，文中虽然出现了诸如"怒骂""唾弃""胡作非为"等情绪化，甚至口语化的表达，但"怒骂"却没有脏字，"唾弃"却不失控制。更重要的是，制止"胡作非为"是警方义不容辞的职责所在，这正是对"我是谁"的清醒认知。所以，通报中表达上的"不规范"反而为当地政府机构增添了几分性情和真挚。

正义的形象、到位的情绪、清楚的事实、准确的处罚，是这份公文通报能够被点赞的要义所在。"霸气通报"获得多方点赞，执法部门通过一则通报就成功赢得民心，值得其他部门探讨和学习。即便如此，还是有网友对这份通报提出了一些不同的看法。有网友直言，警方通报还是正规点好。这份善意的提醒似乎也没有错。毕竟，政法机构的职责在于守护平安、维护公正。如果一味迎合网友心思，反倒可能引起舆论反感。

第三章　新媒体时代的品牌传播

也许你一看到品牌传播，就感觉跟新闻发布没有直接关联。认为这不就是搞营销吗？但是公关营销也是一种信息传播策略，新媒体时代的信息、宣传与品牌发布，不能仅仅局限于原有的媒体形态或内容本身。新闻发布会除了发布信息，还可以通过强化信息、机构、媒体的品牌效应增强影响力和公信力。尽管新闻发布会流程单一，但是如果脑洞大开，颠覆想象，打造品牌，塑造可靠的人设，也许可以传播得更远、更好。

一、清晰定位：你想要传达什么？想让受众接受什么？

新媒体与传统媒体相比，一个明显的特征就是，传播者与受众之间的接触、交流、互动、反馈都更为即时和直接。加之更快速的传播节奏、更碎片化的阅读习惯，决定了新媒体产品往往更需要单刀直入、简单直接。

那么，在内容本身尚未曝光的情况下，发布会主办方去借助其他实物延伸品牌传播的效应，首先就需要搞清楚——

活动或发布会的主题是什么？

传播者的核心诉求是什么？

传播者想要借助外物传达什么？

传播者想让受众接受或者强化什么意识？

确定了这些,下一步,就开始落实。同样需要思考清楚的是——

由谁来实施?完全是自己的团队还是可以借助外力,或整个外包?

预算是多少?要评估最终的效果是否物超所值。

接下来,就要进入最关键也是最考验人的环节,因为它需要无穷无尽的创意,有时甚至就是灵光一闪——

选择什么样的实物形态?既要满足传播者的需求,又要符合公序良俗和大众审美。

如何将传播者的意图与实物有效嫁接?

同时,还要注意把握分寸。实物既不能喧宾夺主,又要恰到好处,最好还能别出心裁,让人眼前一亮。

2016年3月1日,腾讯公司宣布正式启动"芒种计划",打造媒体共赢生态圈。关于"芒种计划",腾讯公司的表述是:媒体和自媒体发布、运营的内容,可以通过腾讯企鹅媒体平台,在天天快报、腾讯新闻客户端、微信新闻插件和手机QQ新闻插件等腾讯旗下平台渠道进行一键分发,实现优质内容的更多、更准确曝光;同时,对于那些坚守原创、深耕优质内容的媒体/自媒体,腾讯还将给予全年共计2亿元的补贴;媒体/自媒体在文章页面上的所有广告收入,也将100%归其所有。

搞明白了想要做什么,就需要给这个计划取一个贴切又带感的名字。腾讯公司方面想到了二十四节气中的"芒种"。"芒种"也称为"忙种""忙着种"。"芒种"的到来,预示着农民朋友开始了忙碌的田间劳作——这与内容创业者首先需要付出辛劳、不断推陈出新、创作出优质的新作品,意义贴近。

光有好名字还不行。在启动之初,还没有现成可观的成果,所有人对"芒种计划"都还只有一个模糊的概念,如何能使之更加具象化,让人印象更深刻,成了摆在创意团队面前的大问题。最终,他们选择了这么一个解决方案——

新闻发言人 /修/炼/手/册

2016年3月1日,腾讯公司在北京举行新闻发布会,宣传"芒种计划"启动,收到邀请函的与会者都惊呆了。大家纷纷在朋友圈晒出这份被称为"目前为止来自互联网公司最人文、最别出心裁的邀请函"——一个小花瓶、一包土壤、一颗风信子种球。

有评价说,不难看出,腾讯公司将内容创业者喻为"有种"之人,而腾讯则是为"有种的自媒体人"提供生长养分的土壤。内容创业者(种子)与平台(土壤)共生共荣,才能开出最美丽的花朵,结出最丰硕的果实。如此有创意的邀请函,既让人印象深刻,又准确传达出了主办方想要传达的理念。而对于与会者而言,亲手将土壤装进花瓶,将风信子种球植入其中,按时浇水,静待花开,既有美好的期待,又似乎在与内容创业者一起播种、一起收获,那种感同身受的体验妙不可言。更重要的是,通过内容创业者以外的更多人体验、相传,无形中,也就扩大了品牌的传播外延。

这种品牌传播打造对于政府机构来说相对较难,但是这种方式还是值得借鉴的。如忙碌的外交部发言人在多种场合回应各种事件,练就了一身本领,兵来将挡水来土掩,为国争光,维护国家利益,因此公众自发地称其为"中国新晋偶像团体",这也是品牌效应。尽管外交部可能并没有想往这方面发展,但是外交部发言人清晰的人设定位和具体实践已经在无形中为自己贴上了一个标签,一个公众信任的标签。

二、优势整合:调动资源,形象传播

新媒体较之传统媒体,更加强调新奇有趣、出其不意。如果你留心就会发现,如今在网上爆红、在手机上刷屏的,几乎都可以用"令人大吃一惊"来形容。

说起"人民日报",你脑海中是否也有这样的刻板印象?高端、严肃、大气……如果谁要用"小清新"来形容,你肯定觉得那人看了一份假的人民日

Part 6 新媒体：引爆传播的发力点

报。新媒体时代，如何拉近已经有 70 余年历史的人民日报与年轻读者的距离，重塑人民日报的品牌形象，除了在内容上做出符合新媒体传播规律的改变，还能依托外物进行哪些创新尝试？

2016 年 3 月，乘坐北京地铁 1 号线的乘客们可能大跌了一回眼镜，因为他们在熟悉的到站播报声中，邂逅的却是一辆独特的列车——"人民日报客户端"专列！人民日报为了宣传旗下的客户端，在北京包了一列地铁。据说，这是北京地铁 1 号线自 1971 年投入运营以来，第一次出现如此规模的内外车厢整体设计的地铁广告专列。

Q&A

Q: 二维码这样的小技术，实现起来并不难，效果还好，可怎么我就想不到呢？
A: 创新主要有三条途径：第一，更新已有的；第二，创造全新的；第三，改变，让人眼前一亮。无论选择哪种途径，都要培养一种全媒体的思维，时刻想着有哪些技术简便易行，且能为我所用。

人民日报对这列地铁内外车厢进行了全包和整体设计，视觉一改传统的红色，而是以清新的绿色、黄色为主打，彰显年轻活力。在这列地铁车厢内部的不同位置，巧妙地植入了人民日报客户端所能提供的新闻信息传播之外的新功能介绍："点美食、买电影票、订酒店"等城市服务，"交水电费、查询信息"等生活服务，还有问政平台、公益帮扶等功能，带给读者的信息冲击可以说是颠覆性的。

但无论是从投入产出比来计算，还是从客户的需求来看，如果只有启动时的昙花一现，显然并不过瘾。比起烟火绽放之后的戛然而止，激流澎湃之后仍能细水长流，才能让品牌有更多机会深入人心。因此，借着热劲儿，人民日报推出了青春版海报"你愿意和我一起坐地铁吗"，在朋友圈中迅速扩散；围绕这列地铁，自制微电影，融入了邂逅、羞涩、焦灼、重逢等青春元素，在自家的新媒体平台播放；此外，还推出了用户活动，用户只需与地铁上的

"人民日报客户端"标识合影并上传客户端或新浪微博，就有机会赢得人民日报客户端送出的定制手机。

从 2016 年 3 月 7 日至 4 月 3 日，人民日报客户端专列在北京最繁忙的地铁 1 号线上穿梭了近一个月。绚丽的视觉效果、简单的参与方式、时尚的推广手段，引发了用户积极参与。许多原本并不知道人民日报已经推出客户端的乘客，通过这样的方式第一次接触到了人民日报客户端；而原先对人民日报已经形成刻板印象的读者，更是觉得这样的人民日报青春、有趣，还很贴近、实用。

业内人士曾评价说：人民日报一直在努力融入人民的生活。移动时代，你觉得看报纸有点不方便，于是它做了手机客户端；你觉得下载客户端程序多，于是它包下地铁，只为方便你扫二维码。如此规模地承包地铁，看起来在意料之外，但结合一直以来人民日报微博、微信、客户端在推广方面的创新，这也在情理之中。人民日报强化互联网思维和品牌意识，在品牌推广方面进行着多样化的尝试，也吸引了大量潜在用户的参与和关注。无论是品牌推广，还是对重大事件的传播报道，近年来，人民日报新媒体频频获得各方关注、点赞，圈粉无数。

通过人民日报的品牌营销，我们可以看出：一是可视化将是大趋势，一般来说，直观、可视化、有趣味的新闻才能获得关注、吸引阅读。二是要注重交流互动性，让用户主动参与，成为传播的一员。信息要获得好的传播效果，就要注重与用户的交流互动，让用户感受到"与我有关"，并愿意主动参与、分享转发，成为传播链上的"志愿者"。在网络上能实现"裂变式""病毒式"传播的新闻产品，都具有这样的特性。三是要有情感和温度，寻找与老百姓的利益交汇点、情感共鸣点、价值共生点。用信息吸引人，用情感打动人，用观点说服人。

新闻发布工作也在努力适应这种"与我有关""有温度"的传播技巧。2017 年 7 月 17 日，在国务院新闻办新闻发布厅举行的发布会上，时任共青团中央书记处第一书记秦宜智、常务书记贺军科在介绍《中长期青年发展规划（2016—2025年）》有关情况时，回答了有关"大龄未婚青年群体"问题。贺军科明确表示，大龄未婚是中国青年迫切关注的重大问题，共青团将帮助大龄未婚青年找合适伴侣：一些功利化的婚恋观和落后的婚姻习俗，对青年的婚恋有影响，共青团将通过媒体和各组织开展教育，帮助青年树立正确婚恋观、家庭观；联合社会青年组织多开展便于青年交往的活动，为他们结交朋友创造更多的机会和条件；协调和推动司法部门来规范婚介服务，打击虚假欺骗行为，帮助青年人找到合适伴侣。

这一"团中央帮助大龄未婚青年找合适伴侣"的新闻在网络上引起了热烈讨论，有网友表示"终于政府要发媳妇了！想想都激动！""国家也开始关心我单身这事了，给国家添堵了""期待组织的帮助"，还有网友亲切地称团中央为"团团"，可以看出这种关心公众切身利益的发言有效改变了团中央严肃、高大的形象，变得与公众更亲近。不过，需要注意的是，颠覆原有形象需要一个长期的过程，不是一次传播就有效的，颠覆原有形象也不是抛弃原来的优点。

三、双管齐下：用创意加持内容，增强社会效益

2016年，一部叫《我在故宫修文物》的三集纪录片，出人意料地火了。连故宫博物院前院长单霁翔都说，"没想到"——没想到那么多年轻人爱看！原先预想是中年人比较喜欢，结果那么多的90后、95后的年轻人都来强势围观；没想到比"美颜"和"美食"更受追捧！豆瓣评分9.4分，超过《琅琊榜》，超过《舌尖上的中国》，成为2016年全国纪录片第一；没想到捧红"男神"了！过去很生冷的、默默无闻年复一年修文物的人，居然变成了"男神"，成了人们围观的对象。

原本给人严肃正经印象的故宫，通过最新的数字技术，通过互联网来对

古建筑和藏品进行诠释，实现了自身从高冷到温情的形象转换，还获得了巨大的经济收益。更重要的是，拉近了传统文物与普通观众之间的距离，让越来越多的人开始对传统文化感兴趣。有了兴趣就有了情感，有了情感连接就可以顺着"金字塔"一路向上，最终到达顶尖，也就是对传统文化做深入的解读和了解。而让更多人能够更深入地了解故宫——这，或许才是故宫不断通过新媒体手段与文化创意产品的相生互促想要达到的最终目的吧。

创意是创造意识或创新意识的简称，它是在对现实存在事物的理解以及认知基础上所衍生出的一种新的抽象思维和行为潜能，通过进一步挖掘和激活资源组合方式，进而提升资源价值。在新媒体时代，要想让受众接受自己的理念、认知自己的品牌，已不能再靠传统灌输的方式。不管是传统媒体形象塑造还是企业品牌传播，都需要有创意。只有拥有良好的政府形象、企业形象，你说的话才有人关注，才有人信。

Part 7
你必须了解的全媒体攻略

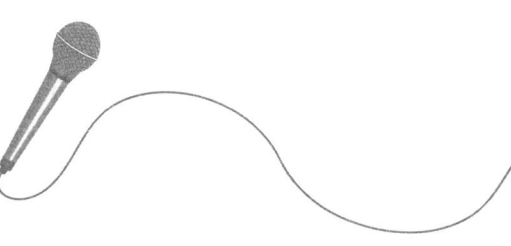

攻略一：切记新闻≠宣传

攻略二：纸媒面前，有话好好说

攻略三：打开广播说「亮」话

攻略四：电视镜头，最考验你的「表情包」

攻略五：社交媒体是「大规模杀伤性武器」

个案解剖：短视频来了——西安奔驰女维权事件

媒体融合时代，无论是政府信息公开，还是企业营销推广，特别是突发事件的社会沟通，必须调动全媒体传播资源。如果负面新闻来了，你需要的是进行360度无死角的信息覆盖：自媒体虽然可以第一时间发声，但关键时刻还需要一场新闻发布会面对各路媒体记者。如果依然"树欲静而风不止"，舆论仍沸沸扬扬，此时需要高级别党报等主流媒体一锤定音……之后，会不会又出现舆情的次生灾害，或者突然反转……一切皆有可能。事实、真相、假新闻、后真相，以及各种奇葩说法都可能在社交媒体上发酵，让你防不胜防。亲，准备好应战了吗？让我们来做一个完整的攻略吧。

攻略一：切记新闻≠宣传

发言人是编外的"新闻人"。曾任外交部新闻发言人的吴建民在谈到发言人的知识结构时，首先强调要知己知彼，要熟悉新闻传播的规律和记者的职业特点。有人说，发言人是编外的、兼职的新闻工作者。言下之意，新闻发言人应该具有职业记者的专业素质和知识储备。那么问题来了，你了解媒体和记者吗？你知道他们想要的干货新闻和你心心念念的宣传有什么不同吗？

宣传，在英文中有多个词汇来表达：conduct；propaganda；propagate；desseminate；publicize 等。我国目前主要使用的是 publicize，指传播、宣扬、引人注意。在汉语词典中，宣传是指向人讲解说明，进行教育；传播、宣扬。西方权威的传播学家拉斯韦尔对宣传的定义："宣传，从最广泛的含义来说，就是以操纵表述来影响人们行为的技巧。"到后来有很多其他的定义，由于一般都包含传播者的强目的性而具有贬义色彩，这已成为公众的刻板印象，以致在广大受众的认知中，宣传常常与党派、集团私利和偏见相联系。

新闻的英文表达是 news，有人认为，这四个字母分别由北、东、西、南的第一个字母组成，代表新闻来自四面八方。在汉语词典中，新闻是指新近听来的事、社会上新近发生的事情，宋朝时指有别于正式朝报的小报。

在西方社会里，对宣传这个词有些忌讳，因为是相对贬义的概念，"二战"

中纳粹使用这种手段比较多。美国学者拉斯韦尔研究宣传非常有名，宣传学由他创立起来。宣传是指个人或集团有意识地传达一种东西，更重要的是希望在心理上施加影响，这种影响希望达到预期的效果，比如改变你的认知，改变你的态度，最后改变你的行为。这种做法在现实生活里也很常见，广告就是很典型的一种宣传，政治也是很典型的宣传。从某种角度讲，教育也是一种宣传，通过教育使人社会化，从而改变其原有的一些认知、态度和行为。所以，宣传的解读并不是很狭隘的问题，宣传的本质是说服的过程，是怎么影响知晓和行为。

在我国，宣传是政党和政府机构为推行一种观念、政策常用的一项工作方式。它更多的是体现一种政治规律。宣传也讲求宣传艺术、宣传效果。但是，很长一段时间里，人们只重视宣传的内容的正确性而对宣传艺术忽略不计，以至于严重影响了宣传的效果。新闻发言人，顾名思义，主要是传达新闻信息。但我们也清楚，无论是政府的发言人还是企业的发言人，都要有自己的立场，这不能不潜藏着"宣传"和"引导"的意图。那么，是以宣传的口吻来传递新闻呢，还是以发布新闻的方式，潜移默化地渗透立场呢？显而易见，更聪明有效的办法是后者，因为这种方式是间接的、潜在的，也是让人不知不觉中接受的。我国政府的一些新闻发布会时间长、内容多，发言人照本宣科，记者提问机会少，长篇大论的新闻稿简直就是工作报告。这种发布会根本不会让记者兴奋起来，也很难从洋洋万言中挖掘出"新闻点"，也就是核心信息不突出、新闻事实不突出，以观点掩盖了新闻。由于我国政府部门长期以来习惯于对新闻媒介进行自上而下的直接调控，将新闻发布会理解为政绩宣传会、领导讲话会。这种方式，使记者只能被动地"转载"讲话和文件，无法按照新闻规律写出有新闻亮点的新闻稿，只能写成枯燥无味、官气十足、宣传布告式的"工作总结"刊播出来，不但使我们的新闻媒体无法吸引受众，而且难以产生正面的传播效应。

新闻发言人要特别注意改变原有的"宣传腔",培养自己的新闻敏感性,善于提炼发布信息中的新闻亮点,及时抓住契机,使所发布信息的新闻价值最大化。

攻略二：纸媒面前，有话好好说

从1609年第一张铅印新闻纸《报道或新闻报》诞生于德国，到1920年世界第一座广播电台在美国匹斯堡建成开播，中间经历的300余年的时间，世界新闻业一直处于单一媒体的报业阶段。所以，在新闻媒介中，报纸的历史最悠久。

报纸是刊载新闻信息为主的定期连续向公众发行的散页出版物。成熟报纸必须以报道新闻为主，是名副其实的新闻纸；必须定期而连续地向社会公开发行；一般是以散页形式面世，不同于装订成册的书和杂志。按发行范围来分，有全球性报纸、全国性报纸和地方性报纸；按品位风格来分，有严肃报纸和通俗化报纸。

报纸是新闻媒介的元老，具有印刷媒介的所有特点。报纸的版面结构弹性较大，灵活方便，随时随地可以阅读、重读；报纸给读者的选择余地较大，可以跳跃式阅读；报纸资料易于留存和检索；在日常生活中，报纸便于携带，而且价格低廉，购买也比较便利。但报纸也有自己的弱点，它传播信息不如广播电视迅速及时，因为报纸的编辑、印刷、发行流程比较复杂，需要一个时间过程，同时它也不如一些电子媒介生动形象、声情并茂。另外，报纸要求读者具有一定的文化水平，起码要识文断字，有一定的抽象思维能力和理解力。

在传播内容方面，与其他新闻媒介相比，报纸比较擅长深度报道，说理透彻，思辨性较强。对于新闻发言人来讲，接受报纸记者的专访，要特别注意说话的逻辑性和说理性，讲清楚来龙去脉和道理所在。针对一些比较复杂、容易引起多种议论的政策措施或重要事件，往往要选择报纸来进行深入介绍和阐述。由于报纸不像广播电视节目稍纵即逝，而是白纸黑字，记录在案，有据可查，所以语言表达要准确明晰，可以多些书面用语。最好能事先与记者进行必要的沟通，了解其采访提纲，有所准备。同时要给记者提供一定的文字资料和背景信息，因为报纸记者要将采访过程转化为文字，某种意义上是进行二度创作，有更多的抽象提炼和加工。广播电视重视现场的声音和画面，记者的再创作空间较小。

攻略三：打开广播说"亮"话

我们平常所说的广播专指声音广播，包括声音、电波或导线、发射接收装置三个要素。广播的优势是传播迅速，信息量大；受众众多，不受听众文化程度的影响，覆盖面广；伴随接收，移动收听；声情并茂，参与性强。但广播的传播转瞬即逝，不易保存，而且由于单纯靠声音传达意义，缺少辅助性传播手段，有时会引起歧义。另外，广播是线性传播，可逆性差，观众没有更多的选择，只能按照播放时间顺序收听。

广播全天播出，不但可以随时播报，还可以利用现场直播的方式，使新闻传播的时空距离接近于零。一旦有重大突发性事件发生，广播电台最容易在第一时间做出反应。因此，当有战争、自然灾害或其他突发事件发生时，广播往往会成为政府发布紧急信息的主要工具。在美国、日本等国家，受众日常接收信息的主要来源为电视、报纸、广播，但在首先获得重大新闻的排序中，则是广播、电视、报纸。

广播唯一的传播符号是声音。声音具有极强的塑造形象的能力，可以充分调动感知者的联想和想象能力，并在听者的头脑中产生带有特色的声音形象。同时，声音还有感染情绪、渲染气氛的能力。现在，广播节目日益重视音响报道，在节目采编过程中最大限度地使用音响，充分体现广播的特性，展现声音的魅力，就是国外所谓"音响的回归"。音响报道中最主要的是录音报道，就是运用实况音响或人物讲话的录音进行新闻报道的广播体裁，具有很强的现场感和听觉形象性，是一种能够凸显广播特色的新闻报道方式。

新闻发言人尤其要注意的是，当接受广播记者采访时，他们往往随时随地使用采访机或者手机录音，也就是你的声音和谈话会被录入和播出，那么声音的质量，包括音质、声调和语速、节奏等要适当调节，以达到最好的音响效果。此外也要尽量选择没有噪声干扰的采访地点，或者保证现场其他声音不会喧宾夺主。

另一个不可忽视的方面是，广播语言是介于书面语言和口头语言之间，以一般口头语言为基础，既比书面语言通俗易懂又不同于日常生活语言的一种口头语言。广播语言比日常生活语言简洁、准确、严密，较少依赖具体语言环境。运用广播语言，有两点必须注意：一是要坚持口语化、通俗化的原则；二是要注意语言的形象性、生动性，富有立体感和节奏感等。新闻发言人对于纸质媒介严谨、逻辑性强和书面化用语的特点，并不适用于广播。通俗易懂、朗朗上口，使用短句，语调上要抑扬顿挫有变化，这是新闻发言人在与广播记者对话过程中要特别注意的。语音、语调中能感知到单纯字面无法表达的内涵。一个甜美的、富有磁性的或具有特色的声音可能激起听众广泛的兴趣和共鸣，激发听众的收听欲望，并促使听众记住其中的内容。因此，广播比印刷媒介更能在情绪上感染人。

我们也应当看到，由于人在信息传递中只有 7% 用语言，38% 用声调（高低、快慢、长短），其余 55% 靠表情。在失去了手势、表情等非语言手段的辅助后，单纯依赖词语、语音、语调、节奏等传达的信息可能会产生偏差。另外，由于广播听众处于一种半接收状态，并非专注收听，这种偶尔听之的情况下难免产生理解的偏差和误读。所以，新闻发言人在传播重大政策信息，或者介绍重要产品、发布重要事件时，应尽量使用多种媒体形式，避免选择单一的广播发布形式，防止引起歧义。

攻略四：电视镜头，最考验你的"表情包"

作为 20 世纪人类最伟大的发明之一，电视是目前最大众化、最具有效力的传播媒介之一。1929 年英国广播公司开始播出电视节目，1936 年该公司建立了世界上第一座电视台，正式播出新闻节目。新中国首座电视台是 1958 年 9 月建立并正式开播的北京电视台（1978 年 5 月 1 日改称中央电视台）。与广播相同，电视同样以发射、接收设备和电波（无线或有线）为信息传播的物质载体。电视信息传递包括三个环节——运用电视摄像机摄取景物图像及伴音，然后按一定的构思进行编辑组合，制作成各类电视节目；把电视节目的视频、音频信号调制成射频信号，通过电缆或天线发送出去；由接收机把射频信号转换为图像、声音信号，在屏幕上还原成完整的电视节目。电视的传播符号包括图像、声音和文字三大类，其中图像、文字诉诸人的视觉，声音诉诸人的听觉，电视是传统三大媒体中唯一的"视听媒介"。

电视的传播优势主要体现在，首先，它是视听兼备的信息符号，可以再现场景，这决定了电视节目具有强烈的现场感和形象生动的表现方式，有利于对事件的描述和再现。受众无须进行信息的二次加工和编码，便能够通过生动的画面和富有现场感的声音感受到事件的发生、发展和变化的过程，拉近了空间距离，大大激发了人们心灵与情感的共鸣。其次，电视传播时效性强，与广播一样，借助无线电波传输的电视信号每秒钟可绕地球七周半，从技术角度讲，这几乎可以说是同步传输，消除了电视节目采制与播出之间的时间差，使得电视观众可以在事件发生的第一时间超越地域的局限，与事件的发生、发展保持同步，现场播报成为电视新闻报道的普遍趋向和选择。另外，电视媒体是家庭式的接收方式。在共同的接收过程中，人们分享着电视带来的信息，也分享着彼此对电视节目的意见和看法，从某种意义上来讲，电视这样的接收方式有利于人际互动的形成。

当然，电视的传播劣势也很明显，比如转瞬即逝，不利于保存；线性传播，选择性差；电视画面有自己的局限性，有时会造成错觉，它提供的毕竟不是现实世界本身。

与其他新闻媒体相比，面对电视镜头，是对新闻发言人最大的挑战。它对新闻发言人的容貌仪态、发型着装以及气质、声音等内外在的综合表现，都提出了较高要求。新闻发言人接受电视采访前要做多方面准备，有的甚至需要适当化妆，形象的塑造在电视节目中会有较完整的体现。不整的衣着、蓬乱的头发、慌乱的眼神、过于随便的姿态和平时一些下意识的小动作，可以被电视画面放大数倍，你的不经意或者瞬间的"表情包"有可能立刻被重新解读和疯传，造成不良的社会评价。所以，电视镜头面前，新闻发言人尤其要有一种角色意识，落落大方、仪表得体、自然放松，切忌做作。第一印象学者Behrabian的法则是，对人的第一印象，外表是很重要的，甚至你的领带都起很重要的作用，你的外表，你的言语表达，能够形成大家对你的第一印象，其中55%来源于视觉。另外一部分来源于声音的高低、讲话的速度、讲话的方式，也就是听觉上的东西占38%，实际上讲的内容只占7%。当然在发生突发性的事件时，新闻发言人讲的内容是非常重要的，在这种情况下不是只占7%。可即便在这种情况下，视觉上的因素和听觉上的因素，也是很重要的成分。

■ 小贴士

　　按照节目播出方式分类，电视节目可以分为现场直播和录播。录播的节目可以反复，一次不满意，可以再来一次；而现场直播节目是在事件发生现场或演播室同步播出的电视节目，是在事件发生的同时按照一定的意图把现场音响、声像及解说词组合为一体直接播送出去的一种方式。电视现场直播节目现场感强，最能体现电视即时传播的优势。从世界范围来看，电视新闻节目的发展趋势，就是实现新闻直播，对正在发生的新闻事实进行同步报道。对于新闻发言人来讲，电视的全球现场直播，绝对是一个终极挑战。

　　还有一点需要新闻发言人注意。电视编辑是介于传播符号与电视节目之间的中间因素，蒙太奇是电视编辑最基本的手段。蒙太奇一词出自法语，原意为"构成""组接""装配"，用于电影电视时是剪辑、编辑、组合的意思。蒙太奇有两方面的含义，一是指影视作品的结构手段和叙述方式，包括镜头的分切与组接，场面、段落间的连接与转换，以及剪辑的具体技巧。通过各种组合，将视觉、听觉元素构成运动的、完整统一的荧屏形象。二是指影视创作中存在于创作者的观念之中的一种基本思维方式，贯穿于从构思、选材、拍摄到制作的全过程，是创作者在构思过程中一种独特的思维活动。所以，电视编辑可以对新闻发言人的采访进行再加工，有时通过镜头、画面的重新组接，可以改变发言者的初衷。

攻略五：社交媒体是"大规模杀伤性武器"

在五花八门的新兴媒体传播信息的时代，网络媒体、自媒体等，让所有的人都有了麦克风，人人都可以成为发言人，甚至人人都是"记者"，加之无处不在的"天眼"，带来民间舆论场的格外活跃，各种"爆料"和网络舆情防不胜防，并且已经成为"新常态"。面对突然从天而降的网络舆情，封、堵、删等只是一时之策，关键还是要了解掌握新媒体的应用与引导技巧。

传统媒体时代，话语权掌握在传播者手中，还可以通过"把关人"对信息进行筛选，使得进入流通领域的信息符合自己的价值判断标准和利益。而新兴媒体则打破了传与受的门槛，向所有人敞开了大门，形成了"人人都是记者"的时代，任何人都可以通过新媒体来发表观点和意见。特别是借助移动终端和网络互动社区，这使得随时、随地、随人的"公民报道"成为可能，并且正在深刻改变社会舆论的生成机制。这尤其表现在突发公共事件中，在官民冲突、警民冲突、城管与摊贩冲突、交通事故乃至群体性事件现场，任何一个在场的人都可能一转身，上网发送文字、图片、视频，这无疑体现了新媒体在信息传播中的巨大作用。

移动传播时代，以社交媒体为"尖端武器"的全媒体、全场域传播生态下，"全程、全息、全员、全效"的传播特点，使各种舆情事件的应对攻略全方位告急，无处不在、无人不及、无所不用的"媒商"修炼再度升级。

个案解剖：短视频来了——西安奔驰女维权事件

让我们复盘并解剖一下 2019 年 4 月发生在西安，却通过社交媒体"燃"到全世界的"奔驰女维权事件"。该事件被称为"短视频维权"的里程碑，对一些政府部门和企事业单位的危机管理来说，是一个全新的案例。

西安奔驰女维权事件关键词云图

第一个关键词：全程

从时空维度，舆情事件发生的过程会被现代信息技术捕捉、记录并存储，互联网的平台化、全程化传播将成为当事方的"记忆档案"。

西安奔驰女维权事件短视频截图

2019年4月11日,一段手机录制(真实场景,有人有声有真相)的短视频(6分钟,时长合适)在社交媒体(便于转发和评论,病毒式传播最佳渠道)快速传播(周四上传、周末发酵并引爆,时机刚好),舆情"添料"后(周六再传4S店女高管录音,牵出汽车金融服务,剧情升级),国家有关部门介入(主流舆论终结网络"狂欢"),4月16日当事双方达成和解协议,网友仍质疑,传播消而未亡。

"我是受过高等教育的人,但是这件事情使我几十年受到的教育受到奇耻大辱!"这句话点燃了不同阶层的网民对于当今社会的共鸣,增强了社会主流社交媒体人、年轻人等群体的带入感。

然而,奔驰的回应和危机处置令人遗憾:

在事件没曝光前,利之星4S店面对的主要矛盾是"稳住女车主"和"尽可能减少我方损失,扩大利润";而事件曝光后,"挽回企业信誉"应该作为首要任务。若此时第一时间向女车主道歉,积极推进"善后"事宜,获取女车主谅解,并公开发表声明、承认错误,那舆论压力可能会迅速缓解。但由于时间的拖延和态度的傲慢,使小事变大、大事变炸,在线下没有及时解决,一旦到了线上,社交媒体的大规模杀伤力会使舆情迅速失控。特别是女高管的不当处置，使"辩论录音"带来更加凶猛的第二波舆情"王炸"，并牵扯出汽车金融的相关服务，奔驰质量、销售以及售后等问题，无疑是雪上加霜、罪加一等。奔驰的这一波操作可谓是"自杀式"危机公关，"短视频维权"及"全程化传播"展现出极其强大的社会舆论引爆力。

声明

自近期获悉客户的不愉快经历以来，我司高度重视，并立即展开对此事的深入调查以尽可能详尽了解相关细节。无论怎样，我们都为客户的经历深表歉意，这背离了梅赛德斯-奔驰品牌坚持的准则。

我们已派专门工作小组前赴西安，将尽快与客户预约时间以直接沟通，力求在合理的基础上达成多方满意的解决方案。

确保客户的合法权益是我们在商业经营中的第一要务，也是我们要求全体经销商伙伴坚持的经营准则。我们将继续与全体经销商伙伴一起，聆听客户反馈，不断优化客户体验。

北京梅赛德斯-奔驰销售服务有限公司
2019年4月13日

通过一张图以时间轴形式全程梳理一下事件始末和走势：

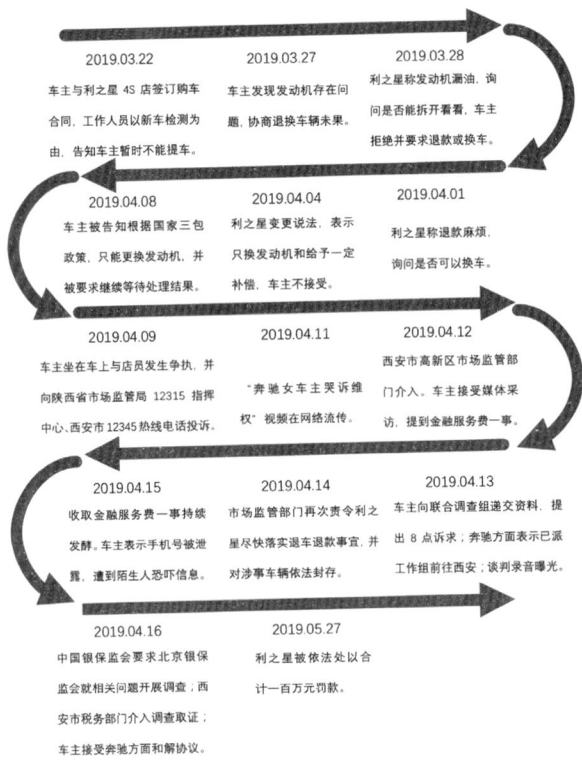

西安奔驰女维权事件发展走势图

#事件关键点#

舆论的热点： 女硕士\奔驰 4S 店\引擎盖上\哭诉

社会的痛点： 知识女性\弱势\被欺负\维权\店大欺客

事件的燃点： 现场视频素材＋哭诉的极致情绪＋有逻辑的辩论录音

花费了 66 万元购车的女硕士从理性沟通到被逼无奈过激维权，触动了社会的敏感神经，大众舆情一触即发之时，奔驰只用官方口气、无关痛痒的微博声明进行了"无人、无声、无感、无情"的回复。西安 4S 店的管理者、当事方非正式地在录音中向女硕士道歉时又充满了傲慢和愚蠢，没有担当的奔驰销售方将舆情的火势引向奔驰的生产方、品牌方。只顾"切割"却缺少问责的奔驰方，仍以沉默面对媒体和消费者，欠了社会公众一个正式道歉，这是此次事件带来的对商家和品牌更大的隐患。如果没有转"危"为"机"，厂家和商家势必难以得到真正的谅解，对奔驰品牌影响巨大。也正因如此，2019 年 5 月 27 日女车主维权一案终于有了最新结果，西安高新区市场监管部门通报称，奔驰车存在质量问题，利之星有限公司因销售不符合保障人身、财产安全要求的商品，夸大、隐瞒与消费者有重大利害关系的信息误导消费者的两项违法行为，被依法处以合计 100 万元罚款。网民普遍认为，罚得太轻了，特别是奔驰生产方的汽车质量问题再次成为公众的质疑重点。可见此次事件后奔驰令大多数消费者失望和记恨，没有获得同情和谅解，其消极后果将延续。而对政府部门的监管力度问题，网友也并不满意，这不仅意味着此次事件中奔驰的危机应对全盘失败，也表现出公众对此事件的系统化解决方案的期待。

第二个关键词：全息

从信息技术的维度，媒体信息格式更加多元，文字、图片、音频、视频等多介质、多手段、多载体、多元素协同，迅速形成海量信息矩阵，铺天盖地的相关信息无处不在、无所不及、无人不用，导致舆情大裂变。在大数据时代，在物联网、人工智能、云技术等新技术的支持下，各种各样的传感器使得人类采集到的各种信息越来越"全息化"。在此基础上，媒体传给用户的新闻及其他各类信息的呈现形态也更为立体，用户体验更加丰富。显然，"全媒体"只能依托互联网技术而产生和存在，不能按照传统思维将它理解为媒体种类的"全"。

让我们看一下"西安奔驰女维权事件"的全息化传播：

"西安奔驰女维权事件"全息传播示意图

从上图可以看出，视频传播成为此次事件的主力，其中又以短视频传播最为显著。万物皆媒的时代，手机、监控器等一切能拍照记录的工具成为媒介信息传播的源泉和终端。"西安奔驰女维权事件"就是由用户拍摄的一段段短视频而点燃、引爆的。事件现场用户用手机记录了事件发生的过程并上传至社交平台，可谓是360度现场直播。这种由用户自制的视频不经剪辑与编辑，更具真实感和冲击力。当下，很多媒体的报道信源都是由公众提供，或与相关方合作获取视频监控内容，当然这是在合法的前提下进行的。

虽然用户自制内容在事件初期占据主导地位并引起众声喧哗，但公众所看到的内容只是隐藏事件和一系列隐藏原因所产生的最终行为，并非事件的全部。为了更全面、客观地揭示事件背后的原因，除以央视财经、央视《新闻1+1》为主的视频报道外，人民日报、新京报、澎湃新闻、南方周末、新华社等媒体将视频报道与图文报道相结合，更加深度、全面地叙述了事件的起因和进展。当前，传统媒体已进军新媒体领域，大多以客户端、微博账号、短视频栏目等媒介新形态与公众见面，迅速抢占了微博、微信等新终端，并凭借新技术、新形态与专业理念的结合，使事件的真相逐渐展现在公众面前。

由于事件性质涉及公民维权这一全民议题，所以此次事件的传播区域不仅限于中国地区。美国、德国以及印度等国媒体都对此次事件进行了报道。美国《华盛顿邮报》报道后，美国网友 democracy49 说：男性销售员欺负和歧视女性顾客真令人悲哀，这太恶心了，这是个全球性的问题。

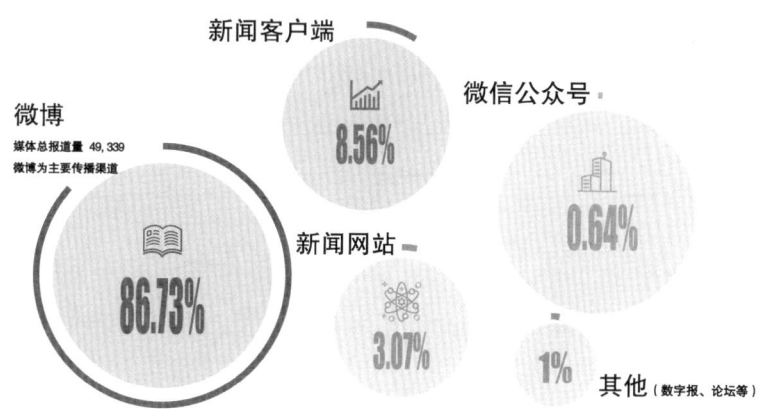

"西安奔驰女维权事件"传播量排名（数据来源于鹰眼速读网）

随着新终端的出现，公众获取新闻的渠道发生了改变。由上图可知，此次事件全网传播量排前三的平台依次为微博、新闻客户端、新闻网站。微博成为舆论主战场，信息传播量占比为86.73%。事件发生后，有网民在微博平台传播维权视频，围观事件进展。随后，@奢车志、@今日微博头条等大V凭借其影响力发布"研究生美女买奔驰漏油大闹4S店""车没开出店，就漏油了"等内容，引发更多网民关注。该事件发生在陕西西安，当地博主@西安身边事、@西安直播等持续关注事件的发展并及时发表相关博文，为该事件带来了更多关注度。

新闻客户端的信息传播量位居第二，占比为8.56%，显示出移动传播的优势。"天天快报""今日头条""一点资讯"等新闻客户端发布有关"奔驰女车主与利之星4S店录音曝光""奔驰女硕士车主称受到很多威胁""奔驰涉嫌收取金融服务费"等内容，及时跟进事件进展，方便用户了解该事件的最新动态。

新闻网站的信息传播量位居第三，占比为3.07%。新闻网站凭借其客观性、专业性，在及时报道事件最新进展之余，发布评论性文章对事件进行深入解析，例如，人民网发文《如何打破"奔驰女""柔道冠军"类"标签维权"的怪圈》、新华网发文《油漏了，别把良心也"漏"了！》等，为公众了解事件带来了全新视角。

#事件关键点#

短视频成为引爆点。Buzzfeed和Vice两家公司曾共同出席一个名为"新闻的未来"的会议，他们在会议中形成这样的共识："年轻的千禧一代读者与老一代读者相比，与新闻互动的方式截然不同。""年

> 轻人不喜欢日常新闻播报的老套仪式和呈现方式，他们更喜欢'原汁原味'、及时、生动的内容。""西安奔驰女维权事件"最初由用户上传的短视频引发，短视频的现场感、真实感增加了事件的"原始性"，用户讨论度和事件发酵程度也显示出公众似乎对这种"绿色无添加"的新闻更感兴趣。在社交媒体生态系统日渐完善的今天，短视频的爆发是必然的。人们在移动化场景、碎片化时间进行短视频的观看与分享，这成为公众日常生活的一部分。从相关数据来看，此次事件的微博信息传播量占整个传播平台的86.73%，可见公众阅读渠道偏好已由传统媒介转向新媒介。加之事件传播过程中的"关键人物"，诸如女奔驰车主本人、网络大V对事件传播起到快速发酵作用，而事件本身的公共性能够产生深入用户内心的冲击力，人物、环境各条件具备的情况下，一件事情爆发速度之快令人难以想象。因此，在全息媒介环境下，新闻发布主体如何通过有效的策略联结多媒介形态进行信息传播与引导将成为重中之重。

第三个关键词：全员

从社会的维度看，社会方方面面各种主体（个人、各类机构等）都在通过网络进入社会信息交互的过程中。这是在信息技术革命推动下，社会信息化持续发展的结果。从社会发展角度看，"全员化"也顺应了普通公众参与社会事务的需要，快手、抖音等多个短视频平台的兴起，就是公众参与度大大提升的体现。

西安奔驰女车主维权，从根本上说是消费者——车主、生产者——奔驰公司和销售者——西安利之星4S店三者之间的权责问题。当事情无法得到合理处理时，政府相关部门、行业监管部门便会介入，媒体还可能会进行相关报道，多方力量推动事件的解决。

随着新媒体的发展，"人人都有麦克风"，热点事件便不再局限于事件相关方，而成为社会全员参与的媒介事件。除了事件的当事方，网络自媒体、网络大V可以跟踪事件发展、进行事件分析与评论、引导网络舆论，普通网民也可以参与事件评论、跟帖发声。尽管事件可能与网民无关，但这种全员讨论、全员参与在一定程度上可以推动社会问题的解决，进而促进社会的进步与发展。不可否认，这是一种民主的发展、社会的进步。

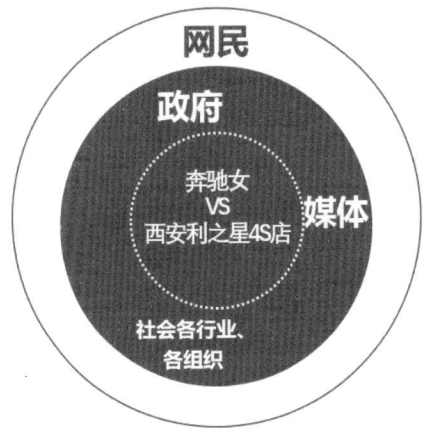

"西安奔驰女维权事件"参与者示意图

政府部门——及时介入，但仍被诟病

当事件双方的矛盾无法解决时，政府部门应该及时采取措施，协助双方推动事件的解决，并及时向社会公众公布事件进展和结果，避免次生舆论事件的发生。

在此次西安女车主维权事件中，除了涉及产品质量问题、销售问题，还涉及金融消费问题。因此，这次事件相较于以往消费纠纷事件更为复杂，牵扯相关部门也更多。除了市场监管部门、质检部门、工商部门，还牵扯税务、金融监管等部门。

从事件爆发到事件平息，西安市相关政府部门始终参与其中，并积极采取措施，及时发布事件进展通报。此外，还有中国银保监会和国家市场监督总局也对此事件发声并采取措施，规范汽车行业发展。但不可忽视的是，事件中某些部门行动迟缓甚至默不作声，被网民诟病。

	具体部门	时间	举措
政府部门	西安市市场监督管理局高新区分局	4月9日	车主向陕西省市场监管局12315指挥中心、西安市12345热线电话投诉，诉请退款退费。高新区市场监管部门接到上级转办立即安排处理，敦促利之星4S店依法妥善解决消费者投诉
		4月11日	高新分局成立由工商、质监、物价部门组成的联合调查组，调查该车辆在销售前是否存在质量问题
		4月11日至12日	高新区市场监管部门先后对双方退车退款协议情况进行了核实；对利之星4S店经营情况进行检查，对利之星4S店涉嫌质量问题进行立案调查，对涉事车辆进行依法封存，并委托法定监测机构进行技术检测；对利之星4S店负责人展开行政约谈，并要求该店通知奔驰（中国）公司协助进行调查
		4月13日	高新区市场监管部门再次责成利之星4S店尽快落实退车退款事宜。听取投诉人新提出的八项诉求，组织利之星4S店负责人与投诉人对话协商，努力促成双方达成解决问题的一致意见
		4月16日	调查组约谈北京梅赛德斯—奔驰销售服务有限公司西安工作小组，并全面调查"收取金融服务费"等涉嫌违规违法行为。同时，西安市市场监管局下发《关于开展汽车销售市场经营行为专项整治工作的通知》，对全市4S店等汽车销售企业经营行为中存在的侵犯消费者权益行为及不正当竞争问题展开整治，具体包括限定购买指定车险、限定接受代上牌登记服务等

续表

	具体部门	时间	举措
政府部门	西安市市场监督管理局高新区分局	5月27日	通报有关涉嫌违法案件调查处理结果：西安利之星汽车有限公司存在销售不符合保障人身、财产安全要求的商品，夸大、隐瞒与消费者有重大利害关系的信息误导消费者两项违法行为，被依法处以合计100万元罚款
	西安市工商局	4月14日	车主家属表示，工商局回复两到三天内出结果
	西安互联网信息办公室	4月14日	西安互联网信息办公室官方微博发布"奔驰车主哭诉维权"一事的处理结果。@西安发布称市场监管部门已对涉事车辆封存调查，并对利之星立案调查，责成尽快退车退款
	国家税务总局西安高新区税务局	4月15日	介入调查，派出工作人员进入涉事奔驰4S店，对相关收据、账目进行核查
	陕西省市场监督管理局	4月16日	为大力规范汽车消费领域乱象，全省开展汽车消费领域专项执法行动，对涉嫌欺诈消费、涉嫌强制性消费、涉嫌侵害消费者个人信息等行为进行查处，专项执法行动将历时两个月
	中国银保监会	4月15日	要求北京银保监局对梅赛德斯—奔驰汽车金融有限公司是否存在通过经销商违规收取金融服务费等问题开展调查。银保监会表示，将根据调查情况依法采取必要的监管措施，切实维护金融消费者的合法权益
	国家市场监管总局	5月10日	约谈奔驰，并对奔驰公司提出了具体整改要求，包括奔驰公司认真自查和整改生产经营过程中存在的问题，积极配合各级各地市场监管部门调查处理；切实加强对经销商的管理，杜绝各类不合规、不规范行为；大力改进售后服务体系，畅通消费者维权渠道，积极妥善解决消费者诉求。并表示将会同相关部门对汽车销售行业开展专项整治，切实破除消费者反映强烈的潜规则，坚决查处侵害消费者权益的违法行为，保障广大消费者合法权益

社会组织——心有余而力不足

消费者协会是对商品和服务进行社会监督的保护消费者合法权益的社会

性组织。但消费者协会对于消费纠纷只有调解权，只能进行调解，无法强制执行。因此，可以看到在此次事件中，消费者协会对于事件的解决也是力不从心。

	具体部门	时间	举措
社会组织	陕西消费者协会	4月15日	陕西消费者协会表示，消费者在不知情的情况下被收金融服务费不合法，若与经营者协商未果，可到消费者协会投诉，或者考虑走法律途径维权
	中国消费者协会	4月17日	在京举办"推动解决汽车消费维权难座谈会"，就汽车销售中的金融服务等费用收取、汽车消费者维权难等问题的解决进行讨论。结合奔驰车事件及汽车消费领域投诉问题，中消协提出：汽车产品合格交付，是经营者的应尽义务。对于违法行为，应当依法严厉惩处

媒体——自媒体点火，传统媒体跟进，行业媒体沉默

在传统媒体时代，社会热点事件的舆论发展与事件解决一般由主流媒体推动。而在新媒体时代，随着自媒体的发展，网络大V、网络公知开始充当舆论领袖的角色，引发网络和社会对某事件的关注，引导网络舆论甚至社会舆论的发展。传统媒体虽然被动跟进，但在深度报道方面具有无可替代的作用。加之传统媒体的影响力、信誉度、专业化等，传统媒体一般在事件发展后介入，在事件中后期发挥作用。

如央视对事件的报道和评论，紧跟事件发展，持续时间长、数量多、质量高，在复盘事件的同时直指核心问题，揭露汽车行业内幕；南方周末、新京报、北京青年报、澎湃新闻等，对事件持续关注，报道事件进展和涉及的相关问题，并配发评论；法制日报的评论《"西安奔驰事件"：法律绝不会"逼良为×"！》言辞激烈，剑指奔驰经销商，指出"法律是保障公民合法权益的武器，而不是有心者趋利避害的工具""无论何时何事，法律，才是最大的

道理。相信并敬畏，才是我们的选择"。

在此次西安奔驰事件中，本应发声的汽车行业媒体却近乎缺席。回顾西安奔驰事件的相关新闻，各大媒体主要以社会新闻的角度进行报道。原本应该是汽车行业媒体的专长，借此机会向公众解读事件问题、普及相关知识，并发挥舆论监督的作用，但主要汽车行业媒体对于事件近乎集体沉默。主要表现为数量少、质量低，大多是对于事件的复述，缺少深度分析报道和犀利的评论。

例如，"汽车之家"在事件平息后的 4 月 17 日发表《深评：买车如何避雷？复盘西安奔驰事件》，在复盘西安奔驰事件之后，讲解了消费者的权益、金融服务费和消费者应如何投诉。《中国汽车报》于 5 月 28 日发表的《罚款 100 万！奔驰女车主维权事件有了官方说法》，报道了事件的处理结果。这些相关报道不痛不痒，没有涉及事件核心问题。主要汽车行业媒体的集体缺席，不禁令人浮想联翩，也引发网民的讨论。

	类型	行为	案例
媒体	自媒体	微博大V跟进事件发展、发表观点、转发热点	博主@汽车营销分析发布微博视频并配文《花66万元在西安某4S店买的奔驰新车，还没开出4S店大门发现发动机漏油》，曝光一奔驰女车主维权事件，随后博主@漂西安03转发该微博视频，并点明涉事公司为"西安利之星汽车有限公司"。在@澎湃新闻、@今日微博头条、@梨视频等官微和@西安身边事、@变态暴走、@余丰慧等大V博主发文推动下，话题#花66万元买奔驰还没开就漏油#冲上微博热搜
	传统媒体	追踪报道、分析、评论	一方面在网络上跟进评论，如人民日报、新华社、央视、澎湃新闻、当地媒体微博等；另一方面展开深度报道和评论，如央视《法治在线》《热线12》《第一财经》《新闻1+1》等节目
	行业媒体	近乎缺席	

网民——趋于理性化发言

网民参与事件，主要是指网民对事件的讨论。西安奔驰车主维权事件中，网民的讨论主要分为三种：支持车主、质疑车主和调侃式围观。

在支持车主的网民评论中，有称赞女车主的维权行为、指责利之星4S店欺诈消费者，质疑当地相关部门介入不及时，也有讨论汽车销售乱象。此外，还有网民讨论如何维权、讨论国产车与进口车的质量问题等。

在质疑车主的言论中，部分网民认为车主是在进行炒作、在演戏，进行营销，其中不乏侮辱和诋毁之词。此外，随着女车主的走红，网友扒出车主的私人案件，引发新一轮网络讨论。

女车主、高学历、奔驰车、质量问题，这些关键词引发了网民对事件的围观，甚至是娱乐和狂欢。这些言论对于事件的解决意义不大，更多的是在发泄情绪。例如，网民对奔驰质量的调侃、对奔驰公关的调侃、对女车主的调侃和对当地政府的讽刺，等等。

综观网民对事件的关注和评论，随着事件的发展，网民的关注点也从刚开始针对事件当事者转而针对汽车行业甚至社会现象。事件开始，网民的主要关注点是涉事奔驰车质量、利之星4S店销售、奔驰售后处理、政府处理等问题，随后关注点开始转向整个汽车行业的销售、服务、金融服务费、维权等问题，消费者如何维权、当地政府是否有懒政之嫌等。

此外，除去部分网民的不理智评论，也可以看出我国网民的媒介素养有所进步。在网络发展初期，网民对社会热点问题的评论大多是发泄性、辱骂性的非理性评论，现在我国网民对于热点事件的言论更具针对性和理性，开始注重网络参与的理性化、合法化。

2019年5月27日，在社会密切的关注下，西安奔驰女车主维权事件终于有了处理结果。西安市高新区市场监督管理部门通报称，西安利之星汽车有限公司（简称"西安利之星"）存在销售不符合保障人身、财产安全要求的商品，夸大、隐瞒与消费者有重大利害关系的信息误导消费者等两项违法行为，共被处以100万元罚款。

但是，处理结果的公布并没有平息网民乃至社会对该事件的讨论。通报称汽车发动机存在装配质量缺陷，属于产品质量问题，对事件涉及的汽车生产、销售、服务等核心问题只字未提，而这些正是网民所关心和期望给予答复的问题。不难看出，当地政府乃至高层试图将原因归结于装配质量问题而不是生产质量问题；是销售问题而不是产品质量问题；是突发的个案而不是汽车行业问题。

前期4S店的嚣张、奔驰的傲慢加之政府疑似懒政，被动处理问题的方式以及看似公平的处理结果，难掩社会大众的疑问、愤怒和失望之情。随着处理结果的公布，网民又一次掀起舆论热潮。网友@高个子联谊全国3评论称："确实罚得太少了吧！起不到震慑作用，有些店和经销商厂家还是会有侥幸心理！应该多罚点。搞不懂了为什么这些经销商就不能本分地挣钱呢？罚的钱又要动多少歪脑筋才能挣回来哦……"百度号"调查清样"发文《奔驰西安事件落幕：相逢一笑，产生了新的恩仇》称，"于是，在西安奔驰事件发生六周之后，西安市监局宣告终于找到了那颗螺栓。可惜此时，围绕奔驰的种种撕裂，以及奔驰女身上被揪出的戏剧性过往恩怨，已经不是一颗螺栓就能修复。这样的结局，不啻为一种对公平交易殷殷期待的亵渎"。

正如《法制日报》评论文章《西安奔驰车主维权事件处理结果令人惋惜》称，"在眼球经济时代，公众的注意力很昂贵，每个引发舆论关注的个案价值都不应被浪费。应该充分利用影响力个案的价值，引发公众的普遍思考，进而推动法治的进步。像西安奔驰女车主维权案这样，轰轰烈烈地来，静悄悄地去，既没有引起奔驰中国公司的震动，令其采取切实举措从而普遍提高中国市场汽车质量，也没能推动消费者维权能力的提升，更没有带来法治的进步。这样的结果，着实令人惋惜"。由此看来，汽车行业的健康发展任重而道远。

#事件关键点#

回看整个事件,从最初的消费者与销售者之间的纠纷矛盾,随着网民的参与,逐渐上升为涉及消费者、销售者、生产者、政府部门、社会组织、媒体等多方的热点事件。对于这类社会热点事件,综合性、系统性的处理才是正解。

该事件涉及的相关传播主体比较多元,有涉事企业和消费者个体(会引起有相关经历的人群的连锁反应),也有政府主管部门和相关社团组织,在企业层面又涉及销售方和生产方、全球化企业及国内代理商等,有当事方、主流媒体、社交媒体、网络大V等各种声音和话语表达,既有公众(网民)议程及其推动下的媒体议程,也有政府议程甚至法治议程。可以说,该事件仅仅由一个女硕士维权引起,看似个体偶发事件,却最终演变为引起世界关注的全球性新闻事件,在72小时内形成超级声浪,在全民传播时代,其典型性、全员性、全域性特点值得关注。新媒体的发展为公民参与社会热点事件提供了机会,有利于社会问题的曝光和解决,进而推动社会的发展与进步。但是,在社会呈现媒介化和风险化的今天,新媒体尤其是社交媒体的发展,对于政府、企业、媒体和个人如何及时、有效应对危机都带来了新的挑战。

第四个关键词:全效

从全媒体的功能维度来看,互联网的技术特点使互联网媒体具有明显的平台化趋势。各种各样的应用,汇聚在同一互联网媒体平台上,这样的媒体平台,其功能空前丰富,远远突破传统媒体较为单一的信息传播功能,正在成为社会的数据总汇和运营枢纽,因而无人不用。基于此,平台的传播效果也将大大提升并可精确测量。另外,从传播维度和效果来看,一个社会舆情事件的生命周期中,每一次的传播主体、传播内容、传播效果都是多维度的,从价值观到方法论都要有所涉及,道德制高点、逻辑严密性以及情感的共鸣,一个都不能少。

维度	含义	👍	👎
速度	时效性。抢占信息发布、回应社会关切以及事件处置主动权	4月9日高新区市场监管部门接到上级转办立即安排处理,敦促4S店依法妥善解决消费者投诉。11日成立由工商、质监、物价部门组成的联合调查组	3月27日,车主与4S店协商未果,15天仍未解决问题。奔驰公司在事件发生之后没有及时对汽车质量和销售问题作出回应。4月13日下午5时,奔驰官方才在微博上首次发布声明
态度	价值观。占据法律、道德、情感制高点	地方政府积极协调事件双方,督促快速和解	奔驰态度傲慢;4S店高管高高在上,盛气凌人
尺度	有底线。清楚哪些能说哪些不能说	政府相关部门处理此事考虑汽车市场等因素,相对克制低调,形成一定缓冲	4S店员工打电话给车主,希望其不要接受媒体采访,与4S店"口径一致",并称会"保护你"
力度	方法论。解决之策要切中要害掷地有声	地方政府成立由工商、质监、物价部门组成的联合调查组,注意节奏,在合法合规、合情合理的范围内	奔驰和4S店对事件拖延、公关手段拙劣
亮度	信息量。有透明度才能表现出诚意	政府及时公布阶段性进展和结果	双方快速和解,草草收场,信息公开程度低

续表

维度	含义	👍	👎
温度	人情味。显示出诚意和对弱势群体的关怀	政府积极协助事件解决，保护消费者权益	奔驰和4S店对事件处理缺少真诚和人文关怀，虽有"生日礼物"的补救，但却因居高临下的姿态，被当事人回怼，弄巧成拙

＃事件关键点＃

当下社会生活正在通过社交媒体这个万花筒，得以一幕幕地呈现，当以往用文字甚至图片来表达的方式，在4G移动传播时代已经由短视频替代，它的真实性、冲击力，以及对这些视觉符号的多角度解读，所带来的杀伤力的的确确证明其已经成为社会舆论场的"大规模杀伤性武器"，需要相关各方的快速反应、积极回应，形成系统性的解决方案，来应对这种全程、全息、全员、全效的传播。由点及面，由区域性事件升级为全国性事件，由售后服务问题直至奔驰车质量问题，"一个小小螺栓"引出的连锁反应，正如一副多米诺骨牌，而推倒它的是一个短短6分钟的视频。

由此我们看到，如果售后服务环节快速解决消费者诉求，那么汽车本身的问题就是一个隐性问题，由厂家自查自改；一旦曝光就成为显性问题，必须公开透明解决，真诚道歉，深刻反思并警示全行业。当人人都可能成为真相的调查者、舆情的引爆者之时，也是推动行业和社会深度进步之际。因此，"西安奔驰女维权事件"犹如一枚硬币的两面,既让我们在危机管理、社会传播方面掌握全媒体传播的策略与技巧,及时公开信息,积极引导舆情,态度真诚主动担当,也要正确看待问题和社会批评。因为无论是一个行业,还是一个社会,都不可能十全十美,只有正视问题、不断改进,各方形成良性互动,才能得以优化和进步。

Part 8

特别关注：新冠肺炎疫情发布

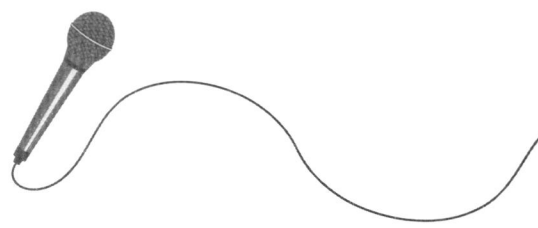

全民监督时代，如何做好突发公共卫生事件信息发布工作

2019年年底，新型冠状病毒感染的肺炎疫情（以下简称新冠肺炎疫情）引发关注，截至2020年3月20日，中国国内疫情已渐渐得到缓解。2020年1月12日，世界卫生组织正式将造成武汉肺炎疫情的新型冠状病毒命名为"2019新型冠状病毒"（2019-nCoV）。随着新冠肺炎疫情在泰国、新加坡、日本等国家发现，2020年1月31日，世界卫生组织将新型冠状病毒感染的肺炎疫情列成"国际关注的突发公共卫生事件"，这也是自2005年《国际卫生条例》实施以来，世界卫生组织宣布的第6起"国际关注的突发公共卫生事件"。此前的5次分别是：2009年甲型H1N1流感病毒；2014年野生型脊髓灰质炎病毒；2014年西非埃博拉病毒；2016年巴西寨卡病毒；2019年刚果（金）埃博拉疫情。

新冠肺炎疫情是一场突发公共卫生事件，作为拥有权威信源的政府部门，做好新闻发布工作，满足公众信息需求，解答公众疑惑，进而维护社会稳定成为其在新冠肺炎疫情期间的重要任务。为应对这次突发新冠肺炎疫情，我国从中央到地方各个层次陆续部署疫情防控新闻发布会工作，国家卫生健康委新闻发布会率先开展，后由其他相关部委，即国务院联防联控机制成员单位集中发布。2020年1月21日，广东首场疫情防控新闻发布会召开。湖北

省也于 2020 年 1 月 23 日正式建立新型冠状病毒感染肺炎的疫情防控工作例行新闻发布会机制，从 1 月 23 日起每日举办新闻发布会对疫情相关信息进行通报并答记者问。

技术升级促使媒介生态环境发生转变，并且改变了公众与新闻发布者之间的交往形态。本部分内容从技术引发全民监督浪潮这一视角出发，对湖北、广东、河南等地的新闻发布会工作进行概览和典型案例分析，从新闻发布会的流程、基本原则、注意事项等角度对全民监督时代，如何进行突发公共卫生事件的信息发布、舆论引导、舆情研判进行综合分析。

一、湖北疫情防控新闻发布会：新态势、新问题、新路径

（一）新态势：突发新闻发布机制不断完善

国务院新闻办公室（以下简称国新办）、国家卫生与健康委员会（以下简称国家卫健委）、湖北省疫情防控新闻发布会三个不同层级的新闻发布会成为新冠肺炎疫情期间信息公开、疫情防控重要信息网络。湖北省政府新闻发布会虽然是地方性质，但由于武汉是全国疫情蔓延的重灾区且影响着整个疫情的走势，一直是舆论关注的中心。湖北省的疫情防控工作发布会作为重要信息公开渠道，整体呈现出一些新态势。

1. 建立常态化发布机制

截至 2020 年 5 月 31 日，湖北省共举行新闻发布会 103 场。从历时性来看，从 2020 年 1 月 22 日开始，湖北省疫情防控指挥部连续召开疫情防控新闻发布会，使得"日更"成为常态。为了避免人员聚集造成严重后果，2 月 2 日，湖北省新闻发布会由现场"转战"到云端，以远程视频直播的形式继续进行，并且这种方式一直持续到 4 月。即便国内的疫情防控工作取得重要成果，疫情出现明显好转，湖北省的新闻发布会也仅在 4 月 4 日暂停了一天。这种高频次、常态化的新闻发布机制说明湖北省政府的重视，也是其负责任形象的

彰显。4月8日，武汉正式"解封"；4月17日，武汉市城区整体降为低风险，湖北全省无中、高风险市县；4月23日，湖北省的线上新闻发布会才正式回归到线下。长达两个多月的云端新闻发布会，是湖北省政府因时因势做出的积极尝试和改变。

这种因时因势不仅体现在新闻发布会的形式上，还体现在对每日召开新闻发布会时间的弹性调整上。国新办的新闻发布会都安排在上午10时或下午2时至4时；国家卫健委的新闻发布会则通常安排在下午3时。湖北省的新闻发布会最初是安排在晚上9时左右进行，但为了更及时地公开信息以满足公众知情权，自2月16日调整为每日下午4时召开。这样的调整和前两场新闻发布会形成强势互补和有效联动，便于公众迅速、全面地了解多层面、多角度的疫情信息，也能在整体上扩大新闻发布会的影响力。

2. 及时回应社会关切

湖北省新闻发布会的内容根据疫情态势的发展呈现出明显的阶段性特征。除了通报每日统计的疫情防控最新进展，在疫情较为紧张的1~3月，发布会的问答环节多聚焦于患者收治、物资供给和民生保障等方面；疫情好转的4月之后，发布会的内容则重点转移到武汉市乃至全省的复工复产等常态化问题上。湖北省疫情新闻发布会除了将全社会关注的武汉疫情作为重点发布内容，湖北省疫情防控指挥部门还组织了多场其他地市的专题新闻发布会，就专题发布会的主题和问答内容来看，多聚焦于当地的疫情防控、救援医疗队工作以及经济复苏等方面。

值得注意的是，湖北省召开的百余场"新型冠状病毒感染的肺炎疫情防控工作"新闻发布会不仅通过电视台和诸多新媒体平台同步直播，而且均以视频或图文实录的方式出现在湖北省人民政府网上（3月12日除外）。从直播和实录的内容看，发布会涉及的问题具有全面、具体的特点。例如，前期的议题有对收治患者的床位精确到个位数、救助物资的分配原则、使用后的口罩处理问题，还有居民的水、电、菜等的供应情况；后期的议题则既有关于各阶段教育的时间部署，也有激活企业经济的政策导向，还有刺激消费的惠民举措等。这其中当然不乏一些敏感性问题，但越是这些细致的问题越能考验新闻发布人员的专业性和控场能力。前期，湖北官员在回答有关问题时虽然频频"翻车"，但是他们不回避、正面回答问题的坦诚态度较之前有了很大的进步。

3. 多元主体进入前场

此次疫情期间，新闻发布会的亮点之一是发布主体的多元性。政府官员、各级专家、抗疫一线人员、基层干部等纷纷坐到发布台前，以第一人称形式回答记者提问。自1月22日到5月22日，湖北省疫情防控指挥部召开了100场新闻发布会，一共邀请了近300名嘉宾，其中政府官员占比超过3/4，另外有近60名专家、医护人员和基层工作者受邀参加。多元主体进入信息发布的前场，打破了以往新闻发布会的"习惯"，实现了主体构成方面的创新。

政府在处理突发事件，尤其是重大突发传染性疾病时，最重要的是：让最具权威力、影响力、公信力的专家把权威声音及时准确地传播到公众面前。在此次新冠肺炎疫情中，前期的新闻发布会大多选择部门的负责人或宣传人员，缺乏对疫情的整体把握和专业解读。随着政府"一把手"的加入，新闻发布会的信息传播效果不断优化。尤其是专家学者的介入，大大提升了信息的专业性和权威性。国家卫健委专家组成员和各省市援鄂医疗队的领队、队员等多次受邀出席发布会，回应了重症救治情况、治疗策略和难点、医护人员安全等方面的问题。2月14日召开的第24场新闻发布会为中医药专场，邀请中医院系统方面的专家介绍中医药参与疫情防控的有关情况，让公众了解到中医深度介入救治工作的措施和成效。除医疗专家和一线医务工作者之外，政府部门还邀请了基层工作者和交通、经济、物流等方面的专业人士，请他们作为新闻发言人回应具体领域的问题，增强了信息的真实度和可信度，也提升了政府部门的公信力。

（二）新问题：失序、失焦、失态

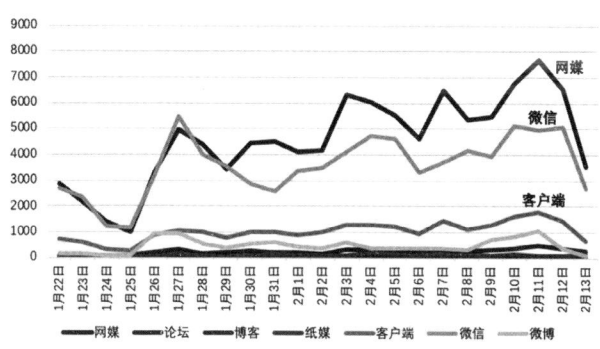

湖北疫情防控新闻发布会舆情走势图（来源：人民网舆情频道）

根据人民网舆情频道公布的湖北疫情防控新闻发布会舆情走势图，自湖北省召开疫情防控新闻发布会以来，舆情趋势整体高热，不断升温。微信、微博成为公众讨论的主要场域。通过新浪微博搜索"湖北新闻发布会"，发现湖北新闻发布会本身作为公众讨论的重点集中在新闻发布会前期，因此，本次案例分析主要讨论湖北省最初的 10 场疫情防控工作例行新闻发布会，其主要引发以下 7 个舆情热点：

湖北疫情防控工作第一场至第十场新闻发布会舆情热点[①]

时间和发布会场次	舆情热点
1月24日第二场	记者等候1小时，发言人通报8分钟
1月26日第五场	新闻发言人口罩佩戴事件 500万人离开武汉 三个非常：非常痛心、非常内疚、非常自责 口罩产量口误事件 物资情况事件
1月29日第九场	发言人回避记者提问，读稿事件

---

① 表格资料是 2020 年 3 月 8 日，通过新浪微博搜索"湖北新闻发布会"，对综合热度为前 100 条的网友微博内容进行整合分析的结果。

人民日报APP等平台对湖北疫情防控发布会进行了直播，相比于传统媒体，通过APP和新浪微博等移动平台观看直播，公众可以对新闻发布会进行全程监督，并进行实时评论。从新浪微博用户所评论的发布会热点来看，我们可以从以下三个方面对湖北疫情防控发布会进行评判。

1. 组织流程：失序

本书在第五部分对新闻发布会的组织流程已经有过详细介绍。召开新闻发布会需要充足的前期筹备，从人员组成、资料整理到舆情研判等方面都需要提前做好准备工作。但在湖北疫情防控新闻发布会早期，未按预期时间召开发布会、资料准备不充分、现场秩序稍显凌乱等问题凸显，新闻发布会工作在组织流程上处于失序状态。如有记者透露，2020年1月24日第二场湖北疫情防控工作新闻发布会推迟了1小时进行。根据湖北省人民政府官网显示，该场发布会发布时长只有7分35秒，记者提问环节也只有1名《人民日报》记者提问。我们发现，尽管处于年关，但发布会现场记者有20人左右。发布会时长并不与信息公开的有效性直接相关，但在信息关注度的高涨时期，简单的信息发布和提问并不能满足公众的信息需求。特殊时期，相关政府部门奔赴在疫情一线了解情况是可以理解的，但也应遵守新闻发布工作的既定秩序与原则，及时、准时地向公众发布信息。

新闻发布会工作并非一个人的工作，其背后有一支团队在进行各方协调，以确保新闻发布工作正常开展。对于记者来说，通过现场感知发布会的整体面貌，获取第一手信息进行准确、全面的报道是其重要责任。湖北新闻发布会延迟1小时举行，不仅干扰了记者正常的新闻报道工作，也让记者在精神态度层面，对新闻发布会的工作缺乏认可。对于公众来说，通过直播接收官方信息是疫情期间日常生活的一部分。如果打破既定规则，失信于民，公众则会重新评价新闻发布会工作，从而影响公众对信息的理解。

尽管新闻发布会的重点在于发布信息和回答记者提问，组织流程等形式问题在重要信息面前似乎并不重要。但在关系公众生命安全的公共事件中，政府工作行为已成为公众考量信息有效性、可靠性的重要尺度,一个积极、有效、有序开展工作的政府会增强信息的说服力。

2. 信息发布:失焦

新闻发布会的时长有限,因此新闻发布工作应有重点、有聚焦地进行信息发布,而非面面俱到。特别是在关乎公共利益的突发事件上,新闻发布工作要兼具人民观、大局观和信念观。但从早期湖北新闻发布会的工作实践来看,其服务群众的公众意识和真相意识有待提高。

公众意识:对民众关切的话题,缺乏针对性回应

新闻发布会的"新闻"二字决定了无论是政府新闻发布会还是企业新闻发布会,都要遵循新闻的基本传播规律。新闻发布会不是政府会议,是面向公众的信息公开场,其服务对象是记者,更是人民。

我们以"疫情"为关键词,在百度指数中进行搜索发现,自2020年1月20日钟南山院士肯定"人传人"现象后,疫情信息搜索指数直线攀升。国家信息中心和南京大学网络传播研究院组成联合调研组,通过问卷调查发现公众最关切的是官方权威信息,主要包括疫情实时数据和政府决策部署,信息需求指数高达80%。① 湖北疫情防控新闻发布会自然成为公众获取权威信息的主要信源之一。

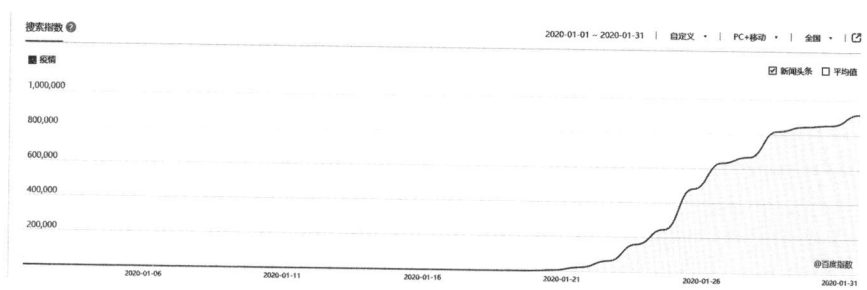

2020年1月"疫情"百度搜索指数趋势图

---

① 国家信息中心,南京大学网络传播研究院. "新型冠状病毒肺炎"公众认知与信息传播调研报告 [EB/OL]. http://media.people.com.cn/n1/2020/0226/c14677-31606056.html .

回顾最初的10场新闻发布会，公众给予湖北新闻发布会许多负面评价，综合来说，公众对湖北信息发布的"使用满足感"较差，特别对新闻发言人在通报时念书稿、打官腔、信息模糊、无有效信息等发布情况提出不满。如2020年1月30日第九场湖北疫情防控工作发布会上，当记者询问武汉返乡人员家门被封情况时，发言人在简单回应记者提问后，又说道："让我们非常感动的是，武汉市和全省人民都给予我们极大的理解和支持。最近网上有一首非常感人的歌曲，唱出了湖北人的心声：'这是我的家，我们守护她，如果有一天，她也需要我，搭把手，就过了。'正如有的武汉市民所说的：'我的城市生病了，但我依然爱她。'湖北人民有大仁大爱的精神，武汉是一座英雄的城市，我们能够战胜'98特大洪水'、2003年的'非典'斗争，也一定能够战胜这场疫情。"其回答偏离记者的提问，更未起到解答公众疑惑的作用。

新闻发布会，特别是突发事件新闻发布会，其主要职责是信息的及时公开，满足公众知情权，进而保持社会机制有效运行。为了更好地回答公众疑问，新闻发布会可借助舆情监测平台、大数据分析等技术手段，对公众真正想了解的信息进行收集与整理，进而在新闻发布会当中有针对性地回答。但从早期湖北疫情新闻发布会来看，其缺乏前期信息收集、舆情研判工作，对民众关切问题缺乏针对性回应。

相比湖北疫情防控新闻发布会，央视《新闻1+1》在了解公众信息需求基础上进行了充分的前期收集工作。《新闻1+1》节目主持人白岩松在2020年1月27日节目开场时谈道："从今天开始，《新闻1+1》主要关注'今日疫情分析'，我们要请到最权威的专家和决策者来帮助我们做出今日疫情分析研判和相关的对策。如果说要有关键词，应该是两个：第一个是牢牢锁定今天；第二个就是您的关心与担心。"在之后的节目当中，主持人所问问题均是公众最为关切的，一定程度上满足了人们对于信息的求知欲望。

《新闻1+1》还调动新媒体资源，在新浪微博上发起#岩松帮你问#话题，通过"央视新闻""新闻1+1"的官方微博提前征集公众关心的问题，在节目中及时解疑答惑。截至2020年3月23日，#岩松帮你问#话题共计32.2万讨论，16.8亿阅读，成为舆论引导的重要力量。

微博话题＃岩松帮你问＃关注量图

新闻发布会工作开展的好坏关乎到公众信息获取的满足感和对政府的信任感。因此，面对公共事件时，政府要利用好新媒体资源，调动一切手段"想群众之所想、急群众之所急、解群众之所困"，真正做到为人民服务。

真相意识：关键信息模糊、数据不准确、口径不统一

新冠疫情引发公众思考一个古老的话题——说真话真的有这么难吗？新闻真相是一个"去伪存真"的过程，通过不断的信息挖掘，最终"整体真实""本质真实"的真相会呈现在公众面前。但这并不代表在公布信息的过程中可以对已确定信息全然不知，对既定数据模棱两可。

数据不准确：2020年1月26日，第五场湖北疫情防控工作新闻发布会引发了众多次生舆情。其中时任湖北省长王晓东在通报口罩生产量信息时，数据进行了多次更改，从108亿只到18亿只再到108万只，让记者和公众对于湖北省仙桃市口罩年生产量到底是多少产生疑问。王晓东在第二次更改数据前向记者解释第一次通报是口误。但从新闻发布会直播来看，"口误"并不能成为新闻发布准备工作不到位的借口。在长达1个多小时的发布会中，工作人员曾三次上台与新闻发布会主持人进行沟通与确认，尽管不知道其确认的内容到底是什么，但从直播来看，每次工作人员与新闻发布会主持人沟通后，主持人会将更改信息传达给王晓东，王晓东则会进行数据更改。

政府信息发布是一项极其严肃的工作，在公开场合，工作人员多次上台与新闻发布会主持人沟通可以理解，在很多突发情况下，事件会有所变化，及时发布最新信息是新闻发布会的原则之一。但随意上台更改数据则显示了新闻发布工作团队缺乏严谨的工作态度。每一次政府信息发布的错误都是在透支政府的权威性,都影响着人民群众对政府的态度。

关键信息模糊、口径不统一:口罩、防护服等医用物资情况是疫情期间全社会关注的焦点,它关乎到医生和患者的生命安全,是疫情防控工作的重点。因此,在准备相关信息时应慎之又慎。但在湖北新闻发布会中,仍出现了关键性错误,对口罩等防护物资判断出现误差。在第五场新闻发布会中,时任湖北省长王晓东称:医用防护服、口罩等防护物资仍然特别紧缺,而时任武汉市长周先旺介绍,"目前,武汉方面的防护服、N95口罩、护目镜已得到很大缓解。此前在武汉最紧张的防护服,已得到全面缓解"。两位发言人对于医用物资的不同回答不仅没有解答公众的疑惑,反而让真相变得模糊。2020年1月27日下午,时任武汉市长周先旺接受央视记者董倩专访,对此前他和时任湖北省长王晓东在新闻发布会上关于医用物资表述不一致的问题作出了解释。周先旺称,"我是武汉市的市长,我想的是武汉市的事。武汉市在国家动员的背景下,问题已经得到了缓解,但是里面还有结构上的不足……但是总量上已经极大缓解了……"

从后期反馈来看,武汉市长在新闻发布会中所发布的信息是真实的,但是不够准确和全面。在公众不了解事件全貌的情况下,容易引发公众误解。因此,新闻发布会不仅要做到真实发布信息,更要对信息进行核查,全面、准确地发布信息,降低信息的噪声。

3. 工作态度:失态

人们常说"细节决定成败",对细节的关注程度能反映出一个人的做事态度。前期湖北疫情防控工作新闻发布会之所以会引起众多负面舆情,追溯其深层原因是新闻发布工作态度上出现问题,新闻发布团队没有从精神层面意识到新闻发布会的重要程度。

政府在思考为什么公众对新闻发布的信任程度会下降的时候,经常会忽视一点：从根本上说，信任危机与动机息息相关。湖北疫情防控工作例行新闻发布会机制建立的动机，即真实、及时、准确地回答公众疑问，更好地开展疫情防控工作，保证人民群众的生命安全。"民者，国之根也"，以"人民目标"为导向，坚守关心人民群众之关切的工作态度，认真负责地做好信息发布工作，在原则上，新闻发布会不会出现根本性错误。

2020年1月24日，湖北疫情防控工作例行新闻发布会机制实行第二天，全国各省区市陆续进入重大突发公共卫生事件一级响应。这一信号说明了疫情防控工作的紧迫性、艰巨性和危险性。但在前五场湖北疫情防控新闻发布会上，新闻发言人出现了未佩戴口罩、口罩时取时戴、口罩佩戴错误等情况，对引导人民群众加强自我防范带来了错误示范。从发言人的回答语气、流畅度和精准度中也可以看出发言人对事件的态度。其实，公众并不要求新闻发言人对事件做到全知，关键在于发言人是否把事件看得很重要，并且通过掌握的资料向公众进行诚恳的回答。

作为官方权威的代言人，新闻发布会诚恳、真切地发布信息，可以让公众无形中感受到国家的力量和政府的担当，可以让公众看到新闻发布团队对事件的重视，从而跟随统一领导，有效有序地采取防御措施。网络技术已将公众与新闻发布置于相对透明的同一空间，公众作为事件的见证者和参与者，对事件真相有表达权、知情权，更有监督权，因此新闻发布团队对待新闻发布，特别是在关乎公众利益的事件上，要遵循内心的良知做好发布工作，这样才能获得公众信任。

（三）新路径：明确责任，兼顾情理

早期湖北政府信息发布与全国媒体报道对比表（2019.12.1—2020.1.25）

湖北政府部门 信息发布分期	媒体相关报道 （按报道时间顺序）	湖北政府行为
空白期 2019.12.1—12.27 媒体报道，政府 无声	不明原因病例出现： 《柳叶刀》披露首位确诊病例于12月1日发病，且无华南海鲜批发市场暴露史； 华南海鲜市场一名男性送货员发烧； 广州微远基因、上海市公共卫生临床中心、华大基因、北京博奥医学检验所陆续收到武汉不明原因肺炎病例样本； 广州微软基因口头报告武汉不明原因肺炎病例样本检测结果，表示是一种新的冠状病毒； 湖北省中西医结合医院张继先第一时间上报4个可疑病例	

Part 8　特别关注：新冠肺炎疫情发布

续表

湖北政府部门 信息发布分期	媒体相关报道 （按报道时间顺序）	湖北政府行为
起步期 2019.12.29— 2020.1.5 国家参与 媒体跟进 武汉卫健委日常通报	各大检测中心报告检测结果： 华大基因对病例样本完成的基因测序结果显示，病毒与SARS基因序列相似性高达80%，但不是SARS，而是一种之前未有的冠状病毒； 北京博奥医学检验所反馈送检报告，检测结果直接是"SARS"冠状病毒； 华大基因将测序结果口头通报给武汉协和医院，称病原体是一种新的冠状病毒，与SARS相似，建议医院向武汉市卫健委报告； 上海公共卫生临床中心张永振团队从样本中检测出了一种新型SARS样冠状病毒，也证实这种新型冠状病毒是历史上从未有过的 李文亮事件： 李文亮在大学同学微信群发出提醒； 警方认定李文亮所说的言论是违法行为，责令其签署"训诫书" 国家相关工作： 国家卫健委专家组抵达武汉，展开相关检测核实工作，并成立疫情应对处置领导小组； 国家疾控中心研制出对新型冠状病毒高特异性的PCR检测试剂	湖北省、武汉市开展初步调查和防控工作： 湖北省、武汉市卫健委疾控处指示武汉市疾控中心、传染病专科医院金银潭医院和江汉区疾控中心前去开展流行病学调查； 武汉市卫健委发布《关于做好不明原因肺炎救治工作的紧急通知》； 武汉协和医院设立呼吸传染病隔离区； 华南海鲜批发市场大规模消毒，采取休市措施； @平安武汉发布通报称8名散布谣言者被依法处理 武汉市卫健委开始日常通报： 武汉市卫建委在其网站发布关于不明原因的病毒性肺炎情况通报称，截至2020年1月5日8时，武汉市共报告病例59例，其中重症患者7例，无死亡病例，最早发病时间为2019年12月12日，未发现明确的人传人证据，未发现医务人员感染
失声期 2020.1.7— 2020.1.10 国家重视 湖北政府失声	习近平总书记对新型冠状病毒肺炎疫情防控工作提出了要求； 国家疾控中心从临床样本中进行病毒分离成功；国家卫健委专家组初步确认新型冠状病毒为此次疫情的病原； 武汉出现首例新冠肺炎死亡病例	

续表

湖北政府部门信息发布分期	媒体相关报道（按报道时间顺序）	湖北政府行为
通报期 2020.1.11—2020.1.21 国家重视 媒体跟进 全球蔓延 武汉通报	国家领导人指示、国家相关部门开展工作，并证实人传人感染途径： 习近平总书记对新型冠状病毒感染的疫情做出重要指示； 国家卫健委部署全国防控工作； 国家卫健委高级别专家组成员袁国勇书面报告高福和广东省疾控中心，警惕人传人和无症状感染的风险； 国家卫健委宣布开始下放试剂盒； 专家研判认为，当前疫情仍可防可控，但新型冠状病毒传染源尚未找到，疫情传播途径尚未完全掌握，病毒变异仍需严密监控； 钟南山明确表示，可以肯定此次新型冠状病毒肺炎存在人传人现象； 国家卫健委从1月20日起，每天汇总发布各省区市新增病例数量； …… **武汉事件：** 李文亮确诊患新冠病毒肺炎并正式住院； 武汉百步亭社区第20届"万家宴"开席 **国外出现病例：** 泰国公共卫生部报告该国发现第一例新型冠状病毒感染的肺炎病例； 日本媒体报道，日本国内出现首例新型冠状病毒病例	武汉市卫健委日常通报： 武汉市卫健委每日进行病情通报（第4—14次）； 1月21日，武汉市卫健委官方微博称，武汉有15名医务人员确诊，另有1名为疑似病例

续表

湖北政府部门信息发布分期	媒体相关报道（按报道时间顺序）	湖北政府行为
例行发布期 2020.1.22—2020.1.25 国家治理湖北重视	国家卫健委发布第三版诊疗方案； 国家卫健委呼吁，原则上建议外面人不要到武汉，武汉市民无特殊情况不要出武汉； 1月23日浙江、广东，1月24日湖南启动重大突发公共卫生事件Ⅰ级响应； 交通部：全国暂停进入武汉道路水路客运发班； 党中央成立应对疫情工作领导小组	湖北省开启防控工作： 公共场所佩戴口罩； 1月22日湖北省决定启动突发公共卫生事件Ⅱ级应急响应； 1月23日武汉封城； 武汉市决定建设火神山、雷神山医院； 1月24日湖北省启动重大突发公共卫生事件Ⅰ级响应； …… 建立例行新闻发布会机制： 1月23日首场湖北省疫情防控工作新闻发布会举行，之后开启例行新闻发布会机制，每日举办

从全国媒体报道与湖北政府部门信息发布的时间对比表来看，湖北相关部门对于病情来源、病情传播状况等进行了相当长时间的确认。根据湖北政府信息发布情况，我们将湖北省政府部门早期信息发布分为五个阶段：空白期—起步期—失声期—通报期—例行发布期。整体上看，湖北政府信息发布起步较晚且存在失声阶段，但随着国家对疫情防控工作进行全面部署，湖北省紧急建立疫情防控工作例行新闻发布会机制，确保信息及时发布。

疫情的突发性向日常新闻发布机制提出挑战。随着疫情的加重，网络上出现很多质疑的声音，如这场疫情为何发展得如此凶猛？以及早期疫情信息为什么没能及时公开和上报？下面我们对信息通报和信息上报进行了深入梳理，以期从实际情况来探索信息发布工作的新路径。

1. 信息通报：守法的基础上更应明责

《中华人民共和国传染病防治法》第三十八条规定，"传染病暴发、流行时,国务院卫生行政部门负责向社会公布传染病疫情信息,并可以授权省、自治区、直辖市人民政府卫生行政部门向社会公布本行政区域的传染病疫情信息"。按照上述法律规定,武汉市级部门无权公布特定传染病疫情信息,只有将信息报告给省级卫健委,省级卫健委在获得国家卫健委授权后才能披露疫情信息。这一法律条例给予湖北武汉未能及时公布信息一种合理的解释,但这并不意味着武汉市在信息通告、疫情控制等方面无能为力。武汉市政府可以依据《中华人民共和国突发事件应对法》《卫生部法定传染病疫情和突发公共卫生事件信息发布方案》等法律、规章履行法定职责,及时向社会公众发布警示信息。比如,发布武汉市有多少人正因为一种不明的病毒而遭侵害,并且提醒大家这种侵害有可能具备传染性。在国务院还没有确定新型冠状病毒肺炎进行甲类传染病防控的情况下,武汉市可以把它作为乙类传染病进行防控。实际上国家早在2006年就已经一次性将突发公共卫生事件一级响应和二级响应权限授权给省级政府;三级响应权限在地级市和省直管县政府;四级响应权限在县级政府。中国人民大学医改研究中心主任王虎峰在接受采访时表示,武汉市疫情公布不及时,不完全在于湖北省和武汉市是否按照法律程序去做,还在于官员是否充分了解法律、规章,以及是否充分履责。①

2. 信息上报:审慎上报的严谨态度下应兼顾情理

面对公众的质疑,媒体对传染病疫情和突发公共卫生事件网络直报系统也进行了相关报道,全面解剖湖北省新冠肺炎疫情信息上报过程。其实,早在2016年6月14日,国务院新闻办公布的《〈国家人权行动计划(2012—2015年)〉实施评估报告》就指出,中国公共卫生服务得到更全面保障,已建成全球规模最大的传染病疫情和突发公共卫生事件网络直报系统。2019年6月,中国疾控中心主任高福在一个主题为"实现全民健康——全球公共卫生发展合作"的论坛上介绍,对于任何可疑的传染病,包括新发和再发的,

---

① 俞琴. 谁有权公布疫情信息? [EB/OL]. https://www.guancha.cn/yuqin/2020_01_31_533789.shtml.

国家卫健委在6小时之内会立刻知道,"因为我们已经建立了覆盖全国全境的信息直报系统"。这个"全球规模最大""横向到边、纵向到底"的网络直报系统,为传染病疫情的"早报告"提供了基础,基层医疗机构只要在系统里上报信息,中国疾控中心就能实时收到。

《中国青年报·冰点周刊》于2020年3月5日发表了题为《武汉早期疫情上报为何一度中断》的报道,根据报道,我们绘制了湖北省新冠肺炎疫情信息上报的时间流程(见早期湖北疫情信息上报指示图)。从图中可以看出,1月3日到10日左右,武汉曾通过网络直报系统进行过信息上报,但后面就忽然停了。直到1月24日新冠肺炎加入网络直报系统后,才恢复上报。追究其停止上报的原因,可以发现,在国家卫健委下发《不明原因的病毒性肺炎医疗救治工作手册》(以下简称《手册》)后,武汉市卫健委遵循相关规定,指出12小时内未查明原因的"不明原因病毒性肺炎"可以进行网络直报,但在后期的工作落实当中,辖区卫健委、湖北省卫健委、武汉市卫健委在《手册》的基础上增加了"区级组织联合会诊""省市联合确定后上报"的流程,且要求相关部门"慎重上报",这些新增程序成为暂缓上报和信息通报迟缓的重要因素。2020年1月24日新冠肺炎网络直报系统正式上线,此时距离《手册》提出对"不明原因的病毒性肺炎"进行网络直报已过去21天。

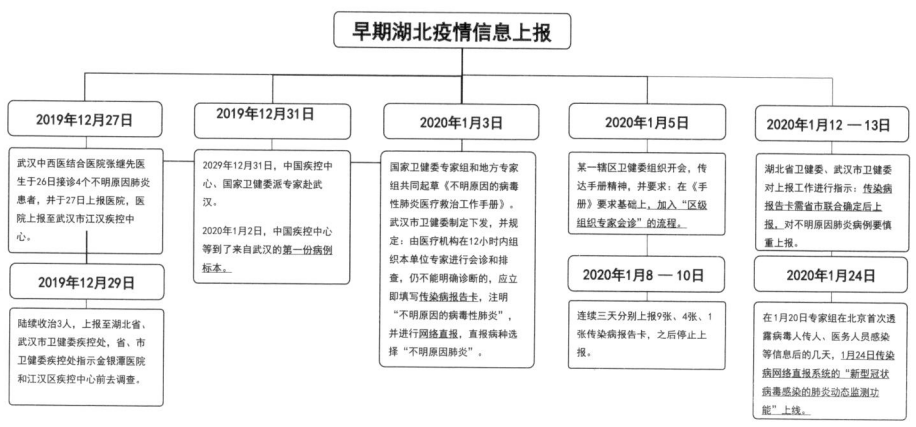

早期湖北疫情信息上报指示图

"是否及时上报"和"层层上报审核"的顾虑与程序不仅让传染病确认日渐耽误,也让信息通报持续延迟。信息通报遵循真实、准确地发布信息准则,因此,在信息未上报、信息上报未得到准确回应、疾控等传染病学专家未得出明确疫情信息等综合因素下,湖北省相关部门并未对外发布更多信息,疫情早期的声音呈现出较为单一的特征,主要发布内容为每日疫情数据以及"不明显人传人、可防可控"等简单信息说明。

3. 权威信息缺位下,谣言泛滥

由于缺乏细节阐述和必要的防范措施说明,公众开始通过其他途径寻求详细的事件信息。此时在官方信息发布不及时的情况下,"虚假新闻""流言""谣言"开始通过各种人际社交途径进行传播,在权威信息缺失的网络空间中,填补了公众想要了解真相的欲望,但也渐渐瓦解着公众从权威信息中进行判断的理性思维。

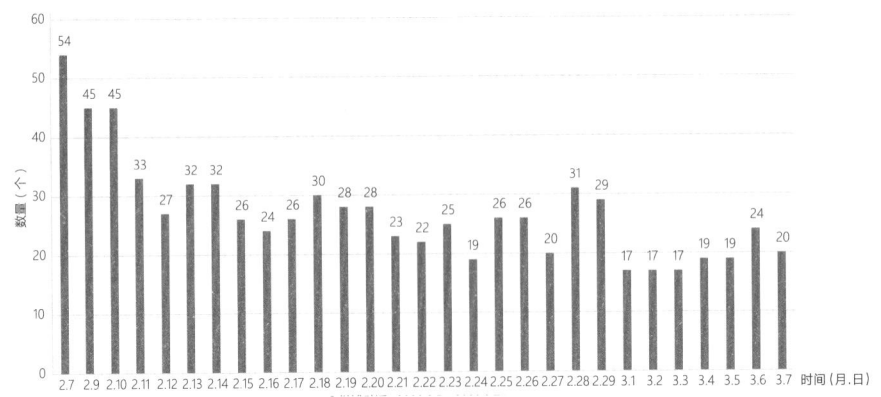

@微博辟谣每日谣言数量图(2020.2.7—3.7)①

疫情期间,谣言不仅成为商业利益主义者和"中国威胁论"者的沃土,谣言泛滥也从侧面反映出人们内心对于"战胜疫情""生命防护"的不确定和不

---

① 数据根据新浪微博官方账号@微博辟谣每日发布的信息整理,其中,2020年2月8日的数据信息因权限关系,无法查看。

稳定心理。疫情早期尽管武汉卫健委形成了每日通报的机制，但信息量少，缺乏对公众信息需求的聚焦，从而错失了建立公众和政府之间良好信任关系的时机。从整体疫情信息生态来看，公众在海量的网络信息中正在努力建构自己的"真实信息世界"。从不同的媒体、专家、政府信息公布中，甄别真实信息，还原事件真相。尽管公民素养在日渐提升，公众具备一定甄别真假信息的能力，但公众在信息海洋中自我甄别的行为也反映出官方信息的缺位。

为了阻断谣言带给本就处于焦虑中的公众更多的伤害，各大新媒体平台、主流媒体构建起层层"谣言防火墙"，通过数据监测对谣言进行澄清和删除。新浪微博官方账号@微博辟谣从2020年2月7日起每日发布话题为#抗击新型肺炎第一线#的微博辟谣重要信息汇总。我们统计了疫情高峰时期，即2020年2月7日至3月7日的每日微博辟谣数量，截至2020年3月7日，@微博辟谣总数达784条。地方新闻媒体、地方政务微博、地方网警等参与到辟谣行动中来，共同助力新冠肺炎疫情科学防控工作。通过对784条谣言内容进行分类，发现谣言类型多样，主要涉及8种内容类型。

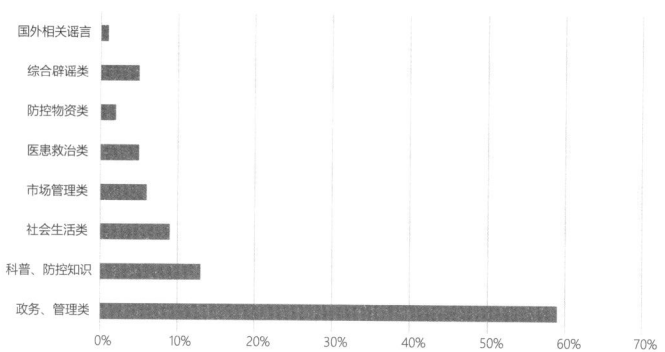

@微博辟谣谣言主要内容类型百分比图（2020.2.7—3.7）

从上图可以看出，有关政务、管理类的谣言占比最大，高达59%，主要内容如全市消毒、乘坐公交车需持身份证、某网友因造谣被警方处罚、关于地方疫情防控通知等谣言。谣言发布主体多扮演政府等官方角色散布谣言，从而增强谣言的可信性，以达到自己的目的。在官方信息缺位的情况下，假冒"政府会议"等性质的谣言更让官方权威发布面临公众信任危机。

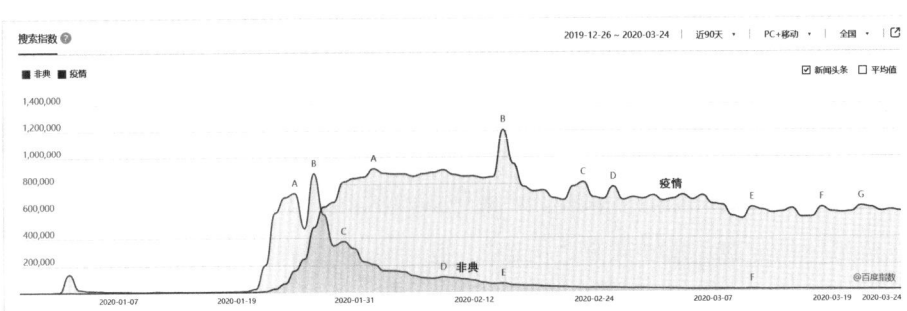

新冠肺炎疫情期间"疫情"和"非典"的百度搜索指数对比图
（2019.12.26—2020.3.24）

新冠肺炎疫情的暴发，让公众联想到 2003 年的"非典"疫情。通过百度指数搜索关键词"疫情"和"非典"可以看出，在不明原因的肺炎疫情初期，人们对"非典"相关信息需求较高。除却传染病本身引发的关注外，很多媒体也将新冠肺炎疫情信息发布与"非典"信息发布进行了对比。自 2003 年"非典"事件后，我国在突发公共卫生事件信息发布机制上不断完善，以适应和应对突发事件信息发布工作。那么在"非典"过去 16 年后，我们当前信息发布有哪些优势、还存在哪些问题，成为媒体和研究者关注的重点。

其中，2003 年 4 月 3 日的"非典"新闻发布会，在很多人的记忆中留下深刻印象。这场发布会公布"截止到 3 月 31 日，北京市 12 例，死亡 3 例"，疫情得到有效控制。当时身为解放军总医院医生的蒋彦永，在了解实际病例情况下，主动向媒体公布疫情真实情况。实际上，截止到 2003 年 4 月 3 日发布"非典"疫情数据当天，"非典"病例已高达 100 人，死亡 7 人。① 后来，在追问前期信息通报为何会出现瞒报、漏报现象时，很多官员认为这种疫情

---

① 李菁，蒋彦永：人民利益高于一切 [EB/OL]. http://www.lifeweek.com.cn/2003/0729/5582.shtml.

是负面新闻,会引发社会不良情绪,更会对自己的官途产生不良影响,因而出现了迟报、谎报、瞒报的现象。①

但到底什么是负面新闻呢?比起生命安全来说,社会情绪不是靠瞒报、迟报就可以减缓的。相反,全媒体时代,公众作为事件的见证者和参与者,随着事实真相逐渐公开,政府手上所具有的这种公众信任感会因为迟报、瞒报等错误行为而日渐流失。新型冠状病毒肺炎事件"是对我国治理体系和能力的一次大考",尽管信息公开发布只是国家治理体系中的一部分,但信息公开不是一个简单的社会行为,它在一定程度上反映着政府对事件的认知态度,对公众的服务意识,对国家的负责意识。从湖北早期疫情信息上报和信息通报整体情况来看,我们国家在突发公共卫生事件信息发布上仍需不断优化相关措施和流程,让信息在阳光下运行。

二、以专业、权威、真情的力量发布信息,沟通公众

在上一节,我们主要关注了湖北疫情防控新闻发布会工作的相关情况。在2020年新冠肺炎疫情期间,广东、河南、天津等省市的新闻发布会也各具特点,且在舆论场获得较多正面评价。本节内容将围绕正面评价较多的几场新闻发布会进行分析,以更好地了解当突发公共卫生事件发生时,公众真正的信息期望或信息需求是什么。

(一)专业与权威的结合

2020年被称为真正的5G元年,而在新冠肺炎疫情的冲击下,疫情与舆情互相交织、互相影响,如何更好引导舆论,从而减少公众的恐慌、焦虑情绪,成为摆在公共健康危机信息公开和新闻发布面前的难题与挑战。

---

① 梁文道."新冠肺炎",该如何处理公众信任?[EB/OL]. https://mp.weixin.qq.com/mp/profile_ext?action=home&__biz=MzA3MDM3NjE5NQ==&scene=126#wechat_redirect.

广东作为在全国最早引入"网络问政"实践的省份，借助在制度创新与实践历练上的优势，较早建构起系统化的应急传播体系与舆论引导格局，在此次抗击新冠肺炎疫情中，对信息公开的紧迫性和重要性有着比较迅速的认知和行动。从时间和频率上来看，从 1 月 21 日下午广东举行第一场疫情防控新闻发布会开始，到 1 月 27 日起"每天一场"新闻发布会，截至 2 月 29 日晚上，广东已累计举行了 35 场疫情防控新闻发布会，围绕抗击新冠肺炎疫情持续发声。整体上看，相比较湖北政府信息发布起步较晚且存在失声阶段的情况①，广东在满足公众信息需求的时速和持续性上领先一步。

作为广东省的省会城市，广州市对疫情防控信息的发布同样反应迅速。1 月 22 日，广州确诊首例输入性新型冠状病毒感染的肺炎患者。1 月 23 日，广东率先启动重大突发公共卫生事件一级响应。5 天后，广州市举办了首场疫情存续期间市场供应保障工作新闻通气会，拉开了此次广州疫情防控系列新闻发布会的序幕。据了解，广州是继北京、上海之后第三个围绕抗击疫情举行系列新闻发布会的城市，其高效的新闻发布机制发挥了专业性的力量，在民众心理安慰和信息知晓层面起到了双重作用。

1. 信息的充分释放

根据总结发现，广州市每一场新闻通气会的时长都在 1~2 小时，整体发布节奏较为明快、统一。发布期间由媒体全程"零中断"直播，以视频、文字、图片等形式滚动播报。每场通气会均聚焦公众关注的一个主题，分别涵盖供应保障、暖企措施、社区防疫、交通防疫、市场保障、秩序保障、学校防疫、企业复工等，并邀请相关单位作为主体进行重点介绍，确保信息充分释放，以引导公众增强信心。

2. 走出发布厅，在"主题现场"发布信息

新闻通气会有很多场走出了发布厅，来到企业、机场物流处、农产品基

---

① 注：首场湖北省疫情防控工作新闻发布会于 2020 年 1 月 23 日举办，广东省首场疫情防控新闻发布会于 2020 年 1 月 21 日召开，早于湖北省。

地等展示复工复产情况,还有两次分别去了市第一人民医院和广州医科大学探访抗疫一线。其中,2020年2月27日在广州医科大学举办的疫情防控专场新闻通气会受到了民众的强烈关注和肯定。

在这场新闻通气会上,国家卫健委高级别专家组组长、中国工程院院士钟南山首次透露出类似"4月底疫情基本控制""出院患者复阳是否会传染他人尚待观察""可能出现国外输入病例,须加强全球联防联控"等重磅信息,以权威专家的重要观点回应了全国关切,传播甚广,迅速成为当天新闻"爆点"和第一热搜。截至2020年3月3日,"钟南山预测4月底疫情基本控制"等热门话题总阅读量超9亿,讨论量超37万。仅人民日报官方微博相关信息总阅读量就超过1.2亿,央视新闻与新闻通气会相关视频观看人数均超百万。根据清博数据内容统计分析,关于这个热门话题的讨论集中在"疫情""中国""钟南山"等关键词上,"信心""经验"等偏正向的词也出现在讨论中,公众对此的总体态度以中性为主,正向态度相比负面态度占比较大。

情感属性

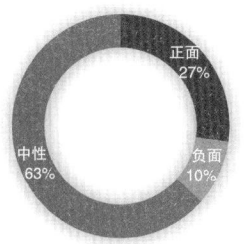

■正面 ■负面 ■中性

"钟南山出席的广州医科大学疫情专场新闻通气会"
热门主题词情感属性图

(数据来源:清博舆情)

3. 专业化、职业化的信息发布策略

在获得高热度和高关注的背后,是新闻发布会采用专业化和职业化信息发布策略的结果。在广州疫情新闻发布会上,一是主持人做到了规范且出色的职业化新闻发言人和官员的有效结合。疫情期间,钟南山主要立足广州发声,成为舆论引导的重要力量,关键时刻务实解读,不仅为全国把脉,也为广州代言。疫情新闻发布会多次以钟南山为核心,侧面反映出广州市政府的民主和明智,政务部门为新闻发布制度服务的场景值得各地学习借鉴。二是钟南山作为此次发布会的主发言人,延续了其一贯的公共发言风格:敢说敢言,用专业说话,在熟悉的专业领域"大胆判断",尊重科学"不轻下判断",在合适的时机精练有力地回应了公众的关切。在新冠肺炎疫情蔓延全球的背景下,其着眼国际,向世界分享了广州"战疫"经验。

(二)专业与情怀的融合

在疫情期间,还有两个热点新闻发布会事件,分别发生在疫情初期的天津和疫情中期的河南。一个以"福尔摩斯式"的分析获得广泛关注,一个以发言人走心的讲话备受关注,获得高热度和高评价的背后,是专业和温度的共存。

1. 以专业力量破解公众"谜题"

在2020年2月2日下午4时召开的天津市新型冠状病毒感染的肺炎防控工作新闻发布会上,天津市疾控中心传染病预防控制室主任张颖,对宝坻区某百货大楼内部5例确诊病例的先后发病情况进行了详细的分析,并得出了分析结论。2020年2月3日晚,这场发布会以"福尔摩斯式破解病毒传染迷局"的话题冲上了微博热搜,引发了社交媒体上的热烈讨论并获得了压倒式的称赞之声。

5 福尔摩斯式破解病毒传染迷局

搜索量 4658710

当日累计在榜时间：1小时50分　　　　　　　　当日最高排名：1

2020年2月3日"福尔摩斯式破解病毒传染迷局"话题登微博热搜首位图

（数据来源：云合数据）

准备内容充分，专业素质受肯：1月26日的湖北省首场疫情防控新闻发布会后，舆论热议焦点集中到发言人戴口罩有偏差、出现"三次口误"、省市领导发布的内容相互矛盾等问题，在一定程度上消解了正向宣传引导效用。而在2月2日的这场天津发布会上，张颖对天津市宝坻区百货大楼聚集性疫情做了一场犹如"教科书式"的讲解，发言人全程脱稿，一步步构建出病例的关联性及官方追溯路径。这场发布会在舆论场中获得认可，也成为疫情期间，地方政府重视信息公开、淬炼治理能力的缩影。

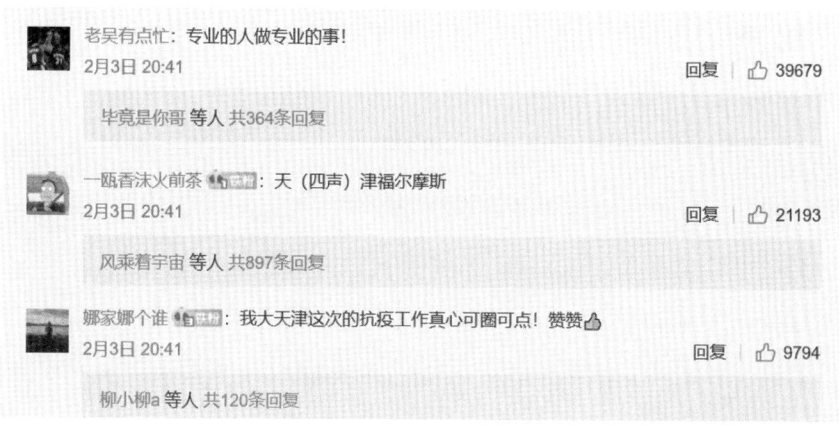

新浪微博网友对2020年2月2日天津新闻发布会的部分评价图

语言表达准确，逻辑清晰完整：在这场新闻发布会中，发言人对宝坻区某百货大楼内部 5 例确诊病例的先后发病情况,进行了一环接一环的逻辑推理,用尽量简洁准确的话语表达来进行详细、不疏漏的分析。同时巧妙地运用数字,也是使语言更为准确的一种方式,从而增强信息的说服力和可信度。发言人张颖在全程回答中语调平稳、自信,这样不仅使语言表述直观、具体、形象,也体现了发言人对业务的熟练度。

此外,2020 年 2 月 8 日,天津市召开的新型冠状病毒感染肺炎防疫工作新闻发布会上新增了一名手语翻译,引发网友热评。一个细节变化,体现的是官方的周全,是对民意的重视,对民生的关切,让公众真切感受到"被体贴、被关注、被关怀"。

2. 恰当、适时的真情流露

河南省政府新闻办于 2020 年 2 月 14 日下午 4 时召开河南省新冠肺炎疫情防控专题第九场新闻发布会,发布内容主要围绕"如何做好校园疫情防控,确保安全开学和师生健康"进行。河南省教育厅厅长郑邦山在例行回答完最后一个记者提问后,突然与大家分享了一段话,引发了广泛的社会共鸣和讨论。

■ 案例

最后,想对全省教育系统的老师、同学、家长朋友们说几句话。这是一个特殊的时期,每个人都被卷入了一场特殊的战役,在这场全民战役、人民战争中,每个行业、每个人都应拿出自己最强的气势、以最好的状态投入战斗。逆行而上、主动请缨、支援武汉,用生命守护生命的是"白衣天使";在疫情中,打开心灵的窗户,合唱《国歌》和《我和我的祖国》的是坚强乐观的"武汉人"。我们河南省的教育工作者、教师、学生、家长该扮演什么角色、该拿出什么样的精神状态呢？

此时此刻，我不禁想起，抗日战争时期的教育奇迹的缔造者西南联大的校训"刚毅坚卓"，西南联大与战争同行的8年培养了3882名学生，其中两位诺贝尔获奖者、8位两弹一星功勋获得者、4位国家最高科技奖获得者、172位院士，超过数百位人文大师。

我也不禁想起战争时期河南大学8年抗战办学历程，河大师生牺牲9人、失踪25人，在烽火连天和战争硝烟中坚持敌前办学、秉持教育报国，表现出百折不挠、自强不息的奋斗精神，这应该就是我们河南教育的精神。

我还不禁想起，省委书记王国生同志在教育大会上讲的一个故事。2008年大地震后，他带领一批学生志愿者支援汶川。援助返回后，很多学生家长感叹自己的孩子参加抗震救灾后得到了快速成长、发生了深刻变化，赞叹学生们在实践后得到历练、进步，收获了不妥协的精神。我想说，在灾难面前，我们每一位老师、每一位家长、同学必须真正地"风雨同舟、携手共进"。社会即课堂，生活即教育。我们需要共同面对、共同讨论、共同参与、共同承担，在教学条件的变化、交流空间变化中把疫情、把灾难当成教材，把我们"应该做的、能够做的、通过努力能够做到"的事情做到最好、做到最佳，保持良好的、积极的心态，共同完成好这场"生命教育、信念教育、科学教育、道德教育"，在抗击疫情的战役中构建正确的世界观、人生观、价值观，培养学生们坚忍不拔、从容不迫的奋斗精神和家国情怀，真正地与祖国一起成长，用成长的足迹踩踏灾难，让不幸成为通向幸福的桥梁。我们相信，有大家共同的努力，明天一定会更加美好！①

---

① 国务院新闻办公室网站. 河南举行河南省新冠肺炎疫情防控专题第九场新闻发布会[EB/OL]. http://www.scio.gov.cn/xwfbh/gssxwfbh/xwfbh/henan/Document/1673403/1673403.htm.

河南省教育厅厅长诚恳的肺腑之言,不仅有价值高度,也有人之常情,这番话超越了发布会应对技巧上的"术",成就了结尾处发人深省、意境深远、有理有力的"道",以发言人的文化底蕴引发公众对教育真谛的认知和反思。

发布事实,更表达态度:新闻发布会上的表现,体现的是主政官的诚信与担当,面对公共卫生领域的突发性危机事件,以人为本,实事求是,是政府部门的底线思维。在2020年2月14日召开的这场常规性新闻发布会上,河南省教育厅厅长却用了不常规的表达方式,在最后回答完记者提问后的分享中,他用抗日战争时期西南联大缔造的教育奇迹、战争时期河南大学艰辛的办学历程、学生志愿者在汶川大地震抗震救灾中"一夜长大"的故事等阐释了他所理解的"河南教育的精神",把疫情变教材,传递出了"战疫"中的宝贵精神。新闻发言人走上发布台敢发言应成一种常态,更应该是一种姿态。发布会真正给公众以力量,这样的发声才更有含金量。

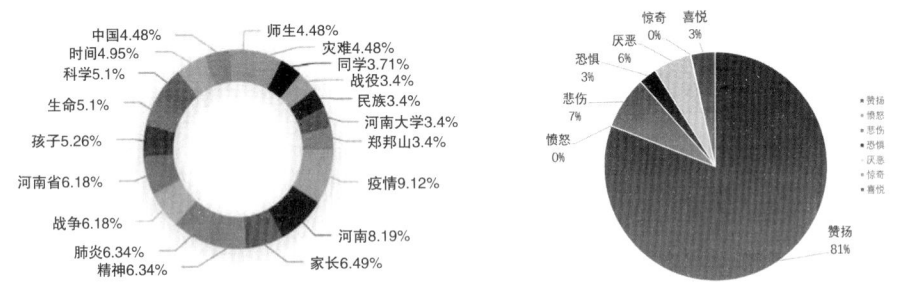

"河南省新冠肺炎疫情防控专题第九场新闻发布会"热门主题词与情感属性

(数据来源:清博舆情)

语言鲜活,更有感染力:在2020年2月14日河南召开的这场常规性新闻发布会上,发言人通过多个特殊时期的鲜活例子作为引证,用排比的句式增强感染力和说服力,在体察当下的社会氛围、群众的情感诉求后,通过鲜活的语言、平等的姿态与公众进行沟通和倡议。这种突破常规新闻发布会程序式的个人化表达,试图与公众建立起情感上连接,是社交媒体时代,政府与公众、媒体平等对话与沟通的重要举措。

广州、天津、河南等地的新闻发布会让我们深刻理解了新闻发布会机制的可能性、灵活性和创新性。相较于新媒体平台发布、媒体采访、政策吹风、公报通报等其他新闻发布形式，新媒体时代的新闻发布会作为被"围观"的信息公开场合，具有全民监督的仪式感。政府部门的"一把手"、新闻发言人、行业专家等站到台前来直接面对公众和媒体，他们的形象、语言语调、动作等都在给公众传达着丰富的信息，成为发布会的重要组成部分。在当前社会，以专业、权威、真情的力量发布信息、沟通公众，是时代要求，更是公众所求。

三、突发公共卫生事件新闻发布中的"道"与"术"

如果说2003年的"非典"激活了我国的突发公共卫生事件新闻发布机制，那么2020年暴发的新冠肺炎疫情，可以称得上是对我国政府新闻发布能力的一次成果验收。回顾疫情期间的新闻发布会，虽然政府相关部门依然无法表现得尽善尽美，但疫情防控新闻发布会总体上已从最初时期的失序混乱日渐走向稳定发挥。

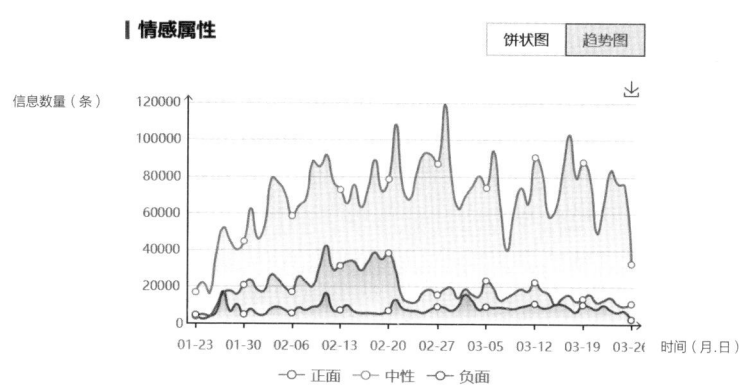

新闻发布会情感属性趋势图

（数据来源：清博舆情）

我们利用清博舆情分析程序，对 2020 年 1 月 23 日至 3 月 26 日，公众评论、新闻报道等内容所反映的新闻发布会情感属性进行监测，发现在疫情期间，新闻发布会的正面情感属性占重要比例。特别是随着发布会策略的不断优化，2 月中下旬新闻发布会的正面情感属性达到最高峰。这反映了在全民监督下，政府新闻发布会工作一定程度上满足了公众对新冠肺炎疫情信息的需求。

和其他突发公共事件一样，突发公共卫生事件通常遵循着一个特定的生命周期，即发生、发展和减缓这三个阶段，不同阶段的新闻发布侧重点也不尽相同。以此次疫情的发展变化为参照，我们可以从总体上把突发公共卫生事件划分为潜伏期、暴发期以及恢复重建期这三个阶段。潜伏期（2019.12.1—2020.1.23），即从首位确诊病例到 2020 年 1 月 23 日浙江、广州率先启动重大突发公共卫生事件一级响应，这段时间疫情尚未完全暴发，为潜伏期；暴发期（2020.1.24—3.18），从各地启动重大突发公共卫生事件一级响应再到 2020 年 3 月 18 日湖北首次零新增病例，这期间新冠肺炎病例暴发式增长，随后又日渐下降直至各省区市陆续无病例增加，社会情绪和社会生活日渐稳定，本书将这一阶段视为暴发期。恢复重建期（2020.3.19—2020.6），这一时期疫情相对稳定，社会进入恢复重建期。本节将以这三个阶段为基础，阐述在突发公共卫生事件不同阶段的不同发布重点。

（一）潜伏期：占领价值最高点

潜伏期主要是指突发公共事件发生之初，危机征兆已经出现的阶段。以新冠肺炎疫情为例，疫情暴发之前就出现了小规模的人群传染、医生感染等现象。根据海恩法则①，任何不安全的事故都是可以预防的，即发现并控制征兆。因此这个时期的信息发布是化解突发事件危机的关键，召开一场"不翻车"的新闻发布会有助于政府及时遏制谣言，抢占舆论高地，促使全社会形

---

① 海恩法则（Ohain's law），是德国飞机涡轮机的发明者帕布斯·海恩提出的一个航空界关于飞行安全的法则，多被用于安全管理中。

成危机意识，更重要的是促使相关部门及时采取对策，以避免危机的暴发或减轻危机的危害。此时的新闻发布工作要重点把握以下几点基本原则：

1. 及时性原则

信息是有时效性的，尤其是突发公共安全事件中的信息发布更是在与时间赛跑，与生死作斗争。及时收集、传递公共危机信息对事态发展走向起着关键作用，能够为接下来的工作开创有利局面。《国家突发公共事件总体应急预案》明确指出，"各地区、各部门要针对各种可能发生的突发公共事件，完善预测预警机制，建立预测预警系统，展开风险分析，做到早发现、早报告、早处置"。国务院印发的《关于全面推进政务公开的意见》也有关于重大突发事件最迟在 5 小时内发布权威信息，在 24 小时内举办新闻发布会的规定。这次新冠肺炎疫情的暴发同样证实了时效的重要性，迟到的预警导致疫情防控工作错失先机，无论是公众的安全健康，还是政府的形象与公信力都受到了重创。

2. 真实性原则

小说《鼠疫》里有一句名言，"这一切里面并不存在英雄主义。这只是诚实的问题。与鼠疫斗争的唯一方式只能是诚实"。这句话蕴含的道理在任何时候都是通用的。在突发公共事件的新闻发布会中，说真话是第一要务，是必须坚持的底线。发言人可以有不说的真话，但是绝不能说假话。尤其是在全民监督的时代，任何企图掩盖真相的行为都逃不过公众的火眼金睛。谎言对政府公信力造成的不良影响往往比疫情本身还持久。发言人要牢记一点——不说谎就不出丑。此外，此次新冠肺炎疫情还暴露了一个更为复杂的情况，即除了避免主观性的故意造假，还要警惕无意识地"说谎"。疫情早期"不明显人传人、可防可控"的说法随着事件发展被证实是错误的。由于对新事物的认知是需要过程的，当所有人都无法获得事实真相时，发言人首先要尽量避免使用绝对性的语言，并提醒公众对最坏情况有所准备；其次一旦情况有变，要尽快告知公众。

3. 准确性原则

事件处于潜伏期时往往真相尚不明确，尽管此时政府收集到的信息可能还无法解答所有问题，但还是要尽量保证发布的信息准确、权威、可靠。全媒体时代确保信息准确有一定难度，在事件发酵的过程中往往充斥着各类声音，嘈杂无序、真假难辨，政府在发布信息的过程中，要认真核实信息来源，分析信息真伪，确保数字等易错敏感资料无误。此外，新闻发布会必须做到"用一个声音说话"，口径不一致同样会导致信息不准确。正如前文所述，发言人关于口罩、防护服等防护物资的说法相互矛盾，不仅没能解答问题，反而让真相再一次陷入了混沌。

4.科学性原则

突发公共卫生事件往往涉及大量专业性信息（如 SARS、新型冠状病毒等），面对这些陌生的、不确定的信息，行政人员在做出判断前应该向专家进行咨询，或组织专家进行讨论，或直接选择专业权威人士来当发言人。在新冠肺炎疫情的特殊时期，公众急切需要获取有关疫情的最新信息，如果新闻发布会不具备科学性，传播的内容不准确、不严谨、不科学，就会造成谣言的滋生，放大公众的恐慌情绪，造成社会不稳定。反之，具有科学性的新闻发布能够指导公众有效应对疫情，做好自身的防护，同时能舒缓公众的紧张情绪，减少公众盲动，对有效控制疫情起到保障作用。

（二）暴发期：掌握新闻发布的"道与术"

暴发期是指突发公共事件已经发生，并进入紧急状态。事件进入暴发期的时候，也是人们最迫切需要了解相关情况的时候，然而在现代传播渠道日益多元化的今天，公众面对各种良莠不齐、鱼龙混杂的信息，不仅无法解除焦虑，反而更加手足无措。在这种情况下，急需权威信息正本清源，组织政府新闻发布会目的就在于此。

在政府与媒体、公众沟通的诸多渠道中，新闻发布会通过媒体传达官方最新的信息，是最重要、最权威的形式。然而"成也萧何，败也萧何"，稍有不慎，最有效的渠道就会沦为政府信息发布的"重灾区"。因此，针对突发公共卫生事件召开的新闻发布会是对发言人媒介素养的重大考验。突发公共卫生事件在一段时间内，通常具有最高公众关注度和影响力，因为它直接关系到全体公众的身体健康和生命安全，且常常需要直面疾病、伤痛甚至死亡。这样的特殊性增加了新闻发布会召开的难度，发布会上的不当言行不仅容易招致公众对政府的不满，有时还会对受害者本人及亲属造成严重伤害。这意味着发言人不仅要掌握发布会的"术"，还应该在发言中体现发布会之"道"，这样才能使新闻发布会体现速度和力度，也体现温度和风度。

所谓新闻发布会的"道"，就是新闻发言人在发布会中应秉承的态度和精神，本书认为可以概括为以下三点：

1. 同情心：展现人文关怀

在突发公共卫生事件的新闻发布中，发言人必须始终秉持"以人为本"的理念，在新闻发布会中展现人文关怀。当事件已经造成伤亡情况时，发言人要更加注意自己的言行是否妥当，首先应在第一时间表达对人员伤亡及因公共卫生事件造成的其他痛苦的歉疚、关心和怜悯。如此次疫情中，中央赴湖北指导组成员就曾在新闻发布会上起立为英勇牺牲的医务人员和不幸去世的患者默哀，体现了政府对个体生命的尊重。其次对于死亡信息的发布要慎之又慎，不仅要小心核对相关信息，对事件进行描述的时候也要充分尊重生命，切忌态度上的冷血麻木。最后在通报救助方案、具体措施及工作进展时，要避免使用官话套话，要用诚恳的语言鼓励公众勇敢而理性地面对灾难和悲剧。

2. 同理心：回应公众需求

突发公共卫生事件信息发布的目的之一是安抚民心，这意味着新闻发言人要有一颗"同理心"，懂得换位思考。在新闻发布之前，要密切注意对网络舆情的收集，并适时展开分层次的民意调研，通过各种方式、各种渠道全面了解公众的情绪和心理，用心倾听公众意见，为公众提供最急迫、最需要的信息。

除了满足全体公众的普遍需求,还要尊重特殊化和多样化受众独特的需求,如此次疫情中,面对贫困家庭学生无法上网课的情况,教育部立即在新闻发布会上作出回应,承诺提供网课支持,使偏远山区学生也能"停课不停学"。政府的目光应投射到每一个弱势群体的身上,关注他们的生存状况,并对他们进行精神上的声援和政策上的扶持。

3. 责任心:直面问题不逃避

新冠肺炎疫情期间,在湖北新闻发布会上,地方主政官员对于公众关心的湖北口罩数量的三次口误被看作严重缺乏责任心的表现,引发公众对湖北政府领导力和公信力的质疑。这次信任危机提醒政府官员在担任新闻发言人时,要始终体现责任意识,展示以人为本、可靠负责的政府形象。责任意识体现在各个方面,其中最基本的是发言人必须熟悉公共卫生事件的相关信息,回答记者问题时要做到胸有成竹,既不可现场照本宣科,也不能含糊其词。在涉及问责、追责等相关问题时,发言人要明确表态,敢于承认错误,勇于承担责任,多元责任主体之间不能相互推诿。此外,即使发言人遇到能力范围之外的问题,也应摆明态度承认不足并坦诚地解释原因,而不是沉默或顾左右而言他。

端正的态度会让发言人显得更加真诚,从而获得公众更高的宽容度。在这个基础上,如果发言人能够熟练掌握发布会技巧则是锦上添花,有助于政府与媒体形成良性互动,将新闻发布会的传播效果发挥到最大。本书在第二、三、四、五章节对新闻发布会的技巧和策略已有详细的阐述,这里将结合突发公共卫生事件的特征做一个补充。

把麦克风交给"明白人"

所谓交给"明白人"就是要选择合适的人担任发言人。在突发公共事件中,通常根据事件的性质及严重程度来确定发言人。发言人应对突发公共事件的基本情况和相关决策有足够的了解,且能够在镜头面前自如地交流,最好是非常规范且出色的职业化新闻发言人和官员的结合。而在公共卫生事件中，事实核心常常和医学专业知识有关，这时指派相关专家担任发言人会更为合适，使新闻发布会更具科学性、可靠性以及权威性。例如在新冠肺炎疫情期间，钟南山就两度担纲坐镇广州的专场新闻通气会，回答了将近30个问题，满满的"干货"受到社会各界的高度关注。

拒绝油腻官腔，多说"大白话"

这里的"大白话"有两个含义，第一，发言人要说公众能听懂的话。公共卫生事件发生后会带来大量专业信息，为了更好地发挥信息的价值，应该将这些专业信息进行转化或简化，并在新闻发布会上反复科普，以确保普通公众能够准确理解和接受。第二，发言人要少说或不说空话、套话，多说实话、白话。在特殊时期，假大空的语言最易招致公众反感，只有简单明了的实话才能"入脑""入心"。新冠疫情暴发后，上海市医疗救治专家组组长张文宏就展现出一流的话术，谈及防疫工作他信手拈来，把专业知识讲得深入浅出，更有类似"不能欺负听话的人""把病毒闷死"这样没有任何"包袱"的耿直发言，这样走心的、真诚的表达方式是受到公众认可的，也是新闻发布会需要的。

关注公众的心理健康

在突发公共卫生事件期间，由于大量负面新闻的持续冲击，昔日生活规律被打乱，再加上长时间待在室内，公众很容易滋生各种不良情绪，或焦虑恐慌，或低迷消极，针对这一情况，政府要利用新闻发布会做好情绪安抚工作。在此次疫情期间，国家卫健委就曾围绕"疫情防控工作中的社会心理服务"召开新闻发布会，邀请心理学方面的专家指导公众保持情绪积极向上，并针对不同群体，如老人、孩子、患者等，提出具体建议，帮助公众在特殊时期保持镇定和乐观。

（三）恢复重建期：做好防范和总结

恢复重建期是指突发公共卫生事件的警报即将解除，社会正逐步恢复正常秩序，政府工作进入善后处理和灾后重建阶段，此时新闻发布会的主要目的是配合政府各部门做好收尾工作，指导公众复产复工，回归正常生活轨道。

1. 注意新闻发布会的节奏

突发公共卫生事件有时会持续一段时间，意味着相关的新闻发布会也将是一场持久战。到了事件中后期，为了避免消息过多造成的公众信息接收疲劳，新闻发布会要注意把握节奏，在保持高频更新的情况下，可以适当调整发布会主题，创新新闻发布的内容形式，让公众感受到新鲜感和跃动感。比如可以适当转移新闻发布的重点，在事件已经有所缓和的情况下，汇报各地复产复工情况以增强公众信心；再如扩大内容发布的范围，将视线投向更丰富的领域，从民生、经济延伸到教育、文化等，这些都可以成为特殊时期的新闻发布主题。

2. 全面总结经验教训

当事件进入尾声，此时公众的信息需求基本得到满足，情绪也已经恢复平静，但政府新闻发布工作暂时还不能停止。政府各部门要注意收集汇总突发公共卫生事件造成的伤亡和损失情况，形成全面报告尽快向全社会公布，并持续开展网络舆情监测，密切关注舆论动态，随时进行解惑答疑。针对突发公共卫生事件的新闻发布会要有始有终、一以贯之，同时政府相关部门要吸取当下事件的经验教训，完善突发公共卫生事件应急机制，进一步树立居安思危的忧患意识。

突发公共卫生事件的频繁发生，给国家乃至世界的经济发展、社会稳定带来了严峻挑战，处置不当便很容易引发社会恐慌。在突发公共卫生事件中，除了对疫情本身进行高效处置和防控，对相关新闻的发布与管理也需要政府部门的高度重视。

随着时代发展，公众的媒介素养不断提升，参与公共事件讨论的热情空前高涨，对政府工作的监督水平也随之提高。在此次疫情期间，政府召开的每一次新闻发布会都是在公众的高度关注下进行的，发言人有任何不妥行为都容易被公众捕捉，进而成为热点讨论话题，引发次生舆情。全民监督是对政府新闻发布能力的考验，也对政府新闻发布会提出了更高的要求。因此政府应主动接受技术驱动所带来的媒介变革，学会利用技术工具来促进社会的健康发展。